21世纪文化产业管理系列教材
总主编　向　勇

文化传播学

张朝霞　黄昭文　编著

中国人民大学出版社
· 北京 ·

编委会

总序

文化产业是“文化”与“产业”的复合概念，是以精神产品的创造、生产、交换和消费为主要特征的产业。其中，“文化”是一个纵向历时性的维度概念，它构成了一个国家和民族共有的知识谱系、价值观念、道德信仰和艺术审美，通过人的各种活动从远古走到现今。一般来说，文化分为三种形态，即精英主流文化、公共事业文化和大众娱乐文化。这三种文化或形成金字塔形状，塔尖是精英主流文化，中间是公共事业文化，塔底是大众娱乐文化；或形成靶心状结构，内核层是精英主流文化，中间层是公共事业文化，外围层是大众娱乐文化；或形成三维立方体结构，三种文化分别作为立方体的三个维度，相互交织、相互影响。“产业”是一个横向空间性的维度概念，包含了技术化复制方式、规模化生产模式和资本化经营形态。在这里，产业具有按照现代市场和国际市场进行产品经营、通过资本运营、按照项目经营和企业经营实现规模效益的最主要的特征。“文化”是一个模糊的概念，在“产业”的价值链中就变成一种基于创造性而生发的“创意”。这种创意不再是为了创新而创新，而是为了“合乎目的的适用”，要有价值；这种创意不再是一个思维“灵感一发”的结果，而是多元思维相互作用的过程；这种创意不再是个人的战斗，而是团体和组织的协同。在这里，创意行为与促使创意达成的非创意行为具有同等作用，消费行为的过程由于文化产品象征性的特征而变成一种文化消费。

当前，中国社会经济发展已经进入一个新常态的转型期。新常态的经济发展，不仅表现在经济增速的放缓方面，还表现在发展模式、增长动力、发展目标的提档转型方面。根据世界银行的标准，一个国家或地区的人均国内生产总值（GDP）在 3 000～10 000 美元（后来最高值调整为 12 600 美元）之间，就跨入中等收入阶段。这个阶段“既是中等收入国家向中等发达国家迈进的机遇期，又是矛盾多发的敏感期。这一阶段，经济容易失调，社会容易失序，心理容易失衡，发展容易掉进‘中等收入陷阱’”①。2020 年，中国要实现全面建成小康社会的奋斗目标，意味着全国的人均 GDP 也要达到 10 000 美元。怎样才能避免“中等收入陷阱”？在经济学家林毅夫看来，“一个国家能否摆脱中等收入陷阱的关键点在于技术能否不断创新、产业能否不断升级”②。

因此，从现在起到 2020 年这段时间，是中国实现小康社会发展目标的关键期，也是中国经济社会发展的转型期。在这个转型期里，我们要调整经济发展模式和价值导向，推动产业结构升级和生产方式创新，促使人们的生活方式发生根本转变。文化产业已然成为 21 世纪上半

---

① 熊澄宇，董鸿英．新媒体环境下规避“中等收入陷阱”的思考．北京联合大学学报（人文社会科学版），2015，13（2）.

② 林毅夫．中国怎样从“中等收入陷阱”中突围．理论导报，2012（10）.

叶驱动中国经济转型和产业升级的超能动力。一方面，文化产业是实现中国产业结构升级的主要途径，加快文化产业的发展，有利于中国通过产业升级摆脱“中等收入陷阱”；另一方面，文化产业经过十余年的体制改革和产业发展的初期探索，自身也存在结构升级和比较优势优化的现实问题。因此，根据中国转型期过渡模式的发展特点，需要梳理中国文化产业中不同行业的发展状况，重新规划中国文化产业的发展模式。

如果说1998年文化部成立文化产业司标志着将文化产业纳入国家部委的治理范围，则至今中国文化产业发展经历了三个阶段。1998年至2002年为“文创1.0”时代，社会各界挣脱文化作为意识形态属性的一元思维的观念束缚，政府部门在文化事业的公益途径中开辟出文化产业的经营道路，学术界积极推动文化产业合法性建设，产业界注重单体文化项目（产品或服务）的创意策划和市场表现；2003年至2011年为“文创2.0”时代，国家文化建设一体两翼（包括公益性文化事业和经营性文化产业）取得社会共识，政府部门大力推进文化体制改革，积极培育文化产业市场要素，学术界开启文化产业合理性的探索研究，产业界以产业价值链为塑造重点，推动文化产业的集聚发展；2012年以来为“文创3.0”时代，国家将文化建设置于政治建设、经济建设、社会建设和生态文明建设的一体化建设体系中，视文化力为综合国力的重要组成部分，政府部门积极推进文化产业的融合发展，发挥“文化+”的协同效应，产业界探索文化产业的全产业链发展模式，学术界进入文化产业范式建构的活跃期。

科学理论是对客观实践的抽象，又反过来引领实践的发展。文化产业的实践转型推动了文化产业的学术转型，文化产业的学术探索引领了文化产业的实践发展。美国科学哲学家托马斯·库恩认为，科学界是由一个流行的范式所控制的，这个范式代表科学界的世界观，它指导和决定问题、数据和理论的选择，直至另一个范式将其取代。如果说自然科学的发展呈现范式取代的特征，那么人文社会科学的发展则呈现范式转型的征候。纵观全世界的学术历程，自“文化工业/文化产业”的命题被提出以来，文化产业的学术理论经历了三次范式转型。文化产业元理论滥觞于马克思的社会再生产理论，在20世纪30年代与40年代之间，由本雅明的机械复制艺术的价值转换讨论开始，以阿多诺为代表的德国法兰克福学派提出“文化工业”的批判性命题，至70年代末80年代初伯纳德·米亚基将单数的“文化工业”(culture industry)转换为复数的“文化产业”(cultural industries)，西方学术界经历了从对文化产业的批判性研究到建设性研究，实现了文化产业学术研究的第一次范式转型（中国学术界大概在20世纪90年代末到21世纪初完成此次范式转型）；20世纪80年代西方学术界开始对文化产业展开基础理论研究，至21世纪第一个十年，文化研究、文化资本、体验效用、文化经济、产业价值、创意阶层等研究命题被创造、组合、挪用，成为文化产业研究的基础范式，构建了文化产业理论大厦的合理性基石，实现了文化产业学术研究的第二次范式转型（中国学术界大抵在2002年至2011年之间完成此次范式转型）；2010年至今，西方学术界“从文化学、艺术学、经济学和管理学等传统单一学科领域如同盲人摸象般局部探测文化产业的神秘构造，转向以价值评估、创意管理、艺术授权、故事驱动、符号生产、文化治理等整合性的原理突破和学理贯通来融合文化产业学科的核心理论和研究范式，达到知识协同和理论创新的学术新高地”[①]，开始了文化产业学术研究的第三次范式转型。在这个正在发生的学术转型推动中，尤以英国（以克里斯·比尔顿为代表）、北欧（以布莱恩·摩尔安为代表）和澳大利亚（以戴维·思罗斯比为代

① 向勇．文化产业导论．北京大学出版社，2015：12.

表）的学术同行的学术成果最引人注目，而中国的学术同行得益于中国经济转型的现实需要，也开始着手于此次范式转型的探索研究。

文化产业实践发展、理论研究和学科建设的关键在于人才的培养。文化产业的实践发展和理论转型直接推动了文化产业人才培养的模式创新，迫切要求文化产业管理人才掌握文化产业运行的基本理论、知识结构和操作技能。自2004年教育部试点本科专业至2011年正式纳入修订版的本科专业目录以来，中国文化产业管理的本科专业建设经过十余年的实践发展已经脱离了稚嫩的孩童期，进入了壮实的成年期。各大高校文化产业管理专业的经验探索和发展实践为文化产业管理专业的创新探索提供了宝贵的资源和经验的借鉴。根据大学的不同层次分类和办学特色，文化产业管理专业建设也正在经历综合复合型与专业技能型的实践分化。与此同时，文化产业管理专业的教材建设也应采取相应的分类建设。在过去十几年中，我国文化产业管理专业的教材建设主要针对综合复合型的人才培养目标，而较少关注专业技能型的人才培养目标。

"21世纪文化产业管理系列教材"的建设理念即以这种专业技能型的文化产业管理人才为培养目标。文化产业专业技能型管理人才培养的基本模式是创新理论教学与实践操作的双重模式。在理论教学环节，开设文化产业概论、文化产业经济理论与实务、文化产业管理理论与实务、文化创意策划、文化市场营销、文化项目管理、文化政策理论与实务等核心课程；在实践操作环节，增设文化产业案例研究、文化产业商业实战、文化项目设计与运营、文化企业实习与毕业作品设计等内容。本系列教材具有以下几个特点：注重系统性和前瞻性，紧扣第三次学术理论范式转型中的理论系统和知识框架，涵盖了文化产业管理的基础课程与核心范畴，重点内容形象直观，篇章结构清晰明了；注重方法性与操作性，贴近文化产业的发展实践，直接面向文化产业的操作技能，强调创意管理的知识运用和技能塑造，案例结合生动翔实，操作流程简洁易懂，便于运用；注重互动性与可持续性，充分采用互联网教学技术，构建文化产业管理移动学习社区和App教学应用终端，逐步提供在线教育和MOOC课程，培养学习者自主学习、终身学习的习惯和能力。

我国的文化产业不仅正在造福于中国经济，而且也正在重构世界经济秩序。作为21世纪的朝阳产业，文化产业进入新时代更需要创新思维与实践技能兼擅的管理人才。本系列教材在编撰过程中非常重视适用范围的聚焦和适用对象的使用效果，得到了国内主要高校一线教师的积极参与、产业界知名经理人的诚挚关切和在校大学生的热情反馈。希望本系列教材能够成为国内文化产业管理专业教学与科研实践中有效实用的教学工具，让求学于文化产业管理专业的莘莘学子从中汲取理论养分、构建知识体系、拓展思维视野、打造美丽人生。

21世纪文化产业管理系列教材编委会

前言

文化传播是人类最基本的社会文化实践方式之一，20 世纪 50 年代，独立的文化传播学应运而生，其主要是通过跨学科研究方法，对人类文化传承、传播模式与文化交流现象进行系统研究。

随着数字化、移动化和网络化的发展，所谓的“全媒体”，不但表现为媒体形态全，还意味着全民皆媒。换言之，人类社会进入受众自主提供传播信息和以分享为主的“去中心化”自媒体时代，从而开启了文化传播的多元化趋势，引发了文化传播的重大变革。这一变革对受众，特别是大学生受众的媒介素养也提出了更高的要求，因为受众既是社会环境的产物，同时也是特定媒体内容的产物，各种文化形式在传播的过程中必然要考虑到传播者与受众既矛盾又统一的有序运动。为此，我们一方面需要在海量文化传播中学会伦理坚守，在文化交互分享中坚持理性思考，在文化信息传播中注重信息安全，等等；另一方面也需要通过对文化传播过程中受众的多方面研究，探索最适合受众获得认知的传播方式，提高文化传播的效果与力度。

习近平总书记在全国宣传思想工作会议上强调，要把优秀传统文化的精神标识提炼出来、展示出来，要把优秀传统文化中具有当代价值、世界意义的文化精髓提炼出来、展示出来。而在此过程中，文化传播无疑将发挥极为重要的作用。

一方面，文化传播学本土化是一种对根的探寻、对干的审视，是我国传播学者的一种文化自觉、文化自省和文化自信，表现为将文化传播、学术传播、艺术传播三者互动互助、共同推进，研讨文化传播的概念、特征、过程、结构及主要模式，追寻潜在的促进文化传播强劲发展的有力方式，旨在运用文化传播模式推进我国文化传播学的不断发展。另一方面，文旅融合背景下，跨文化传播日渐重要，已成为当今时代的文化主题之一，它是指不同文化背景下的人、组织和社会在相互交流过程中所产生的文化现象，包括不同文化背景间文化交流的方式、交流过程中的问题和解决方法等。跨文化传播具有极强的实际意义，应用这一内容有助于有效传播自己国家的民族文化并与其他文化有效地进行对话。

本书是高等学校文化产业管理专业系列教材之一，共分八章，内容包括文化传播学导论、文化传播的符号与意义、文化传播的模式、文化传播的主要类型、文化传播效果研究、文化传播中的受众研究、文化传播调查研究以及跨文化传播等。每章附有内容摘要、知识链接或案例链接、参考书目、关键词、思考题等，便于读者的巩固与提高。本书除作为文化产业管理专业的教材外，还可作为相关专业的自学考试和研究生考试用书。书稿撰写组成员有张朝霞、黄昭文、颜煌、李丹麒、董芳旭、许泽群、于卓妹、马燕妮、刘钿、石彦、廖子宵、陈阳等，在此向撰写组成员的辛苦付出与贡献表示衷心感谢。本书总体上具有一定的探索性，故而难免存在错漏之处，在此恳请广大读者批评指正。

目录

第一章　文化传播学导论

内容摘要

文化传播是人类最基本的社会文化实践方式之一，其历史源远流长、形态复杂多变。20世纪 50 年代，独立的文化传播学应运而生。文化传播学主要是通过跨学科研究方法，对人类文化传承、传播模式与文化交流现象进行系统研究。

学习重点

- 传播及其分类
- 文化传播及文化传播学研究

学习难点

- 复杂多变的传播实践
- 相对滞后的理论研究

文化传播是人类所特有的一种基于文化信息传递、扩散、迁移、流变的社会文化实践活动。文化信息的创造与传递，将社会上的每一个个体转换成家庭、社区等基本单元，从而实现了人类的社会化进程。从这个意义上讲，文化传播不仅可以巩固、协调家庭这一最基本的社会关系，也可以建构、协调人的外部关系，并最终构成人类赖以生存和发展的社会网络。在社会化进程中，人类借助具体的文化传播手段与方法来设置并完成社会规训、协调个体行为。古代的祭祀礼仪、乐教诗教等实践，就是一种借助文化独有的教化机制，推动人类社会文明进程的文化传播方式。进入现代社会以来，各种文化信息在不同时空的传承、传播与交流更趋复杂多变。文化传播无时无处不在，正如人类学家爱德华·萨皮尔所指出的："每一种文化形式和每一种社会行为的表现，都或明晰或含糊地涉及传播。"

第一节 基本概念及其辨析

一、基本概念

（一）传播与传播学

“传播”，英文为“communication”，有传承、交流等多种含义。一般我们在使用这个概念时，多指“信息”从“信源”出发，经由渠道到达“信宿”。早期，传播概念强调的是信息的单向传递和意义再造。但作为一个开放性词语，“传播”并不是一个固定的概念。事实上，除了单向的传播与分享之外，传播的另外一层含义是“双向的或共同的互动交流”。就实践层面而言，“传播”就是人类运用符号并经由媒介来交流信息、传递感情和意义的特殊的社会实践活动。

首先，“传播”就是传递既有的意义和价值，其核心在于如何使这些意义和价值深入人心，并进而形成对意义的控制。其次，“传播”就是一个学习、创造、分享和交流的过程，传播本身就是意义产生和改变的“场所”和载体。在这个过程中，人成为传播的主体和轴心：既是信息的传递者，又是信息的接受者；既是行为的施控者，又是行为的受控者；既是传播的原因，又是传播的结果。不论是传递信息还是接受信息，每一个参与其中的个体，都是有意图、有目的和有自觉性动机的施者与受者。因此，传播不是简单的输出信息，而是负载着符号信息的双向互动。

不论是单向传递还是双向交流，“传播”从整体上讲，就是要通过意义分享，来创造人类共享的生活方式。传播活动具有内在矛盾运变的客观法则，传播活动的组成要素之间存在内在的、稳定的必然联系。这是由传播活动本身所具有的特殊矛盾决定的，是传播的内在本质和普遍特点。

重新发现和阐释各种文化因素之间的关系和本质，是各种意义和价值得以显现的关键。对于“传播”这种特殊文化实践活动的研究，形成了两种不同的研究取向：其一是对传播经验、功能和控制的研究，其二是对传播实践的批判和反思性研究。

作为一种典型的交叉性综合学科，传播学涉及人类学、语言学、符号学、信息学、社会学、心理学等多个学科。走向独立后，传播学研究焦点锁定在人类文化传播行为和传播过程发生、发展的规律上。传播学的研究对象包括传播实践，也包括人和社会的关系，其要点是社会信息系统的处理及传播实践运行的规律。

知识链接 传播学相邻概念——文化研究

文化研究是传播学的相邻概念，它综合运用社会学、文艺学、传播学和人类学等学科知识与方法，着力探讨现代工业社会中的文化现象。一般认为，文化研究起源于20世纪六七十年代的英国。当时，伯明翰大学的当代文化研究中心（CCCS）锁定了相关文化议题，并推出了系列学术成果，史称“伯明翰学派”，其代表人物包括理查德·霍加特、雷蒙德·威廉斯、斯图亚特·霍尔。

值得注意的是，尽管研究议题有交叉，但文化研究与传播学还是界限分明的两个学科。文化研究的侧重点在于工业社会中的文化与文化传播现象，也包括弱势群体的文化权益等社会议题。从这个角度讲，文化研究探讨影响传播的文化以及被传播所影响的个体文化，而传播学研究的范畴要更为广泛。后者主要通过对媒介文本的解读与分析，探讨包括文学常规、公共领域、教育、社区交往等所有在文化信息传递与交互中发生的文化活动。

（二）传播媒介与方式

进入信息时代以来，文化传播实践更趋多元。从广播电视、图书杂志到电脑、手机，借助一定媒介手段进行信息传递和交流的传播实践渗透到我们社会生活的方方面面。特别是微信诞生后的几年来，有调查表明，约 90%的中国智能手机用户都在使用微信，月活跃用户达 6 亿。而在这些活跃用户中，约有 55.2%的用户查阅微信频次达 10 次/天，25%的用户打开微信频次为 30 次/天。麦克卢汉曾经说过，“媒介是人的延伸”。而当下新媒体的急速倍增，使这种“延伸”成为现实。媒介已经渗入我们的生活中，成为我们“生存与生活”的主要印记。文化传播的媒介不仅是人类获取信息的渠道，也是现代社会文化与娱乐内容的提供者。通过不同的传播媒介“输出”自己的文化并凝结共识，已经成为当今文化传播实践的主要方式。

可以说，在当下社会语境中，文化传播形成了一个极其庞杂的网络系统。在这个系统中，电视台、广播电台、报社、杂志社、出版社、电影制片厂、网络自媒体等传播媒介，各有各的基本设置和组织模式，不同媒介的信息传播既相对独立又彼此交互。信息使用者既相对稳定又经常变动，从而形成一个覆盖全社会且有着活跃“节点”的复杂巨系统。

1. 群体传播

群体传播主要是指基于某群体内部或外部信息交流与传递的传播实践活动，对于群体意识和群体结构具有重要的形塑作用。在这里，“群体”概指由共同利益目标和观念相互联结作用而形成的社会集合体。社会群体的意识和结构一旦形成，就对群体中个人的态度和行为进行制约，以规范群体活动、形塑共同体文化，从而形成相对稳定的基本框架。从这个意义上讲，群体传播是社会群体生存和发展的基本生命线，对于人类社会演变具有基础支撑作用。

对此，不同学者的研究结果也有一定差异。美国社会学家库利根据群体在个人社会化过程中所起的作用，将群体分为初级群体和次级群体。前者又称基本群体，包括家庭、邻里、朋友和亲属等最简单、最初步的社会关系，成员之间具有亲密的人际关系和浓厚的感情色彩；后者又叫次属群体或间接群体，包括公司、政府机构、学校等通过明确的规章制度结成的正规社会关系，在此类共同体形成的过程中，社会组织的规模可大可小。德国社会学家马克斯·韦伯则根据管理主体或机构类型进行群体的划分，他把拥有管理组织系统的群体称为“团体”，把其他社会群体称为“一般群体”。也有学者根据组织性的强弱，将社会群体划分为组织群体和非组织群体，如德国社会学家 L. 威瑟。

作为一种传统的传播模式，群体传播有着自身独特的规律和机制。维持群体传播的正常状态，对群体成员个人以及社会的稳定发展具有至关重要的作用。

案例链接 一个初级群体——广场舞大妈

英文“Dama”，又称“广场舞大妈”“中国大妈”，本意是指那些热情冲动、精力充沛，但有时也会盲从的离退休女性群体。作为一种比较特殊的初级群体，“Dama”有某种非组织关联性，其成员间情感色彩浓厚。在演变过程中，这一初级群体形成了相对稳定的准组织结构形态。“领舞者”在这样的群体中起着结构形塑的重要作用，“口信约定”是成员沟通信息的主要方式。这一群体的社会影响力，甚至国际认知度都在增强。2013年4至6月，国际金价下跌，许多中国消费者抢购黄金，其中就包括“Dama”这个特殊的社会群体。她们甚至被称为“影响全球黄金市场的一支主力军”。不过，《华尔街日报》在专门创造并推广“Dama”这个概念时带有一定的贬义。他们认为，“Dama”是擅长利益计算但缺乏能力眼光的社会群体。

2. 大众传播

1945年，在伦敦发表的《联合国教科文组织宪章》中首先使用了“大众传播”（mass communication）这个概念。我国学者刘建明从传播流程管理的角度，将“大众传播”定义为“人类社会信息交流的方式之一”，认为其本质是“职业工作者（记者、编辑）通过机械媒介（如印刷媒介、电子媒介等）向社会公众公开、定期传播各种信息的一种社会性信息交流活动”①。美国传播学家杰诺维茨的定义与之相类似，他认为“大众传播”就是“专业化群体凭借一些机构和技术，通过媒介（如报刊、广播、电影等等）向为数众多、各不相同而又分布广泛的受众传播符号的内容”②。

大众传播区别于相对松散和自由的群体传播，具有较为规范的组织特性。大众传播的传播者多为从事信息生产及传播的专业化媒介组织，在这类组织供职的多为科班出身的职业传播人才。职业传播者经过系统的传播理论训练并能够熟练地驾驭先进的传播技术，采集、筛选、传送和管理各类信息，向社会公众传播新闻、娱乐及教育学、商业性等相关信息。这类在特定组织目标和方针指导下所开展的传播活动，主要是一种制度化的社会传播。

与群体传播等传播形态所不同的是，大众传播不具有“秘密结社式”的组织方式，它所传递的信息会被更广大的受众所分享。职业传播者所使用的传播媒介比较先进，可以使用产业化手段大量生产、复制传播信息。现有诸多媒介机构会对大量信息进行选择、过滤和加工，并按照某个主体的意图或者受众的需要进行传播。尽管受众对传播媒介和传播内容的选择具有一定的自主性，但在大多数情况下，大众传播具有较为明显的单向性传播特征。这是由大众传播媒介的特点决定的。大众传播媒介倾向于在空间和时间上将传播者和接受者隔开，所传递的信息向受众作单向流动，并且缺乏灵活高效的信息反馈渠道。同时，在大众传播媒介占据主流的时代，由于传播内容多半是由专业化媒介机构和职业传播者定向发布的，其信息的传递天然具有一定的单向性和封闭性。

当然，大众传播在实践中也呈现出一定的“双重属性”。一方面，作为生产信息产品的组

① 刘建明．宣传舆论学大辞典．北京：经济日报出版社，1993：290.

② 麦奎尔，温德尔．大众传播模式论．2版．上海译文出版社，2008：51.

织者，大众传播机构的产品价值要通过市场来实现，受众和市场的反作用力客观存在；另一方面，信息产品不同于一般物质产品，具有鲜明的文化属性，信息传递过程和效果相对复杂。

3. 网络新媒体传播

网络传播是一种以多媒体终端和光纤通道为载体，将所有个人和组织都连接在一起的信息互动沟通形式。被称作“第四媒体”的网络与现存的传统媒体相结合，产生了网络电视、网络广播、网络报刊、网络出版、网络电影等新媒介，而由某个组织或个人利用网站、主页、公众号、微博、短视频等网络途径定期制作和发布信息的传播模式就是新媒体传播。常见的网络新媒体传播媒介包括门户网站、即时通信工具、电子邮件等。

新媒体传播的实现，有赖于技术的革新。计算机硬件技术成熟后，网络新媒体的普遍使用，使多媒体信息传播成为可能。20 世纪 60 年代，在美国政府资助下大型计算机网络开始兴起。20 世纪 80 年代后，互联网逐渐扩展到文化乃至商业领域。1994 年，美国国家信息基础设施（NII）行动计划又发展成“全球信息高速公路”设想。自此，网络新媒体的开发和应用成了世界性的潮流。各种信息媒介互联互动，以声音、影像、文字等多元数据的一元化高速处理为标志，网络新媒体传播形成了特殊的双向信息交互系统。而在移动互联成为“王者”时，传播进入“全互动时代”。人人都是信息的发出者，同时也是信息的接受者，信息的传递变成了多元交互和开放的状态。尽管有时候，这些组织或个人也会在报刊和广播电视节目中发声，但其生产与传播主要还是在互联网中发生的。在传播实践中，网络新媒体成功囊括了互联网和传统媒体，呈现出比较典型的融媒体特征。

知识链接　常见网络新媒体

常见的网络新媒体主要有以下几类。

1. 门户网站

广义上讲，门户网站是一个应用框架，它将各种应用系统、数据资源和互联网资源集成到一个信息管理平台之上，并以统一的用户界面提供给用户。狭义上讲，门户网站是通过某类综合性互联网信息资源提供有关信息服务的应用系统。从目前的情况来看，门户网站主要提供新闻、搜索、网络接入、聊天室、电子公告牌、免费和收费邮箱、影音资讯、电子商务、网络社区、网络游戏免费网页、空间等等。

2. 个人主页

个人主页是个人展现自己风格与个性的网络平台。用户可以上传自己的网络相册、发布兴趣爱好等个人资料，也可以发表网络日志、评论文章。好友留言是个人主页的互动内容，承担着一定的社交功能。个人主页使得传播真正能够实现个人化和个性化，每个人可以根据自己的兴趣爱好选择接受和发布信息。

3. 网络即时通信工具

QQ、微信、Skype 等网络即时通信工具，类似于网络寻呼机和网络手机，具有实时网络信息交流的功能，目前已发展为集聊天、交友、游戏、通信、资料查询等功能为一体的网络传播方式。可以说，QQ、微信、Skype 等即时通信工具是集人内传播、人际传播、群体传播、大众传播与网络传播为一体的传播模式。微信是由腾讯公司基于手机移动终端推出的一款即时聊天通信软件，用户可以通过网络发送语音、文字、图片、视频等信息，也可与好友进行聊天或者多人群聊。微信 5.0 版本的上线，让“游戏中心”“微信支付”等商业化功能进入了微信的综合性应用平台。发表、交际、评论、上网，微信几乎承载了其他所有网络新媒体的功能。从某种意义上讲，微信已经成为当下国人最重要的一种社交方式。

4. 电子邮件

电子邮件（e-mail）以电子文本格式、借助互联网为世界各地的用户提供一种快捷、简易、高效的信息交流方法。电子邮件传递的信息主要有文字、图像、声音等。同时用户也可以得到大量免费的新闻、专题邮件等。由于具有使用简易、投递迅速、易于保存等特点，电子邮件很快就发展成为个人通信和商务沟通的主要交流方式之一。

5. 微博

微博，就是微型博客（micro-blog），其用户可以通过多种渠道发布与分享具有少数字符的图文、链接、音视频材料等多种形式的信息。这些信息内容包括用户的生活感悟、新闻时评、娱乐八卦等。2009 年，新浪微博上线。除一般用户注册使用外，还有很多的明星、企业等用户也纷纷在新浪微博“发声”。目前新浪微博已经约定成为“微博”的代名词。

（三）文化与文化模式

文化是与人类息息相关的一种复杂巨系统。大到国家治理、小到人际沟通，都会涉及文化问题。文化是人类生活的反映、历史的积淀，也是人类对周边社会生活、自然万物的精神关照、理性思考。文化是人类改造自然的“获得品”，这种改造不仅是物质上的，更是精神上的。简而言之，文化是人类所创造出的物质与非物质的财富总和。

衣食住行等人类生活方式中，都包蕴着文化的影子。每一个民族、每一个国家是由不同的个体组成的，每个人身上所带有的特质使不同的人都有了自己的文化。每个民族、每个国家，甚至每个个体都拥有自己特殊的文化本质和丰富的文化信息。例如，寒暄敬酒、饭后抢着买单等餐桌礼仪，体现了典型的中国特质，是礼让、好客等中国传统美德的特殊表现。而在西方，人们更喜欢在饭桌上轻声细语，结账的时候也不会像中国人一样抢着付钱。因为在他们看来，各付各的才是最重要的礼仪。

知识链接 文化的定义

“文化”，英文为“culture”，源于拉丁文，本义为土地的开垦及植物栽培、开发，后来引申为对人的身体和精神的发展和培养，进而广泛指称人们的生活方式、思维方式及人们在征服自然和自我发展中创造的物质财富与精神财富。

《辞海》中文化的定义是“物质财富和精神财富的总和”。在张岱年、方克立主编的《中国文化概论》中，“文化”被界定为一个动词：“文化的实质性含义是人化和人类化，是人类主体通过社会实践活动，适应、利用、改造自然界客体而逐步实现自身价值的过程。”

总之，文化是一个大系统，包括各种子系统，大系统与子系统、子系统与子系统之间常常相互制约、相互影响或者相互借鉴、相互启示。

文化模式是文化人类学和文化学的重要概念。不同民族有不同的文化模式，研究文化模式对于了解认识各民族的文化和心理意义重大。

知识链接　文化模式的定义

美国人类学家霍贝尔指出："文化模式是一个社会的成员一致树立的标准行为方式。"克罗伯认为，文化模式主要表现在文化结构和文化功能上。文化模式"能使文化结为一体之内在关系的系统与配合，使其不至于只是不规律的累积"。林顿认为，文化模式即"行为的标准"。美国另一学者查普尔在1953年提出更为中立性的文化模式理论。他认为"文化模式是一种可由观察而验证的相互依存的功能关系"，它包括个人之间的互动关系，而且这种关系可以通过客观方法来测定。

综合心理学和社会学的概念，文化模式可界定为文化各部分的有机整合状态，是全体成员普遍接受的文化结构。它有一种为全体成员认可的心理和行为趋向，有一套为全体成员遵循的行为规范与价值标准。文化模式相对稳定，它随着时代的大变革而发生变迁和转型。

任何一种文化，各部分经过整合之后才能成为有机整体和相对稳定的文化状态。未经整合的文化，各部分联系不紧密，各层面不能协调一致，各地区或各社群也不可能形成核心观念和共同的行为。

文化共同体必然是在整合的基础上形成的。举例来看，在秦之前，各诸侯国割据一方、各自为政，各地的文化尚未得到充分的整合。尤其是东周以来，"田畴异亩，车涂异轨，律令异法，衣冠异制，言语异声，文字异形"，文化呈多元的状态，没有形成共同的文化模式。在春秋战国时期，一些思想家就提出综合百家铸造一统思想的重要性。《吕氏春秋·不二》中就明确提出："故一则治，异则乱；一则安，异则危。"秦始皇灭六国，统一天下，废除分封制，实行郡县制，形成"大一统"局面。国家的统一、疆域的扩大，使各地不同的文化有了更多相互交流、相互采借的空间，同时也有了整合升华的基础。秦统一六国后，进行了一系列整齐划一的文化整合，如"书同文""车同轨""度同制""行同伦"，使秦之前的多元文化状态转向一元文化的状态。秦朝的这些措施为汉民族传统文化模式的形成奠定了基础。汉代基本上承袭秦制，并整合楚文化，进一步完善。秦创立的"大一统"帝国文化模式在统一思想、整合意识、规范全国伦理和道德等方面做出了重要贡献。

二千年来，神州大地经历多次改朝换代及统一和分裂循环的政治局面，但文化模式基本上没有大的变化。由于汉代以后形成了相对固定的文化模式，汉文化的辐射力和影响力不断扩大，不断地向外传播，波及整个东亚和东南亚。五四运动时期，传统的儒家思想和伦理受到冲击，但主要是大城市知识阶层受影响较大，而广大农村依然是传统的模式。直到20世纪50年代，中国传统文化模式仍占主导地位，各地区的价值观念和行为准则基本上是一致的。改革开放以来，中国正在由传统模式向现代模式转换，还没有整合成一个相对完整和稳定的模式，各地的价值观念和行为准则差距不小。东部和沿海地区由于开放较早，价值观念发生了较大的变化，传统模式向现代模式转换较快；中部和西部地区开放相对稍晚，比较保守，转换略慢。所以，当前中国的文化还没有形成一个较为固定的模式，也许还要经过相当长的时间，现代文化模式才会稳定。

在文化模式的运变形塑过程中，首先形成的是全体成员共同认可的核心价值体系。尤其是复杂社会的文化模式，观念的趋向性较为明显。例如，在很长的历史时期内，中国文化强调以“三纲五常”为核心价值。所谓“三纲”指的是“君为臣纲，父为子纲，夫为妻纲”。所谓“五常”指的是“仁、义、礼、智、信”。其中，“五常”中的“仁”是儒家思想的核心理念，也是中国古代传统文化模式的核心观念。中国传统文化以“仁”为核心，以人际关系为基础，建构社会成员共同认可的价值观念。

在核心价值观念建构的基础上，全体社会成员的意识和行为趋于一个共同的目标。在历史上，中国传统文化的共同目标是“和”，强调追求均衡和谐，即人与自然、人与社会、人与自我都要达成和谐与均衡。在中国传统文化中，最重要的一个理念是“中庸之道”。中庸之道，强调的是“致中和”。其中，“中”即中正之意，用现代的话来说就是公平正义；“和”就是和谐、仁和的意思；“中和”就是中正仁和或中正和谐之意；“致中和”就是以中正仁和作为国家、社会和个人行为活动的最高准则或境界。《中庸》强调，“万物并育而不相害，道并行而不相悖”，也就是人与人之间、国与国之间彼此尊重、和谐共处、互不相害。在国际关系上，就表现为“协和万邦”（语出《尚书·尧典》），追求和而不同，彼此尊重，在此基础上形成良好的国际关系。简而言之，小到个人的身体健康，大到整个宇宙的运作，中国传统文化都以“中正仁和”为最高目标。中国古代历史上，上至帝王，下至百姓，都希望自己在各方面达到均衡和谐的状态，以追求社会和个人的稳定，在稳定中求发展，在发展中求稳定。

在核心价值观念之下，全体社会成员围绕共同的目标，形成了共同的民族性格。每一个民族都有自成体系的性格特征。跟个体性格类似，不同民族的性格也有急躁、温和、内向、外向等不同类型。相对而言，中国人的民族性格更趋防守型。也就是说，中国人不会主动侵犯别人。西方人提出的“中国威胁论”，就民族性格而言是没有任何根据的。

一个民族的文化，往往围绕最高或核心理念和独特目标，形成被全体成员共同认可并遵守的行为准则或规范，以判断是非善恶：凡是合乎本民族规范的，便是合乎道德的，是好的；不合乎规范的，便是不道德的，是不好的。在男女两性角色的方面，各民族均有不同的规范。

一种文化模式，一旦形成，便不易变迁。稳定性的强弱与时空条件密切相关。就时间而言，一种文化历史愈久、时间愈长、积淀越厚，它所形成的传统就越坚固，整合的程度也就越强，其模式便愈稳定、愈难于变迁。就空间而言，倘若一种文化的自然和社会环境较为封闭，与外界交往甚少，保留自己的传统特征便愈多。中国的传统文化，自秦汉以来便形成了相对稳定的模式，虽然历史上曾受到其他文化的多次冲击，但基本模式始终未变。尤其是近代以来，清政府实行闭关锁国政策，自我封闭，与西方交流不多，致使传统的文化模式具有持久的稳定性。通常只有在社会大变革的情况下才有可能发生文化模式的转型，由一个旧的文化模式转型为新的文化模式。例如我国改革开放后传统文化模式开始向现代文化模式转型。当然这一过程将延续相当长的时间，才有可能形成一个新的文化模式。

知识链接 文化模式的转换类型

文化模式的转换类型主要有以下三种。

1. 内生型

内生型即主要通过内部变革而引起文化模式的转型，其时间较长，必须经过数百年的时间。早期的文化模式转型主要是通过内部变革推动的，例如由渔猎文化模式转到游牧文化模式，由游牧文化模式转到农耕文化模式。而由传统的农耕文化模式向工业化文化模式的转换，通常被称为现代化模式转型。最早的现代化模式转型，可以英法为代表。英国由传统模式向现代模式的转型大致发生于1649至1832年，过程很慢，经历了近200年的时间。法国现代化时期包括1789至1848年和1848至1945年两个时期。英法现代化的过程，是在自身的传统文化基础上发生的，是由内部变革和创新推动的，基本没有外力的干涉。

2. 回应型

回应型即在外力冲击下，原有的文化模式做出反应而逐步转型。其原因在于许多国家的文化模式缺乏内部创新机制、没有活力，无力从内部产生强大的动力以促使文化模式的转型。在这种情况下，发达先进的文化模式刺激原有文化模式的内部机制做出反应，在内外作用下，传统文化模式逐步向现代文化模式转换。回应型较内生型转换更快，转换所用时间较短。回应型可分被动回应型和主动回应型两类。中国和日本的现代化或近代化过程都是在西方强大刺激和压力下于19世纪中叶开始的，属于典型的回应型。日本属于主动回应型，中国属于被动回应型。由于中日两种传统文化模式性质不同，虽然同时在19世纪中叶开始近代化进程，但结果却大不相同。日本经过明治维新之后发展迅速，很快进入现代社会。而中国则经历了曲折反复漫长的过程。此外，俄罗斯、伊朗、土耳其、泰国以及巴西、墨西哥等国的现代化模式也属于回应型。

3. 同化型

同化型即全盘照搬其他的文化模式，这种方式主要是英法等国在殖民地区实行文化殖民的结果，即主要以殖民统治者的文化模式代替被殖民者的文化模式。例如非洲大多数殖民地独立后，一般采用英法两国的文化模式，其原因主要有两方面：一是，这些国家的现代化领导人大多在巴黎或伦敦受过教育，英法的政治和文化对他们影响较大；二是，这些国家的传统文化模式还没有发育成熟，没有充分发展的宗教信仰和政治制度，因而一切从无开始阻力较小，可直接全盘采纳西方现代化模式。

文化模式的转型通常与社会生产的变革相联系。从历史上看，每个时代都会形成与其文化相适应的模式。当社会经济形式由一种过渡到另一种时，文化模式也随之转型。

知识链接 文化模式转型的特点

传统文化模式向现代文化模式转换的过程中，一般呈现如下几方面的特点。

1. 分化

由以农业为主的传统模式向以工业为主的现代模式过渡，各方面都会发生分化，如以大家庭为主的基层社会组织向核心小家庭分化，自耕自足的小农经济向多种行业经济分化，社会阶层向多层次分化，社会财富由比较均衡向不均衡分化。当前我国出现的贫富差距是现代化过程中的必然现象，是不足为奇的。

2. 骚动

由于分化历程发生作用，当旧的社会秩序解体，新的社会秩序又没有建立起来之时，社会不稳定现象就会出现，有时还会发生动乱或暴乱，严重时甚至造成冲突不断、社会分裂。因此，当前我国在现代化过程中出现一些矛盾或冲突是不奇怪的，是正常的。

3. 整合

人类社会的发展趋势总是由低层次的无序社会向高层次的有序社会过渡。在过渡时期，将会出现无序或半无序状态，必须通过整合才有可能顺利进入高层次的有序社会。整合是不同的部分或因素结合为一个有机整体的过程，亦即一体化的过程。一个国家经过大规模的改革或创新活动之后，也必须经过整合，才能提升到更高的水平。只有经过整合的文化，才会具有顽强的生命力，能抵制外来文化的冲击，长期保持自己的特色。整合有多种方式，主要有社会体系的整合、价值观念和伦理道德的整合、制度的整合、规范的整合、功能的整合等。通过整合，社会和文化体系各部门关系就会变得和谐，达到均衡状态。

4. 均衡

经过整合之后，有序社会开始形成，进入“新均衡”状态，人与自然、人与人、人与社会变得和谐，社会步入稳定、健康的运转轨道。

随着诸多未知世界被人类一一打开，不同文化之间的对话、沟通与交融成为“主旋律”。我们不再满足于现有生活环境的改造，开始向更远的地方进行探索。于是，就有了大规模人类文化交流实践活动。异质文化的交流互动，促使文化之间的互相影响逐步深入，从而产生了所谓的“文化迁移”。“入乡随俗”是文化迁移的一种重要路径。例如，去国外旅游时，国人在饭桌上也遵守所在国的文化习惯，如不再大声敬酒，也不再抢着付账。但值得注意的是，在传播实践中，不同民族的文化具有相对稳定的内在共同性。这种共同性，也叫“文化的根性”，是每个民族的文化按照共同的规律发展而形成的大体一致的稳定形态。同时，由于人类共同的天性，不同民族的道德观、价值观也会呈现一定的趋同。例如，我们对于母爱的歌颂、对于亲情的重视、对于道德的基本认识等等，这都体现着人类共同的天性。

文化虽然具有相对稳定的根性，但也是可以习得的。所谓“习得”，就是指后天学习获得。文化作为后天产物，是从人类成长的过程中慢慢习得的。文化对于人类个体来说并非先天的存在，而是在后天的文化环境中通过教育和环境潜移默化的熏陶逐渐内化而来的。通过符号性学习和意义性学习，优秀的民族文化和共享性的人类文化得以传递、传承和传播。

在这个过程中，文化的渗透性、扩散性、传递性和继承性构成了文化传播的基本要素。由于人类遍布在地球的各个角落，地域区隔造成了文化的天然差异，形成了稳定的纵向传递和继承机制。同时，交流是人的天性，人类会通过各种方式进行文化交流，使文化得以渗透与扩散。“潜移默化”中，文化代际更迭并横向流动，周而复始、生生不息。

二、概念辨析

从某种意义上来讲，随着概念与手段的不断革新，传播逐渐扩展至包括所有的文化观念、文化规范、文化时尚、文化修养等问题在内的所有文化活动。就外部形态而言，庞杂的文化传播系统可以分为一般文化传播、职业文化传播和跨文化传播三种形态来描述。

一般文化传播指的是，在人类社会活动中所发生的文化传播行为或现象。在衣食住行等人类基本生存手段之中，都蕴含着某些文化观念或社会意识。这些文化信息会随着流行时尚的形成而在不同的社会阶层之间产生流动，从而构成一般意义上的文化传播。职业文化传播可以分为传承教育和文化活动两种。这两种传播多具有主题策划性质，以教学传授和活动管理为不同群体间信息交流的主要渠道。跨文化传播则指的是不同文化系统之间发生交流时，所形成的系统间文化传播。通过许许多多个体的跨文化传播，不同系统的文化得到了相互交流，并且彼此借鉴、吸收和认同。

知识链接 以舞相属

以舞相属，指的是汉代流行的一种文化生活方式。在这里，“属 ”字读作“zhǔ”，主要有两层含义：第一，通过跳舞的方法来敬酒、劝酒，一般发生在文人或官员之间，有比较重要的社交功能。第二，邀舞、对舞，是具有文化意味的舞蹈交际活动。汉画像上经常有这类舞蹈活动，有时候两两相对而舞，有时候几人一起且歌且舞。在舞蹈活动的安排上，通常是由一人起舞邀请，被属之人要接着邀舞者的动作往下跳。据文献记载，一旦被属之人没有接着跳或者跳得不够“专业”，都会被认为是“失礼”或者是“故意挑衅的行为”。

事实上，所有在人类社会活动中普遍存在的文化活动，都是一种文化的传播。这就是所谓的“文化即传播”。在生活实践中，文化的意义得以延续和改变，文化传统在被继承的过程中，也被调试或调整。“观乎人文，以化成天下”，强调的就是通过文化传播的方式来提升人的素质，从而达到“以化成天下”的境界。这样一个过程，就是比较典型的文化传播实践。

知识链接 文化即传播

“文化”泛指人类的生活方式与思维方式，以及人们在征服自然和自我发展中所创造的物质财富与精神财富。简而言之，文化是人的一种生存状态，同时，文化也是人类物质生产和精神生产的总和。作为一种高级动物，“人”有着独特的精神家园需要坚守。人不能只通过物质的或经济的方式来把握自己，还通过历史、哲学、宗教、艺术等精神方式。其中，某些既定的意义必须通过选择性的文艺传统，通过宗教、教育、语言、媒体等社会机制进入个体的意识，从而形成个体经验的基础。特定的文化必须通过相应的传播结构向文化中的个体“言说”意义，而且传播绝非单纯的传输过程。传播的形态对于文化的形态至关重要，事实上，它是特定文化得以维系的基础。从某种意义上讲，所谓文化研究，其实也是传播研究。

其一，文化的传播功能是文化的首要和基本功能，文化的其他功能都是在这一功能的基础上发展起来的。如果没有文化的传播，任何文化都将是一种“死文化”而不是一种“活文化”；如果没有文化的传播，把自己同外界封闭起来，把“本文化”与“他文化”割开来，任何文化都不会葆有生机和活力，最后都将终结和消亡。所以说，文化的传播功能是文化的首要和基本功能。文化的传播功能是指文化活动所具有的传播能力及其对任何社会所起的作用或效能。

其二，传播是促进文化变革和创新的活性机制，是文化的内在属性和基本特征。文化不是一个被凝固的标本，而是一个“活”的流体。文化不是“静态”的，而是“动态”的。文化既是“名词”，又是“动词”。说到底，人类文化是一个不断流动、演化着的生命过程，文化一经产生就有一种向外“扩散”和“传递”的冲动。

文化传播是人类特有的各种文化要素的传递扩散和迁移继传现象，是各种文化资源和文化信息在时间和空间中的流变、共享、互动和重组，是人类生存符号化和社会化的过程，是传播者的编码和受传者的解码互动阐释的过程，是主体间进行交往的创造性的精神活动。

从作为人的社会活动过程的一个方面而言，文化传播就是社会传播，是人对文化的分配和共享。文化传播既受社会集团共同意识的制约，又受个人心理、思想意识和价值观念的影响。

值得注意的是，在文化传播的过程中，既会产生信息损耗，丢掉一些文化内容，同时也会增加新内容。而文化信息的扩容，总能有效地推动文化的创新。这就意味着，文化传播实际上还是一个文化增值的过程。

在这一过程中，文化创新与增值主要通过直接传播和间接传播两种方式实现。前者指的是直接借用外来文化信息或内容并使之融入原有文化系统，这种信息或内容的量的增加，到一定程度就会实现质的增加，从而产生文化的创新的增值。后者指的是，文化以间接传播的方式传入一个地区，引发了本土文化的创新与增值；但这首先要有对新文化进行创造的行为，同时还必须对文化价值的增加有所认识。

文化传播的特征有五点：一是社会性。文化是一种群体性的存在，文化传播是人与人之间进行的一种社会交往活动，离开人这个传播的社会主体，传播活动就不能进行。二是目的性。人类的文化传播总是在一定的意识支配下的有目的、有指向的活动，这与动物本能性的机械生成传递活动有着本质的不同。三是创造性。文化传播是文化创新与发展的动力系统，在文化传播活动中，人类对信息的收集、选择、加工和处理，处处都包含着人类的智慧，彰显着人类文化的创新。四是互动性。文化传播是双向的，是传播者与受传者之间信息共享和双向沟通与交流的过程。五是永恒性。文化传播生生不息、绵延不断，超时空、跨种族，贯穿于人类社会发展过程的始终，是恒久长存的人类活动。

文化传播还具有开放性、多元性与融合性的特征。文化传播是以文化积淀为基础的。文化的形成，都与它所处的特定的经济发展阶段、当地的人文地理环境及历史传统相适应。在传统的界限里，人们往往只能接触自己赖以生存的民族文化。久而久之，人们也慢慢满足于那种稳定且自足的文化氛围并自得其乐。面对突如其来的现代媒介所提供的广阔、新奇、多元的文化空间，人们也失落过、犹豫过，但是终于抵挡不住其诱惑，纷纷从文化比较和文化竞争的角度来重新评价各种文化价值。因而，在现代传播中，开放性、多元性、融合性成为时代的潮流。

第二节　文化传播的功能与意义

一、文化传播的功能分析

如前所述，文化有广义和狭义之分。其中，广义的文化应该包括物质、制度、精神心理等内容，狭义的文化是指精神文化的创造及其成果。狭义的文化是人类精神活动及其产品的总称，和政治、经济一样是人类社会不可缺少的重要内容。文化即传播，文化传播在人类发展中具有重要的功能。一般来说，文化传播在人类社会发展中的功能主要表现在五个方面：一是信息，即记录、储存、加工和传承社会信息；二是认知，即影响、制约人们的认识活动和认识结果；三是教化，即通过文化环境改变人的思维方式、行为习惯、价值观念、审美趣味并使之社会化；四是协调，即调控社会实践和人与人之间的社会关系；五是创新，即超越现实局限性，创造出新的观念世界和理想世界。

无论是广义文化还是狭义文化，其功能都是在一定的社会结构中释放出来的。事实上，文化与政治、经济构成了人类社会发展的三大核心功能模块。在当代中国，经济是基础，政治是经济的集中表现，而作为观念形态的文化则是经济与政治的反映。

文化对社会、经济的正向作用是知识经济时代必须明确和重视的。第一，文化是经济发展的精神动力和智力支持。第二，随着社会经济与文化的发展，文化对经济的渗透已无处不在。从经济活动的产销、流通、消费、分配等各个环节来分析，都会发现其中蕴涵着丰富的文化因素。文化的积累越来越成为许多经济活动成功与否的一个必要条件。“文化力”“策划力”“创意力”等新概念正日益为人们所重视，文化的复合型力量，正与发展经济、谋求社会良性发展等，汇成一股强大的动力，成为社会经济发展的巨大内在力量。简而言之，文化是推动未来经济快速发展的关键所在。信息产业、高新技术产业的迅速崛起，为文化推动经济发展提供了更加广阔的前景。文化不仅对当代社会的发展起着决定性作用，而且将对未来社会经济结构的发展方向、经济增长速度等发挥至关重要的作用。尤其是在知识经济时代，文化的力量更是无法回避和抗拒的。因此，正确把握文化发展的方向，正确处理其与政治、经济、社会发展的关系，特别是使文化与经济始终保持在相互促进和协调发展的健康状态，是未来社会发展的需要，也是时代前进的必然保证。

除了文化力之外，文化传播的功能，还可以指传播活动所具有的能力对人和社会所起的作用和效能。施拉姆在《传播学概论》一书中，正式将传播功能确定为雷达功能、控制功能、教育功能、娱乐功能，同时又区分出外向功能和内向功能。无论是自我的内向传播、直接的人际交流，还是借助媒介的大众传播甚至跨国传播，都是一项履行一定复合性文化功能的社会活动。

（一）功能研究

从社会角度和受传者层面来看，文化传播活动所产生的作用和媒介所释放的能量，属于“功能”研究的范畴。而从传播者和媒介自身的角度来看，文化传播活动所造成的最后结果以及在受众那里所引起的反应，则属于“效果”研究的范畴。

相比而言，传播效果研究的历史较长，挖掘较深，成果颇丰；而传播功能研究的历史较短，成果较少。这反映了传播学研究的一种实用主义倾向。但是，随着人的价值和受众地位的提高以及人文旗帜的高扬和批判主义的兴起，人们会越来越重视传播的多向度功能。

（二）功能的客观性

任何一项传播活动都必须具有一种或几种功能，否则就没有进行的必要。尽管有时某项传播活动，在开始前公开宣称的功能与最后实际呈现的功能并不完全一致，有的甚至相差很远，但是功能总是客观存在的。

特别是在大众传播中，传播者在事前充分认识这次（或一系列）活动所应发挥的作用和效能，然后运用全部传播手段和方式去充分展示和释放这些功能是至关重要的，因为功能对将要进行的传播活动的方向性、连续性和整体性起着重要的维护作用。

文化传播是一种社会需要、社会过程和社会现象，它的社会功能主要表现为政治功能、经济功能和教育功能。文化传播具有强烈的阶级性和意识形态性，它总是为一定的政治服务，或者总是带有一定的政治倾向。而且，文化传播是社会发展的关键性要素，是经济发展和经济变革的“助推器”和“催化剂”。所谓“文化搭台，经济唱戏”，就是让文化为经济的发展营造合适的气氛和环境，为人们观念的更新、科技水平的提高和经济信息的传播提供坚实的支持，以便协调和控制经济的良性运行。文化传播可以创造一种尊重知识、尊重人才、重视教育发展的社会环境，为大众提供更多受教育的机会和条件。

文化传播的社会功能还表现为它的沟通功能和社会化功能。文化传播促进了人们之间的沟通，并在这一过程中达成一种普遍的共识和认同，以保持社会系统的稳定和平衡，同时也通过社会整合、协调和控制社会活动的作用促进人类的社会化进程。此外，文化传播是社会发展和社会文化进化的重要因素。毫无疑问，社会发展和文化进化离不开文化传播，没有文化传播便没有人类文明。

二、文化传播的效果分析

传播者总是希望自己的传播意图为受传者所了解和领会，并接受自己的传播意图，而受传者在接受信息的刺激后会产生不同程度的反应，在思想、感情、态度和行为等各种方面发生某种变化，这种反应或变化就是传播效果。反应程度或变化的大小，就是效果的大小。所谓效果，指的是人的行为产生的有效结果。“有效结果”一词，狭义上指的是行为者的某种行为实现其意图的程度，广义上则指这一行为所引起的客观结果，包括对他人和周围社会实际发生作用的一切影响和后果。在传播学研究领域，传播效果这个概念也具有下述双重含义：

一是预设的传播效果，它指带有说服动机的传播行为在受传者身上引起的心理、态度和行为的变化，这就是所谓的说服性传播。具体而言，说服性传播，指的是通过劝说或宣传来使受传者接受某种观点或从事某种行为的传播活动。这里的传播效果，通常意味着传播活动在多大程度上实现了传播者的意图。例如父母劝说孩子不要早恋，应该把精力全部放在学习上，他们使用了规劝、感化等各种各样的说服方式，希望孩子能够理解父母的一片苦心。传播效果是否实现，便意味着父母的主观意图是否得到实现，换句话说，也就是孩子是否听从了父母的教诲。

二是预设之外的传播效果。这种传播效果指的是，传播活动尤其是基于报刊、广播、电视等大众传播媒介的传播活动对受传者和社会所产生的一切影响和结果的总体。不管这些影响是有意的还是无意的、直接的还是间接的、显在的还是潜在的，不管传播者有没有主观意图，他们所从事的传播活动总会伴随着各种各样的结果。例如，某报记者写了一篇关于物价即将上调的消息，本意是让受众有一个心理准备，但结果却引起了消费者的恐慌和更大规模的抢购狂潮。这说明，基于大众传播媒介的传播行为不管其原初意图如何，总会对受传者产生一定的作用和影响。

三、文化传播的趋势与意义

改革开放以来，我国信息产业出现了前所未有的繁荣景象，中国也跨入了“大众传播时代”，并在信息传播系统逐步完善的基础上，融入了全球传播的大系统。事实上，全球信息传播系统的形成正在极大地推动着世界的政治全球化、经济全球化、文化全球化、环境全球化、消费与流行全球化进程，并对现代生活的各个方面产生着深刻的影响。信息科学的发展，正在把人类带入一个全球传播的时代。其中，国内传播指的是，一个国家社会系统内部的传播；国际传播指的是，不同国家社会系统之间的传播。在当代社会文化发展进程中，随着全球化、信息化的传播，又出现了将国内传播和国际传播融为一体的、以整个世界为范围的传播，这就是所谓的全球传播。

在这样的时代背景下，文化传播正在促使人类文化向碰撞、融合、创新的新时代发展。文化在满足人类生存需要方面的表现是，人类总是在可能的条件下，选取更适宜生存、更具优越性的文化来弥补现有文化的不足。而文化的传播无疑为人类提供了这样的平台。在文化传播中，人类会主动模仿、学习自身之外的先进文化，先进文化就逐渐成为人类生存的基本方式。由此，文化传播推动了人类文化的融合性发展。但是，文化传播对人类文化交流碰撞的促进作用，一旦达到某个高度，便长时期停滞不前。如因纽特人有一种极具特色的高度适应北极生态环境的文化，但它至今没有发生过重大变化，这是因为因纽特人没有受到外在文化的影响。在新的技术条件和社会环境之下，文化传播将进一步拓展，促进多元文化的生成和发展，同时加速全球化进程。可以说，在未来很长的历史时期内，文化传播将成为社会发展与人的全面发展的重要动力和关键性要素。

四、文化传播的基本特性

文化传播是人类的特权和标志，又是人类文明和社会进步的助推器。文化传播学是一门探索人类文化传播本质和规律的科学，也是文化传播研究者在近几十年对人类传播现象和文化传播研究成果进行系统分析和有机整合而发展成的知识体系。事实上，“文化传播学与人类生活的各个方面交织在一起，因此，一切有关人类生活的研究都不可避免地涉及这门学科”①。

（一）社会性

人类的文化传播活动从来都不是在“真空”中进行的，也不是一种本能反应和自然现象。换言之，文化传播活动从来都是社会性的，因为传播活动从本质上就是在人与人之间进行的一种社会活动。没有“人”这个一切传播行为的主体，文化传播活动就不能成立。而同时，人是

① 李特约翰．人类传播理论．7版．北京：清华大学出版社，2004：41.

社会的人，社会也是人的社会，因此，所有文化传播活动在本质上都是社会性的。

1. 文化传播活动的社会特质

作为社会成员，不论是传播者、把关人，还是中介者、接受者，他们都有思想、有感情、有立场、有信仰，并生活在一定的社会文化环境之中。传播活动中所有的行为主体，都是隶属于一定的群体、集团、阶级的人。因此，他们的文化传播活动就势必具有天然的社会性。特别是进入大众传播时代以来，在传播媒介由谁控制、录用谁为专业传播者，以及文化传播的目标、方向、流量、形式应如何确定等一系列问题上，无不反映了文化传播的社会性特质。

2. 文化社会传播的创造性

文化社会传播活动是人与人之间进行的一种自己自愿、自责自控、自知自发的信息传播活动，是主动的而不是被动的。也就是说，文化传播活动的参与者，不论其行为是对还是错、是善还是恶，他们对自己的传播目的和过程有清楚的认识，所采取的传播计划和传播方式也是出于其主观选择。

作为人类主动进行的文化社会传播活动，文化传播不但能反映现象，而且能反映事物的本质；不但能反映现实，而且能追溯过去、展望未来；不但能“复写”现实，而且能创造“现实”。因此，所有的文化传播都是创造性的，即使用的是“旧”的思想和第二手资料，也是在创造一种新的而且是唯一的表达方式。在文化传播活动中，从信息的采集、鉴别、选择到加工、传递，无不闪耀着人类的创造性火花，无不渗透着人类的创造性智慧。

（二）抽象性

文化传播在基础层面就是为人际传播，而人际传播的本质就是对话。在对话中，语言是直接符号，文字则是间接符号。文字媒介给人际传播带来了时间上的延迟性和空间上的拓展性，同时也把人际传播引向了隔膜和疏离。这种基于文字符号传播的社会文化活动，必然具有一定抽象性。

1. 文化符号具有一般信号所不具备的抽象能力

(1) 符号是表示某事、某物、某条件存在与否的信息。符号的特点是将复杂现象用简单的方法表示，使要理解的内容更为简单、更为易懂。内容与信号一一对应，并随时变化，变化的范围也较窄。

(2) 符号单独存在于传播参与者之间，表达某种意义。符号不仅表示某事、某物、某条件的存在与否，它还使人能够引出指说对象的概念。符号分语言符号和非语言符号两种。符号的外延意义是指符号透过概念和客体之间的代表性关系，较具客观性。而符号的内涵意义是指符号和观念之间的评价性关系，常受感情等主观因素的影响。

2. 符号与信号的区别

(1) 信号活动一般只能在相当固定的时空场合，并结合特定的客观事物进行。如果离开当下时空的特定条件，信号就变得毫无意义了。而符号则具有超越时空的力量，人所创造的符号已经约定俗成，可以在广阔的空间范围和久远的时间范围内发挥作用。信号可以通过生物遗传的方法掌握，而符号则只有在社会生活中才能掌握和运用。

(2) 符号可以表达信号无法表示的各种抽象概念，可以用来表示事物表象遮盖下的性质、特征和范围。符号具有信号无法具备的抽象能力。

（三）互动性

文化传播的过程，是文化传播者与受传者之间符号汇聚的过程和信息共享的过程，也是它们之间相互影响、相互作用、相互尊重、相互协作，共同完成沟通、传播的过程。

1. 文化传播过程的协同互动

没有传播活动参与者之间的协同与互动，传播过程便不复存在。所以，如果认为文化传播是完全单向的或单方面的、某人独立完成的，这种观点将难以成立。传而求通，文化传播首先是双向性的，即表现为传播者与受传者两大传播要素和传、受两者之间的信息双向沟通和交流；其次是互动性的，即传、受两者不仅共享信息，而且互传信息和一起创造信息，并且相互作用、相互影响；再次是共同性的，即传播者和受传者之间要真正传通致效，必须有共同的经验系统和符号系统；最后是协作性的，即文化传播是传播组织内部协同操作（如报刊出版、节目录制）完成的，也是传、受两者在相互协调中一起完成的。

2. 互动性文化传播的价值

在新的技术条件下，网络媒体传、受双方互动交流，孕育了一种新的文化传播表现形式：互动性文化传播。互动性文化传播具有传、受双方互动交流的特质，具有即时性、空间无限性和广泛参与性，具有现场（超）文本互动和二度传播效能。互动性文化传播的价值在于对社会热点、焦点的特别关注，在于体现受众对社会事件的参与价值。

（四）目的性

人类的文化传播活动从来不会是无目的和无计划的，也就是说，人类的文化传播活动不是受本能所驱使，而是在一定意识的支配下有目的、有动机和有对象的活动。

1. 明显的或隐蔽的目的性

文化传播活动的发生、运行、终止的全部过程，无不带有明显的或隐蔽的目的性。文化传播者在进行文化传播活动之前就制定出活动的计划、步骤和蓝图。这是其他动物所不能比拟的。有人说动物的行为也并非盲目的：萤火虫用发光来传递爱的信息，蜜蜂用舞姿来指示蜜源的方位，孔雀以开屏来显示自身的性感并恐吓敌人。问题在于，一般动物的行为无论多么复杂，都不是有计划、有目的的行为，充其量只是在本能支配下的一连串针对特定对象的机械反射活动而已。可以说，人类是世界上唯一能按照自己的计划去追求目的的高等动物。

2. 说服性传播的意图性

说服又称劝服，指的是文化传播者试图通过传递某种信息，来影响和改变受传者态度、观念、价值和行为的文化传播活动。个人之间的劝说、企业的广告公关、大众传播与宣传等，都属于典型的说服性文化传播活动。所以，说服效果是文化传播学研究的一个重要内容。因此，信源的可信性、传播内容、传播方法和技巧以及受传者的个人和社会属性都是影响说服效果的重要因素。

文化传播的目的是希望人的行为产生有效的结果，说服效果具有的含义从狭义上说，指具有宣传或说服目的的文化传播行为在文化传播对象身上引起的心理、态度和行动的变化，通常意指文化传播行为在多大程度上实现了传播者的意图。

（五）历史性

信息是人类的基本需要，而文化传播则是满足人类基本需要的基本手段。信息需要的永恒性导致了信息传播的永恒性，而信息传播的永恒性又沉淀为信息传播的历史性。

1. 文化传播是永恒的人类活动

文化传播不是暂时的社会现象，而是长久、永恒的人类活动。从远古到现在，从现在到未来，传播与人类朝夕相伴、如影随形，共同绘制成人类历史的壮丽画卷。文化传播是空间的连接体，信息不受高山大川的阻隔而传之万里；是时间的连接体，信息不受沧桑岁月的磨损而传之千年；也是人类的连接体，使不同民族、不同文化、不同国度、不同年代的人能够相互沟通、相互理解，使人类的文化遗产得以继承和发展。

这些描述只是人类文化传播的一般特性和基本特点，而不同领域、不同类型的文化传播活动还具有不同的特性。例如，人际传播就具有个人性、亲近性、直接性和互知性的特点，而大众传播又具有快捷性、扩散性、公开性的特征，并且它们又都是随着人类社会的进步而发展的。

2. 文化传播的历史性考察

在人类文明史上，大概找不到比传播更久远的历史。自人猿进化为人类以来，人类社会持续不断地发展与进步，就是由于人与人之间、部落与部落之间、民族和民族之间、国与国之间不断地传播信息，新的发明、新的发现、新的技术、新的方法不断地被别处所采用，而自己又从别处学习传播来的新信息。人类文明的不断开拓、不断扩大，促进了人类的社会化进程。可以说，没有传播，就没有人类、没有社会、没有文明史。

第三节　文化传播学的研究对象

任何学科的成立必须具备以下几个条件：(1) 特定的研究对象；(2) 相对独立的理论体系；(3) 独特的概念范畴；(4) 相应的研究方法。所以，要学习、研究文化传播学，我们首先需要了解文化传播学的研究对象以及围绕研究对象展开的理论知识体系。

关于文化传播学的研究对象，中外学术界各有争议。下面我们简要介绍几种主要的观点。

其一，研究“人”的传播活动。其研究重点是那些人与人之间的文化信息传播活动，也就是“人与人之间如何借文化传播的作用而建立一定的关系”。正如施拉姆在其《传播学概论》中所指出的：“我们研究传播时，我们也研究人——研究人与人的关系以及与他们所属的集团、组织和社会的关系，研究他们怎样相互影响、怎样告知他人和被他人告知、怎样教别人和受别人教、怎样制造快乐和享受娱乐。要了解人类传播，我们必须了解人是怎样相互建立起联系的。”

其二，研究“文化传播”的过程。文化传播学不仅要考察各个具体的文化传播过程，而且还要考察过程与过程的相互联系，考察文化传播活动与环境的相互作用。

其三，研究信息传递的机理与作用机制。现实生活中，尤其是在当今社会，人与其所处环境之间的文化信息传播已不仅局限于人与人之间，而且还包含着人-机系统内的文化信息传递。“人-机系统内的文化信息传递”或计算机、人工智能、机器人领域的文化信息传递过程也是文化传播学的研究对象之一。需要注意的是，不能把一般信息科学和自动控制科学的研究对象与文化传播学的研究对象混淆。

由此可知，文化传播学首先要研究人类的社会信息文化传播活动。人类社会信息文化传播活动的不同方式的具体表现，形成人类社会信息文化传播的三种基本类型：人际文化传播、组织（群体）文化传播、大众文化传播。当然，文化传播学的研究和心理学范畴的人类文化传播也是密不可分的，因为无论是人际文化传播、组织（群体）文化传播，还是大众文化传播，都离不开对人的心理的研究。

其四，文化传播学要研究社会信息传播关系现象、社会信息传播意识现象。所谓文化传播关系指的是文化传播活动各相关要素之间的联系。文化传播关系既有内部关系，又有外部关系。内部关系指的是文化传播活动各参与要素之间的联系和相互作用，例如文化传播者和接受者的关系、主体和客体的关系；外部关系指的是文化传播活动与文化传播环境相关要素的关系，例如传播与社会、文化、社会舆论、生活方式的关系，大众文化传播的社会控制等。所谓社会信文化息传播意识指的是人们对文化传播现象进行的反应、认识、探索和思考。文化传播意识是对客观存在的传播现象的反映。文化传播研究、文化传播理论、文化传播心理等，都属于文化传播意识现象的范畴。因此，社会信息传播关系现象、社会信息传播意识现象，构成了文化传播学研究对象的重要方面。

参考书目

1. 胡正荣，殷鹏，张磊．传播学总论．2 版．北京：清华大学出版社，2008.
2. 陈建宪．文化学教程．2 版．武汉：华中师范大学出版社，2011.
3. 申凡．传播学原理．武汉：华中科技大学出版社，2012.
4. 邵培仁，海阔．大众媒介概论．北京：高等教育出版社，2012.

关键词

【文化】

文化是在人类进化过程中衍生出来或创造出来的。自然存在物不是文化，只有经过人类有意无意加工制作出来的东西才是文化。例如：吐痰不是文化，吐痰入盂才是文化；水不是文化，水库才是文化；石头不是文化，石器才是文化；等等。文化是后天习得的。男男女女不是文化，“男女授受不亲”或男女恋爱才是文化。前者是遗传的，后者是习得的。文化的一切方面从语言、习惯、风俗、道德一直到科学知识、技术等都是后天学习得到的。文化是共有的。文化是人类共同创造的社会性产物，它必须为一个社会或群体的全体成员共同接受和遵循才能成为文化。纯属个人私有的东西，如不为社会成员所理解和接受的个人怪癖等则不是文化。文化是一个连续不断的动态过程。每一代人都出生在一定的文化环境之中，并且自然地从上一代人那里继承了传统文化。同时，每一代人都根据自己的经验和需要对传统文化加以改造，在传统文化中注入新的内容，抛弃那些过时的部分。文化具有民族性和特定的阶级性。文化往往是以民族的形式出现的。一个民族使用共同的语言、遵守共同的风俗习惯、养成共同的心理素质和性格，此即民族文化的表现。在分裂为阶级的社会中，由于各阶级所处的物质生活条件不同，社会地位不同，因而他们的价值观、信仰、习惯和生活方式也不同，出现了各阶级之间的文化差异。

【传播】

传播是一种信息共享活动，传播必须在一定的社会关系中进行，是一定社会关系的体现。

从传播的社会关系性而言，它又是一种双向的社会互动行为。

传播成立的重要前提之一是传、受双方必须要有共同的意义空间。广义上，共同的意义空间主要是人们大体一致或相接近的生活经验和文化背景。总之，传播是一种行为，也是一种过程、一个系统。

【文化传播学】

文化传播学是近年来兴起的一门新兴学科，周晓明教授将其定义为“研究人类文化传播现象及其规律的科学”。它是汉语言文学、新闻传播学、艺术学、戏剧影视学等多学科交叉的结果。文化传播学是 20 世纪五十年代前后产生并逐步发展成为一个独立学科的。文化传播的分支理论，是以传播作为研究文化的入口，洞察人类的文化行为，这些理论来源很多，有人类学的、社会学的、文化学的、文学的、新闻传播学的、艺术学的、历史学的，但文化传播学的任务不仅仅是洞察人的文化行为，还在于研究他们如何传播和分享这些文化行为。

思考题

1. 从文化传播方式的角度分析人类对环境的认知与把握。
2. 试分析文化传播对提高国家国际地位的作用。
3. 举例说明技术革命与新媒体在文化传播中的应用。

第二章　文化传播的符号与意义

内容摘要

传播是人类社会的基本现象，是指社会信息的传递或社会信息系统的运行。而信息在我们的生活中无处不在、无时不在，但它又像空气一样，看不见摸不着。所以人们如果需要进行信息的传递就不得不选择一种能负载它的有形载体，而这一载体便是符号。

学习重点

- 符号的定义
- 符号的类型

学习难点

- 文化传播中语言符号和非语言符号的运用
- 符号的意义

第一节　文化传播与符号

“符号”是一个“横看成岭侧成峰”的概念。不同的人对符号的理解、分类方法都是不相同的。甚至同一个符号在不同地方、不同时期的意义也是不相同的。这一节我们将从符号的概念入手，了解在文化传播中有哪些符号。

一、符号的定义

提到“符号”，我们不由地想起“X”“Y”这样的字母，也会想到像“囧”这样的网络语。这些的确属于符号的范畴，但也只是冰山一角。符号在我们生活中无处不在，有着巨大的家族体系和明确的分类。比如“!”这样一个标点符号，比如“NB”这样一个品牌符号，再比如像姚明、李娜这样的体坛先锋人物，也是代表着中国精神的符号。

那到底什么样的东西可以算作符号呢？它具备哪些特点呢？

符号必须有某种物质形态，必须指自身之外的某种东西，必须被人们使用与承认。一轮明月有它自己的物理形态和含义，通常情况下它出现在天文或科学杂志上，但当苏轼举杯望月问青天之后，明月便成为一种具有意义的符号。它不仅仅只是太阳下山后天空中高挂的月亮，它还代表着孤独与寂寞，夹杂着浓浓的思念之情。

迄今为止，符号被人们从不同角度、不同层面下了诸多定义，其中符号学奠基人皮尔斯的定义为："一个符号，或者说象征是某人用来从某一个方面或关系上代表某物的某种东西。"在他看来，一个符号由三个要素组成：一是代表事物的符号，二是被符号指涉的对象，三是对符号的解释，所以符号具有代表性、指涉性和解释性。换言之，符号是两个代表之间的第三者，是被指定好了的，是具有一定意义的。我国学者郭庆光也对符号下了定义，他说："简言之，符号是信息的外在形式或物质载体，是信息表达和传播中不可缺少的一种基本要素。"

也许，生活中就有很多这样的例子。当我们从天气预报中得知明天会下雨时，那大多数人必然会在第二天出门前准备一把伞，以防万一；当我们被人告知这段路比较急、路途比较曲折、容易晕车时，那我们大多数人会时刻紧张着，坐立不安，就连平日不晕车的人也会感觉到头晕目眩的。这就足以说明语言在生活中的重要性。所以语言就作为一种符号存在。其实在生活中符号到处都是，例如学生时代给同学取得的一个绰号、自己家门前的编号、一个个音符、一抹抹色彩，这些都属于符号的范畴。

二、符号的类型和性质

（一）符号的类型

在符号学的研究中，对符号的分类是不相同的。

1. 皮尔斯的三分法

皮尔斯将符号分为三种基本的类型：图像符号、标志符号、象征符号。

（1）图像符号。图像符号是指运用描摹手段客观的表现各事物或现象的外部形状。图像符号与对象之间有着很大的相似度。比如我们在绘制地图的时候，会尽最大努力使之与实物相接近，从而可以起到借鉴的作用。照片、影视也具有同样的效果。

（2）标志符号。标志符号就是指运用事物本身某些可以外显、可以被人感觉到的现象来表现的事物。标志符号本身就和指代对象有着密切的关系，比如当我们听到有抽泣的声音，便知道有人哭了；当我们听到脚步声，便知道有人来了。

（3）象征符号。象征符号是人类创造并赋予特定的含义的表达体系，这种符号与所指代的对象之间并没有很大的联系，所以需要人们一代代相传和学习。我们遇到这些符号时会下意识地想到它们的意义。口语中的大多数词就是这类符号。数学中常出现的"α""β"也是这类符号。

2. 索绪尔的二分法

瑞士语言学家索绪尔则将符号分成了两个部分——语言符号和非语言符号。他的这种分类方式更加贴近我们的生活，因为在我们的传播活动中，语言和在语言基础上形成的文字是最基本的符号体系。在后面的小节中，我们也会具体地讲解语言符号和非语言符号。

（二）符号的性质

符号之所以被称作符号，必然有其独特的性质，它一般具有以下三种性质：指代性、社会共有性、发展性。

第一，符号和它所指代的事物之间，必须存在一种关系，但这种关系并非天生拥有、自然确立的，而多半是后天约定俗成的。正如索绪尔所说，这种关系是“武断的”。从古至今，人们进行物品交易，无疑都会用到货币，古时候通过铜钱，现在通过纸币，而这些货币就是人们约定俗成的。

第二，符号和它所指代事物之间的关系，必须得到一定范围内的社会认可。社会认可的一般是符号的辞典意义和一部分引申意义。很多引申意义是在群体中形成的。比如，在中国红色代表着喜庆和欢乐，当我们看到这一颜色的时候，也会感觉充满着活力，而红色之所以会有这样的象征意义，便是因为它被广大的中国人所认可、所承认。

第三，符号是不断发展变化的，它可能无中生有，也可能凭空消失，即使它长期存在，它与所指代事物之间的关系也在不断发生变化。近几年随着互联网的普及，网络上也有了很多被创造出来的网络语言符号。比如“给力”“神马”，而这些符号在十年后是否还会保持现在的意思，或者是否会消失，都是未知的。

三、文化传播中的符号

如果说文化是一个圈的话，那么文化的传播就是一个圈对另一个圈的碰撞和影响的过程。但在它们相互碰撞和影响的过程中，也需要文化载体和媒介，这便是符号，文化传播需要符号。

人类所有的文化活动和文化现象无疑都是通过一定的符号来传播的。以下就为大家介绍几种在文化传播中，运用较多的符号。

（一）建筑

建筑作为凝固的艺术，是人类建造出来用以满足自己居住活动的场所。从文化传播的角度看，建筑承载着当地的历史文化、民俗文化、宗教信仰等，是一个地区的标志物，而这些建筑也在不同的时期承载着人类的文化。建筑不仅仅是建筑，它也有其独特的文化属性。比如古埃及的金字塔、古罗马的大角斗场、中国的故宫、法国巴黎的埃菲尔铁塔、梵蒂冈的圣彼得大教堂，这些建筑也成为文化冲突的标志和历史的重要见证者。

不同的民族有着不一样的建筑，环境和气候的不同也会导致建筑的构造和风格出现差异，这一点在中国这个多民族的国家就有所体现。生活在青藏高原的藏族人民，他们的建筑依山而建，建筑物内会有许多壁画和唐卡（藏族绘画）；而在广西壮族地区，当地居民则采用“干栏式建筑”风格。这些不同也体现出各民族有着自己的特色。

（二）歌唱

歌唱作为一种舞台表演的艺术形式，也是人们在社会生活中进行交际交流、表达感情和思想的重要方式和方法。作为一种比较传统的文化符号，歌唱也是一种比较常用和受人们喜爱的传播方式。

早在《吕氏春秋·古乐》中就有提到“昔葛天氏之乐，三人操牛尾，投足以歌八阕”，其中反映了人们因为劳动而载歌载舞的场景。而后在历史的漫漫长河中也相继出现了大量不同的歌唱形式，比如汉代有乐府，唐代有梨园，清代更是出现了国粹京剧。这些都是通过声音符号流传下来的文化珍宝。

世界上，不同的国家、民族所创造出来的歌唱体系也是不同的。不论是歌唱技巧、歌唱语言，还是歌曲旋律，都具有当地独特的音乐风格和文化属性，比如意大利的美声唱法。在中国不同的地域戏剧的唱法也是不同的，川剧、京剧、豫剧、粤剧等，它们都有着不同的唱腔和风格。

其实歌唱作为一种符号，它并不是单一的，舞蹈、乐器等都是重要的部分。在文化传播中，这样的符号更具特色和竞争力。在世界文化的传播中也是如此，近几年极具中国特色的文化形式在全球都受到追捧。所以这种经历过历史洗礼的文化符号，在未来也将会大放异彩，必定会带来更加意想不到的效果。

第二节　文化传播中的语言符号

从古至今，语言都是人们沟通交流最主要的纽带，是人们表达自己、相互了解最主要的桥梁。这一节我们将会了解到什么是语言符号，以及不同时期的语言符号有哪些不同。

一、语言符号的概念

对于人类的传播而言，语言符号无疑是一切符号的基础，也是人类传播中最重要的符号系统。每一天从睁开眼睛开始，我们无时无刻不在使用它，工作、购物、交流都需要运用到它。我们普遍将语言符号分成两个部分，即口头语言符号和文字语言符号。

（一）口头语言符号

口头语言符号是语音和它所表达的含义即语义的结合体。语音是符号的形式，语义则是符号的内容。所以口头语言符号，就是有意义的声音符号，它可以传递信息、交流思想、表达感情等。在所有符号中，口头语言符号也是最主要和基本的。但从传播的效果来看，口头语言符号也会受到说话人和听话人之间方言、语气、语速、语调、文化修养、用语习惯等多方面的影响，所以会产生与实际信息不相符合的情况。这也是口头语言符号在传播过程中的弊端。

“你好”“你吃饭了吗”这些都属于这一类符号，他们有着自己被约定俗成的含义。口头语言符号最大的特点就是，交谈的对象处在同一个时空里，从而有利于传播和表达。

（二）文字语言符号

文字语言符号是符号的重要组成部分，是人们所发明的固化语言的原始手段。在最开始，文字作为语言的辅助手段得到传播。但随着历史的变迁，文字逐渐成为一种独立的符号体系，有了自己的传播作用和影响。

文字是在口语的基础上形成的，但又比口语更加严谨和简练。运用文字信息进行传播，可以使用更少的符号，也节约了读者的时间和储存的空间。

但文字的严谨和简练也导致其失去了口头语言符号固有的感情和优雅。在传播过程中，受不同人的理解能力的影响，被理解的文字也会有偏差，但文字语言符号可以冲破时间的限制。在信息记载方面，它也具有超强的记载能力和可靠性。所以今天我们对历史的挖掘与发现中，文字文本成为最可靠的信息来源。为了对历史、对未来负责，文字语言符号必须正规、准确、简练。

文字语言符号作为人类语言的高级形式，主导着数千年的人类思想。考古表明，作为人类最古老的文字之一，埃及象形文字距今已有约 5 000 年的历史，而我国的汉字和西亚的楔形文字距今也有 3 000 多年的历史了。

二、文化传播中的口头语言符号

（一）人类前语言阶段的文化传播

首先需要指出的是，人类早期信息传播的方式如动作、表情、声音等具有无法保存的天然局限，因此对于此阶段信息传播活动的考察恐怕将停留在推论和假设这一阶段，而无法找到切实的证据。

从距今约 250 万年前开始，延续到距今 1 万至 2 万年前左右的旧石器时代，由于缺乏工具及受自然环境的影响，人类的发展进程极其艰辛和缓慢。如果当时亚洲人要给欧洲人传递一个信息，在没有飞机等交通工具来解决距离上的问题，没有网络来解决时间上的问题的情况下，其难度可想而知。

难道在当时就没有方式来传递信息了吗？据调查，在直立人和猿人早期阶段，除了在工具使用上，人类对信息的获取和对文化的传播与其他高级动物并没有太大的差别。这一时期的人类社会以血缘家族群体为基础，因为社会成员较少，社会群体也相对短缺，但是也存在沟通和小范围的交流。尽管人类基本的生存方式就是直接从大自然中获取所需，无须通过交易和买卖，但是其实这一时期的人也有他们自己的交流方式。

据英国《每日邮报》报道，来自圣安德鲁斯大学的研究人员发现猩猩在生活中也是能够传递信息的。他们做了这样一个实验——引导一群非洲黑猩猩做了一个“传声筒”游戏。实验工具是一只装有食物的盒子，有两种打开方法。研究人员只把其中一种传授给一只黑猩猩。用所学方法打开盒子并拿到食物后，这只黑猩猩大受鼓舞，并立即传授给一个同伴。一个“知识传递链”由此诞生。就这样，一只传一只，共有 6 只黑猩猩学会了研究人员所教的方法。实验过程中，黑猩猩们有充分自由去探索其他打开盒子的方法，但“传递链”中的 6 只黑猩猩均使用了同一种方法。“其他黑猩猩所用的方法，均是由第一只黑猩猩传授的。”研究员霍纳说：“很明显，黑猩猩们在共用一种方法。这足以证明，它们之间存在一个信息传递过程。”

传递信息的猩猩

可见，信息传递并不一定需要依赖语言，没有语言系统，也可以传递信息和进行交流。

（二）原始语言的文化传播

对于人类何时开始创造和系统使用语言，迄今仍无定论。21世纪初被发现的第一个人类语言基因定位于人类第七号染色体上。也就是说，大约在20万年前基因中的两个碱基对发生了变异，从而产生了语言。但这种语言与现代语言是不可同日而语的。现代语言通过分类、概括等伴随知识积累的图式构建演进，集约了大量的感知信息，使我们不必过于依赖经验记忆便可应对环境。然而在语言诞生之初，人类与自然界保持着相对全面的依存关系，语言由当时的生产、生活方式来决定，熟悉与记忆周围自然万物的信息，是人类生存的需要，对细小事物的辨识与记忆也是一个原始人必备的生存技能。而这一点也可以从动物身上找到答案。

1976年5月，弗朗辛·帕特森用美国手语问大猩猩“可可”是否饿了，“可可”给出肯定的答复。“可可”出生于1971年，是目前语言能力最强的非人类动物。这只大猩猩掌握1 000多个手语单词，了解大约2 000个英语口语单词的含义，能够与人类交流。

刚果民主共和国野生动物保护协会的猿类研究员托马斯·布鲁尔表示：“大猿的语言能力与儿童相当。”约克大学的卢森指出：“大猿更擅长手语而不是口语，因为大猿对发音的控制与人类不同。”

猩猩“可可”的例子足以说明，除了对发音的控制能力及其产生的影响以外，猿类与人类在信息处理能力上仅是在程度上存在差异而已，就记忆能力而言，经验复杂程度远低于现代人类的猿类，在某些方面还具有优势。

其实在原始语言形成时期，人类的活动就已经开始丰富起来，这从种类繁多的石器中就可以得到证明。另外，装饰品、壁画也开始出现在人们的生活中。其中，信息的传递方式有事物指示、运用形体表情动作、模仿、示范、鸣叫、敲击、抚摸等。这些方式在潜移默化长期使用后，逐渐转变为相对应的专门化原始形声-表情-手势交流方式，并最终蜕变成原始语言。

虽然原始语言不能和现代语言相比，但原始语言在当时对文化的传播、对人们生活中的交往沟通起到了不可磨灭的作用。

三、文化传播中的文字语言符号

（一）文字产生前实物化信息载体中的文化传播

就信息形式而言，语言毕竟依附于声音，转瞬即逝、无法保留，难以满足人类日益增长的信息传播与掌控的现实需求。因此在这一时期雕刻和绘画成为新的信息载体。

追随或伴随语言诞生的信息形式是以渔猎和采集为生的晚期智人（距今5万年至1万年）的雕刻和绘画这类实物模仿形态的信息载体。考古发现的原始岩画和雕刻品，显示了这一时期人类拥有超凡的想象力，甚至可以和现代的艺术家相媲美。

当然，晚期智人的雕刻和绘画活动的目的并非满足当代所谓“艺术”的需求，实际上这一时期还盛行以人体为载体和对象的原始装饰行为，例如在距今1.8万年前的山顶洞人遗址中，就出土了种类繁多的装饰品，有穿孔的兽牙、海蚶壳、小石珠、小石坠、鲩鱼眼上骨和刻沟的骨管等。其中，穿孔兽牙最多，125枚，除1枚虎门齿外，余者为獾、狐、鹿、野狸和小型食肉类动物的犬齿，均在牙根部位两面对挖成孔。其中5件出土时呈半圆形排列，可能是成串的

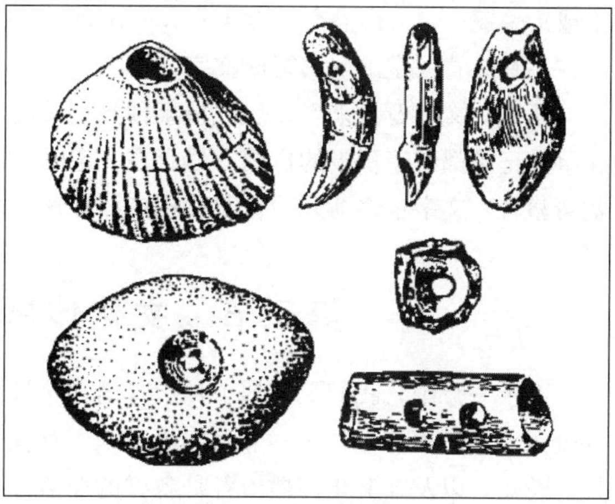
山顶洞人遗址出土的装饰品

项饰。穿孔海蚶壳3个，在铰合部以下处磨穿成孔。制作得最精巧的是7颗小石珠。它们都散布在头骨附近，可能为头饰。石坠系用天然的椭圆形黄绿色岩浆岩小砾制成，两面扁平，其中一面经人工磨过，在中央对钻成孔。还发现1件鲩鱼的眼上骨和4件骨管。前者在边缘处钻一小孔，局部染成红色，后者用鸟骨制成，管体光滑，有摩擦痕迹，表面有短而深的横沟，多少不等但排列一样，显然是为了接系其他饰物特意刻出来的。这无不反映了这一阶段人类对非语言形式的信息表达追求。

早在文字诞生之前，人类已经依靠记录、演运和传播信息的实物化具象和抽象媒介形式通往文明之路。这一时期一种比较常见的记忆方式是结绳记事。这种方式在某种意义上来说，的确帮助了人们对事情进行记忆和理解，但却容易导致记忆的缺失，当事人也不能有效地找到回忆，所以这一时期的绘画、雕刻更能够有效地传播信息。

比如在裴李岗文化遗址中发掘出的甲骨契刻符号，它被称为中国最早的文字雏形。它比以往发现的仰韶文化或大汶口文化遗址陶器上的符号或图形要早一两千年，其中个别符号形体已与安阳殷墟出土的商代甲骨文字字形相似。

同时，实物化信息载体的使用，也极大地强化了信息的可验证性。这为人类走出原逻辑思维埋下了伏笔。人类通过对实践活动信息的积累和传播，对自身的思维开发也起到了积极作用，为人类文明的发展推波助澜。而文字的诞生，则使文化的传播发生了全新的改变。

（二）文字诞生后的文化传播

地球上最早的文字，诞生于距今五六千年的氏族公社走向解体，阶级社会取而代之的历史时期。在此之前绘画、结绳、契刻等原始记事方法，都是视觉化的信息载体，但这种视觉化在演变到视听一体化的过程中，并不一定是连续的。

李葆嘉先生曾对此深入分析过，他指出：实物记事表明人们已具有用可视性、可保存性的载体储存、传递信息的能力；结绳方法中已包含着用有限基本符号加以排列组合储存复杂信息的原理，即符号的单位性、能产性和组合性基本原理；契刻记事使符号平面化、线条化；图画记事以物象代表物体，使记事方法具有书写性。以上这些，即符号的可视性、储存性、单位性、能产性、组合性和平面化、线条化、书写化（压写、刻写、涂写），都为文字创制原理的成熟提供了准备，而图形及一些刻划记号则可能成为最初的文字符形。然而，原始记事方法并非必然会演变为文字系统。恰恰相反，正是由于没有发明或仿制文字，一些民族的原始记事方法才保留至今。

文字的起源是人类文明发展到一定历史阶段的变革性突破——由记录事件突变为记录语言。正是这种原有的不足，才使新的方法得以产生，并迈上由不成熟到成熟的完善之路。

那文字是在什么情况下诞生的呢？李葆嘉先生这样总结道：“通观文字出现的前后历史背景，人类文字发生的一般社会条件是：（1）农业社会经济；（2）手工业专门化；（3）使用自然铜或冶炼铜；（4）商品交换发生；（5）出现城邦国家；（6）信仰原始宗教。然而，具备这些条件并不意味着一定出现书写或文字。”[①]

所以从文字诞生来看，从记录事件到记录语言是形成文字的关键。文字对于文化传播和文化事件记录都有着积极的作用，尽管在一定时期内文字的使用是小范围的、小规模的，但是伴随着教育，文字也逐渐开始普及和推广，在这个过程中，文化也在这一载体上逐渐传播。

第三节　文化传播中的非语言符号

在上一节中，我们了解到了什么是语言符号，但在文化传播的过程中还有一个重要的组成部分——非语言符号，这一节我们将系统了解什么是非语言符号，与语言符号相比它又有什么样的特点，以及在文化传播中各种各样的非语言符号是怎样得到运用的。

一、非语言符号的概念

在文化传播和人际交往中，除了使用语言符号这种基础性符号，还会运用到手势、姿态、表情、腔调等，这些方式在信息交流活动都是能够发挥意指作用的。

关于非语言符号，萨姆瓦在《跨文化传通》一书给出了一个简洁的定义：非语言符号包括传通（传播）情景中除了语言刺激之外的一切由人类和环境所产生的刺激，这些刺激对于信息发出者和信息接受者具有潜在的信息价值。[②] 正如施拉姆所说，传播不是全部（甚至大部分不是）通过言辞来进行的。一个姿势、一种面部表情、声调类型、响亮程度、一个强调语气、一次接吻、把手搭在肩上、理发或不理发、八角星的停车标志牌，这一切都携带着信息。[③]

在人类的文化传播中，语言符号与非语言符号的关系，就像是意识和潜意识的关系。前者犹如冰山上的一角，后者则是庞大的冰山。实际上，人们在交往过程中不自觉地运用了很多意义模糊的符号，而这些也就是非语言符号。

例如，在教室午休的时候，几位同学提前醒了，便开始窃窃私语，影响了其他同学休息。在这个时候，老师的一个手势或一个眼神就可以很好地提醒他们注意。在这个过程中，教师便没有使用任何语言符号，只是简单的手势和眼神，便传达了意思，这就是非语言符号在生活中的运用。再比如我们在生活中会看到各种各样的标志，这些标志也许并没有文字，但却可以传递信息。早期的图腾也有这样的意义，它代表着一个部落或民族的精神和情怀，它传递的是整个部落的信息，也是部落文化的精髓。所以在生活中处处都有着这种非语言符号。

在这些非语言符号的运用中，我们往往会觉得与语言符号相比，非语言符号更加含蓄，更加有趣味。非语言符号并没有把信息直接通过语言来表达，而是婉转地将其意思传达出来。如果说语言符号是我们嘴巴表达出来的，那非语言符号则是一双流露感情的眼睛，是心灵的窗户。虽然面部时常挂着窗帘，但是那双眼睛却传递着大量的信息。

所以，在现实生活中，非语言符号的重要性绝不亚于语言符号。甚至在某些条件下，人们只能用非语言符号来传递信息。有人统计过，在人们表达思想、交流感情的时候，只有7%是

---

① 李葆嘉．人类文字起源多元发生论（续）．解放军外语学院学报，1995（6）．

② 萨姆瓦．跨文化传通．北京：三联书店，1988．

③ 施拉姆，波特．传播学概论．北京：新华出版社，1984．

借助语言符号来传递信息的，其余的93%都是靠非语言符号来进行传递的。在文化传播中，想必非语言符号也是有着不可小觑的作用。试想，两个人在文化背景不同、语言无法交流的情况下，双方可以和平共处其实不难。在这些非语言符号的交流过程中，尽管文化的碰撞是必然的，但是共同的非语言符号的形式是存在的，比如握手、拥抱等，这些便是文化交流的桥梁。

二、文化传播中的体语类非语言符号

（一）定义

体语是指通过人的举止、表情、装束来表情达意、传递信息的非语言符号，又称作身体语言或行为语言。体语在人们交往的过程中被大量使用，它的传播功能也越来越突出。据说在西方历史上有一个教派，曾定下一条严格的教规，就是在交流中禁止使用语言，于是大家就只能凭借姿势、眼神、动作来进行交流，却仍可以互相沟通。一般来说，体语有三种类型：一是动态的动作，二是静态的姿势，三是有声无义的“类语言”（paralanguage）。

（二）在文化传播中的体现和运用

热播美剧《别对我说谎》（*Lie To Me*）教会了观众辨别是否说谎的小窍门，令许多人乐此不疲地学习成为“行为专家”。这些小窍门便涉及对表情和体语类非语言符号的运用。艺术虽然有创作的成分，但该剧的很多理论还是具有很高的可信度的。最令人感到真实的是，电视剧还拿来了大量明星和名人的照片、视频作为佐证，在剧中为莱特曼（Lightman）博士现身说法的名人包括休·格兰特、玛丽莲·梦露等。

知识链接 辨别撒谎的一些小窍门

热播剧《别对我说谎》中辨别撒谎的一些小窍门：

（1）说话的时候单间耸动，说明说话极其不自信，是说谎的表现。

（2）叙事时往左下方看，这代表大脑在回忆，所说的是真话；谎言不需要回忆的过程。

（3）明知故问的时候眉毛微微上扬。

（4）人在害怕时会出现生理逃跑反应——血液从四肢流回到腿部（做好逃跑准备），因此手的体表温度会下降。

（5）手放在眉骨附近表示羞愧。

（6）描述一连串发生的事情，编造都是按时间顺序进行的，能否流利、准确地进行倒叙是判断对方是否说谎的标准之一。

（7）如果对方对你的质问表示不屑，通常你的质问会是真的。

（8）“你去过她家吗？”“不，我没有去过她家。”对问题生硬的重复是撒谎的典型表现。

（9）真正的吃惊表情转瞬即逝，超过一秒钟便是假装的。

资料来源：萨默瓦，波特．跨文化传播．4版．北京：中国人民大学出版社，2010.

三、文化传播中的视觉类非语言符号

（一）定义

视觉类非语言符号中有象征和实义两种，其实很好理解，视觉类非语言符号就是我们生活中经常看到的一些图画、标志等。象征性符号往往代表着比较抽象的意义，比如医院的红十字、学校的校徽、部落的图腾等，并没有实际的意义，这些都是长期历史积淀的结晶，代表着深厚的传统；而实义类符号，如古代的烽火、十字路口的红绿灯、铁路公路的标志等，这些都具有实际的传播功能。

（二）在文化传播中的体现与运用

在文化传播的过程中，文化如何高效地传播是一个亟待解决的问题。其中，在品牌文化的传播中，我们似乎可以找到某种解决的方案，这就是品牌符号化。大多数学者认为这是最简单直接的传播方式。品牌符号化最大的贡献就是能帮助消费者简化他们对品牌的判断，对于企业而言是最节省沟通成本的做法。比如耐克的"对勾"代表不轻易妥协的心理，而可口可乐的红色代表活力。视觉、声音、语言、颜色等各种符号，实现了从精神层面上与消费者沟通，成就了这些伟大的品牌。

这样的例子数不胜数。这些仅仅只是一些品牌符号的文化传播。在西方，圣诞老人传说源自公元 4 世纪在小亚细亚传道的主教圣尼古拉，他以乐于助人而知名。他最著名的一次善举是将金块从窗口掷入没落贵族的家中，暗中资助三名贫苦的姐妹。但是，没有人知道圣尼古拉的样子。关于他长什么样、穿什么衣服一直没有一个统一的说法。

我们现在熟悉的这个大红袍白胡子的圣诞老人是可口可乐提供的，由商业设计师哈顿·森德布洛姆（Haddon Sundblom）于 1931 年为可口可乐公司所设计。红白色是可口可乐的配色，卷卷的大胡子像是可口可乐的泡沫。

从此，圣诞老人就有了"标准像"，并且同时成为可口可乐的商业形象。圣诞老人的形象为全世界所接受，并伴随着可口可乐传播到全球。圣诞老人的形象至今和可口可乐紧紧结合在一起，可口可乐也拍摄了大量有关圣诞老人的广告。其实这就是典型的视觉类非语言符号的文化传播。我们在早期，并不确定圣诞老人长什么样子，而可口可乐公司设计的符号正好填补了这一空缺，从而在推销可口可乐产品的同时也适当地推广圣诞节这一西方文化。

可口可乐圣诞老人

四、文化传播中的听觉类非语言符号

（一）定义

凡是作用于人听觉器官的非语言符号，都可以被视作听觉类非语言符号。在古代，“击鼓进军，鸣金收兵”的说法就是听觉类非语言符号的运用。非语言符号包括类语言和其他声音符号。

1. 类语言

类语言是人类发出的没有固定意义的声音，它是一种类似语言的符号，但是又不像语言一样有明确的字形和读音，也不像语言一样有固定的语法规律可循。类语言包括辅助语言和功能性发声。辅助语言是指辅助人类口头语言的声音要素，主要包括音调、音量、音速和音质。当声音要素系统中的诸要素在口头语言的传播过程中发生变化时，口头语言意义也会发生变化。通俗地说，说话时的抑扬顿挫会使同一句话产生不同的意思。功能性发声是指人发出的哭、笑、哼、叹息、呻吟等声音。它们不具有固定意义，往往在不同的情境中表达不同的意义。简而言之，类语言是口语的附加或补充部分。

2. 其他声音符号

其他声音符号如鼓声、口哨、汽笛、乐声等。在特定的传播情境下，某种单一的声音符号也可能担当传播信息的重任。

（二）在文化传播中的体现与运用

春秋时期，曹刿以出色的才智帮助弱小的鲁国在长勺打败了强大的齐国，为后世留下了“一鼓作气，再而衰，三而竭”的真知灼见。对此曹刿解释的是：“作战是靠勇气的。第一次击鼓振作了勇气，第二次击鼓勇气低落，第三次击鼓勇气就枯竭了。对方的勇气消失了，而鲁国军队的勇气正旺盛，所以战胜了。”

再如，我们时常可以感受到，每一首歌带给我们的感觉是不同的，这便是不同的听觉符号所展现的不同意义。在日常的运用中，如在过节的时候会选择喜庆的歌曲，在失恋的时候会选择悲伤的歌曲，这些自然而然会与人产生共鸣，从而让人也感受到喜庆或悲伤。所以在文化传播的过程中，我们的听觉类非语言符号传递的是情感和意义。

第四节　文化传播中的意义交流

一、文化传播中的意义

符号是传播中特别重要的因素。那么，人们究竟如何通过符号来完成传播及实现人与人之间的互动呢？一方面，对于符号来说，意义是它们的主要组成部分之一；另一方面，人们在传播中使用符号，正是希望通过共享符号意义，把自己的意思清晰地向对方表达。传播，不仅是信息的传递，更是一个意义交换的过程。那么，什么是意义？意义在传播的过程中是怎样通过符号进行转换的？

（一）意义的概念

在自柏拉图以来的形而上学理论中，意义一直被看作“超自然的、独立的、不变的实体”，是“绝对精神”的产物，这是唯心主义观点。历史唯物论认为，意义并不是什么神秘的、虚无缥缈的东西；相反，它是人的社会存在和社会实践的产物。意义体现了人与社会、自然、他人、自己的种种复杂交错的文化关系、历史关系、心理关系和实践关系。①

对于“意义”，我们可以简单地将它理解为意思、含义等。它是我们日常生活中的一个常用词，如“这篇文章的写作意义是……”“我们来分析一下这支歌曲的意义”。不过一般人可能很难想象，围绕着简简单单的两个字，实际衍生了纷繁复杂的探究，有一部著名作品就专门取名为《意义之意义》（*The Meaning of Meaning*）。意义是现代语言研究中备受关注的问题，语言学家们着迷于语言与现实间的关联，不断追问“语言何以能够起到交流的作用，何以能够表达人们的思想和对实在世界加以描述”。

在上几节中，我们已经知道语言如何在不同的历史阶段起到不同的作用。在传播学的领域，意义的问题也相当重要。其实每天我们都在亲身经历着这些。近几年里，传播科技高速发展，新媒体技术不断完善，传播产业以前所未有的速度在壮大。在过去人们交流可能需要走上几万里路、翻过无数座山，后来可以飞鸽传书或快马加鞭地传递；在现代社会人们可以通过电话、报纸、杂志等来进行传播，还可以打开广播、电视收听收看，但是其实信息传递的速度很慢。而现在人们接收到的是狂轰滥炸般的信息，是一个信息大爆炸的时代，那意义何在呢?

其实意义并没有那么复杂，它就是参与各方在相互碰撞后产生的精神火花。比如我们在看一则广告或宣传片的时候，产品能够获得观看者的认可，使之感到愉悦并产生共鸣，从而产生购买产品的欲望，那么广告传递的意义就使买家和卖家之间产生了联系。再如关于国家文化的宣传短片，当使人们产生共鸣后，就能发挥它的作用，从而实现共享的意义。

（二）符号意义概念

符号，在传播中不可或缺，可以说无符号就没有传播，传播中形成、交换的意义，正是以其间的符号的意义作为重要基础，所以下面就让我们来了解符号的意义。

意义作为符号形式所表现出来的全部内容，是人（主体）对客观事物（指示物）进行阐释的结果。就某一件事来说，其意义的产生或阐释过程通常要遵循下述步骤：第一步，面对某个具体的、实在的事物本体；第二步，面对这一事物所能感知的部分；第三步，面对这一事物实际感知的部分；第四步，面对这一事物用符号表述的部分；第五步，对该事物形成价值判断。这一符号化的过程，实际上是一个不断抽象的过程，而当符号（如字词）越发抽象时，它跟那个具体的事物的关系就越发疏离。

面对同样一个客观事物，用于指代和表述的符号可以是多样的，但各种不同符号表达的意义就不见得完全一样。比如说“狗”，既可以是真实看见的一只实实在在的动物，也可以是照片或画纸上的平面图，还可以是我们发出的相应声音符号或写出来的文字符号。对于从未见过狗或接触过狗的人来说，对这些符号的理解是不同的。所以说，意义是一个非常抽象的概念。在不同的学科领域有着不同的定义，在日常生活中也有多种多样的理解。郭庆光给出的定义是：“所谓意义，就是人对自然事物或社会事物的认识，是人赋予对象的含义，是人类符号形

① 李彬．传播学引论．北京：新华出版社，1993．

式传递和交流的精神内容。”从这个定义中我们就能看出意义的外延非常宽广，可以说人类在传播活动中所交流的一切精神内容，包括意向、意图、认识、知识、价值、观念等，都包括在意义的范畴之中。

（三）符号意义的类型

关于符号的意义，有许多成对出现的概念，代表着从不同角度所做的划分。

1. 符号的明示意义和暗示意义

明示意义是符号的主要意义、核心意义，暗示意义则是符号的引申意义与外围意义。以一个语言符号为例，在一本词典对它的解释中，排在前面的往往是它的明示意义，而暗示意义则排在后面，甚至不会出现。比如“青蛙”，我们都知道，它的明示意义是一种两栖动物，头扁而宽、口阔眼大，常为绿色。而如果该符号在网上出现，或是被年轻人挂在嘴边，则是表明一个人其貌不扬。对于一个符号来说，他的明示意义较为稳定，被同一文化群体的成员普遍承认；而暗示意义的流动性比较大，可能是较短时间才出现而流传开来的，也许不久就消失了，其使用范围虽然有大有小，也可以流传到各社会阶层，但还是为少数人使用。

2. 符号的外延意义与内涵意义

逻辑学对于概念的外延与内涵有较多的探讨。一般认为，外延是概念指示的所有事物的集合，内涵则是概念指示的事物本质属性、特征。比如，“狗”这一概念，其外延包括从大型的藏獒到小型的吉娃娃等各种各样的狗，甚至还有已经不在世间的狗，其内涵则是狗的本质特征：一种哺乳动物，人类最早驯化的家畜之一，嗅觉、听觉灵敏，等等。虽然一些符号能用来代表概念，但符号的外延意义与内涵意义，和概念的外延与内涵并不能画上等号。符号研究专家苏珊·朗格提出，符号的外延是符号与它所指物体之间的关联。当一个人使用符号时，符号所指的物体既可以就在他身边，也可以存在相当距离。比如一个人说“狗”时，可以指正在走的那条哈士奇，又或者是他和自己的狗不在一起时，因为在头脑中想到它，令符号“狗”与那条狗之间建立起了联系。而符号的内涵，包括一个人与符号相关的全部感情和联想。一个被狗咬过的人，和一个从小就有一条狗作为玩伴的人，对于符号“狗”的内涵会有相当不同的把握。

3. 符号的指示性意义与区别性意义

指示性意义涉及符号与它指代对象之间的关系；区别性意义则涉及符号与符号之间的关系，即一个符号与其他符号的异同，它的独特之处在什么地方，居于符号系统内的什么位置。比如“河”与“溪”都可以指线性的流动水体，但两者的规模不尽相同，流经的区域也不一样。“溪”只是山中的小河沟，不与外界相通；“河”往往发源于高山，顺势而下，一直流入湖泊和海洋。

二、传播中的意义

符号本身是具有意义的，但意义并不仅仅存在于符号本身，更存在于人类传播的全部过程和环节中。在前面的论述中，我们提到的是符号本身的意义，但是在具体的社会传播过程中，参与或介入的不仅仅是符号本身的意义，还有传播者的意义和传播情境形成的意义等。这与“符号和意义是有机的统一体”这一说法并不矛盾，而是体现了人类的符号和意义活动的多样性与复杂性。对此，可以做出如下解释。

第一，不能以明确的符号形式表达出来的意义只是模糊的意义或意义的胚芽。例如我们头脑中有了一个想法，但当这个想法一时还找不到合适的语言进行表达的时候，这个想法就处于模糊的状态。

第二，符号与意义的关系是形式与内容的关系，形式具有相对稳定性，而与丰富的社会生活相联系的内容则具有多变性。如前所述，普通语义学家认为，语言是静态的，实在是动态的；语言是有限的，实在是无限的；语言是高度抽象的，实在则是丰富多彩的。这三个观点对我们具有启发性。

第三，人类整体驾驭符号表述意义的能力是无限的，而个人的能力是有限的，因此我们在日常传播活动中往往会出现“词不达意”的情况。在传播学中，驾驭符号表述意义和解读意义的能力是人的基本传播能力，也是现代人的媒介素养的重要组成部分。

第四，至于情境的意义，也可以说是由一系列情境符号及其相互组合所形成的意义。情境是由传播时间、地点、人物、场景、气氛等随性要素构成的，我们也可以把这些要素理解为情境符号，它们所携带的意义会对符号文本系统的意义产生影响，并对传播效果形成制约。

符号之外的意义及其含义如表 2-1 所示。

表 2-1　　符号之外的意义及其含义

符号之外的意义	含义
传播者的意义	传播者的意义并不总是能够得到正确的表达，发出的符号有时并没有正确传达所要表达的意图或本意，此时符号本体的意义与传播者的意义未必是一回事。
受传者的意义	不同的人或者同一个人在不同的时间，可能从相同的符号或信息中得到不同的意义。产生这种差异的原因在于，符号本身的意义会随时代的发展而变化，而且每个受传者都是根据自己的经验来理解和解释符号意义的。
情境的意义	传播情境是指对特定的传播行为直接或间接产生影响的事物、条件或因素的总称，包括具体活动进行的场景，如时间、地点、人物等；在广义上，也包括传播行为参与者所处的群体、组织，以及相关制度、规范、语言、文化等较大的环境因素。在很多情况下，传播情境会形成符号本身所不具有的新意义，并对符号本身的意义产生制约。

三、意义的交流——象征性社会互动

1973 年，赫伯特·布鲁默在《人与社会》一书中，首次提出了“象征性社会互动”一词（symbolic interactionism，又译作“符号互动论”），用以概括美国诸位前贤如詹姆斯、杜威、库利、帕克、米德等人围绕“社会心理状态”展开的相关研究和取得的理论共识。这一说法得到大家的认同，后来被广泛地沿用。尽管布鲁默谦虚地称，这个词是他随意杜撰的，但它确实抓住了库利、米德等社会学家、哲学家著作中的核心。

象征互动论者认为，传播先于结构，正是通过传播、通过人与人之间的社会互动，意义才得以形成，结构才得以产生、维系、变化。传播（互动）行为及其间生成的意义，令人之所以为人，令社会之所以为社会。社会、群体、自我等，不是充满固有意义的容器，而是容器与填充物相互构建的产物。这一过程使意义得以产生的同时，也使对象得以存在。没有互动、没有意义，个人也就不会形成自我以及联结成社会。

从符号和意义的角度出发来理解传播，那么传播就是象征性社会互动。象征性社会互动，是指人与人之间通过传送符号和意义而相互作用和相互影响的过程。因为符号和意义是一体的，所以象征性社会互动又叫符号互动、意义互动。

象征性社会互动本质上是互动双方通过符号传递和交流意思的活动。被交流或交换的意义，对传播者而言是他为发出的符号赋予的含义和对符号可能引起的反应的预想；对受传者而言是他对传来的符号的理解、解释和反应。①

意义的交换有一个前提，即交换双方有共同的意义空间。共同的意义空间是指，传播双方想要传递、交流信息，那就必须对符号的意义有共同的理解。例如两个语言完全不同的人，是不可能有效交流的；同时，生活和教育背景也是重要的因素，如果传播双方生活差异比较大，那么他们对相同的符号也会有完全不同的理解，很难顺利地进行现实沟通。桃花源中的人在与世隔绝的环境中便“不知有汉”。也许在外面人看来的小事，他们却无从得知。

施拉姆用了一个简单的图示（图2-1）来表示共同的意义空间，十分形象易懂。“所有参与者都带着一个装得满满的空间——固定的和储存起来的经验——进入传播关系之中。他们根据这些经验来解释他们得到的信号，并决定怎样来回应这些信号”（施拉姆语）。圆圈A和圆圈B分别代表A和B的生存空间，而重合的阴影部分就是他们的传播环境，也就是说他们的传播只能在重合部分进行。A和B双方如果加深了解，就使得阴影有不断扩张的趋势。所以说，作为社会的互动传播，它的重要功能就是扩大传播双方的共同意义空间，加深双方的相互理解。

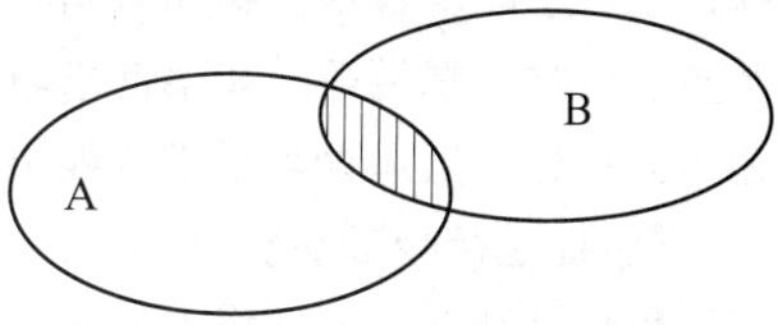

图2-1　共同的意义空间

参考书目

1. 李彬．符号透视：传播内容的本体诠释．上海：复旦大学出版社，2003.
2. 俞建章，叶舒宪．符号：语言与艺术．上海人民出版社，1988.

关键词

【符号】

符号被人们从不同角度、不同层面下了诸多定义，其中符号学奠基人皮尔斯的定义为：“一个符号，或者说象征是某人用来从某一个方面或关系上代表某物的某种东西。”在他看来，一个符号由三个要素组成：一是代表事物的符号，二是被符号指涉的对象，三是对符号的解释。所以符号具有代表性、指涉性和解释性。换言之，符号是两个代表之间的第三者，是被指定好了的，是具有一定意义的。我国学者郭庆光也对符号下了定义，他说：“简言之，符号是信息的外在形式或物质载体，是信息表达和传播中不可缺少的一种基本要素。”

【语言符号】

语言符号是由音、义结合构成的人类认知系统。“音”是语言符号的物质表现形式，“义”

① 郭庆光．传播学教程．北京：中国人民大学出版社，1999.

是语言符号的内容，只有音和义相结合才能指称现实现象，构成语言的符号。语言符号包括口头语言符号和文字语言符号。语言符号是人与人之间进行交流的工具，是人类社会中最重要传播媒介之一。人们借助语言符号来使思想得以表达、感情得以传达、知识得以交流。从哲学意义上看，思维是通过语言来表达的，思维是语言的内核，而语言是思维的外壳。

【非语言符号】

美国口语传播学者雷蒙德·罗斯认为，在人际传播活动中，人们所得到的信息总量中，只有约35%是由语言符号传播的，而其余的65%的信息是由非语言符号传达的，其中仅仅面部表情就可传递总量中55% 的信息。梅拉宾也认为，面部表情最具信息冲击力，并远远超过声音和言辞。他为此专门设计了一个信息冲击力的计算公式：信息冲击力＝0.07×言辞＋0.38×声音＋0.55×面部表情。可见，非语言符号在成功的信息传播中，占有很大的分量。人类自然传播手段中的各种非语言手段，诸如姿势、表情、眼神、形体动作、身体接触以及服装的选择、整容手段、香水气味和时间与空间的使用形式等都具有符号意义，都可以通过人的视觉、听觉、触觉、嗅觉等感知渠道来表情达意。非语言手段不但可以加强、扩大语言手段的作用，还可以弱化、抵消语言手段的效果。

【象征性社会互动】

象征性社会互动是指人与人之间通过传递象征符号和意义而相互作用、相互影响的过程。它是一种通过象征符号来交流或交换意义的活动。传播过程中的意义只有通过交换才能成立，才能产生互动效应。象征性社会互动具有价值性、动机性和行为取向性，对实际社会生活产生多方面的影响。象征性社会互动理论产生于20世纪初，代表学者有米德（“主我-客我理论”）、布鲁默（“自我互动理论”）、西布塔尼、特纳等，核心问题是以象征符号为媒介的人与人之间的互动关系。该类理论认为研究象征性行为不仅能够揭示人的本质，而且有助于理解现实生活。

思考题

1. 符号的基本特征是什么?
2. 试述符号的基本功能。
3. 符号的意义有哪些分类？
4. 文化符号的形成对于文化继承与传播的意义有哪些?

第三章　文化传播的模式

内容摘要

传播学本土化是一种对根的探寻、对干的审视，是中国传播学者的一种文化自觉、文化自省和文化自信，它力图使文化传播、学术传播、艺术传播三者互动互助，共进共演，同时发力。本章通过研讨文化传播模式的概念特征、传播过程、传播结构及文化传播的主要模式，追寻潜在的促进文化传播强劲发展的有力方式，试图运用文化传播模式推进文化传播学的发展远景。

学习重点

- 文化传播模式的概念特征
- 文化传播模式的分类

学习难点

- 文化传播的过程
- 文化传播的主要模式

第一节　文化传播模式概述

一、文化传播模式的概念

文化传播是在文化领域中将多要素与多元化相结合互动的动态传播过程，而模式概念则可以简化其复杂的传播结构与过程。探讨文化传播的主要模式，就是追寻潜在的促进文化传播强劲发展的有力方式，试图运用文化传播模式推进文化传播学的发展远景。

所谓模式，是科学研究中以文字、图形或公式等形式阐述对象事物的一种方法，是对客观事物的内外部机制的直观、简洁描述，可以为人们提供客观事物的整体信息，是理论的简化形式。①

传播模式可规律性地再现现实；是表述普遍理论、描述与解释现象的总结性手段。正如苏州、无锡、常州等地颇有特色的小城镇建设，通常被规律性地称为“苏南模式”。类似更有商业模式、营销模式、“互联网+”模式……随着新媒体时代的逐步推进，文化传播模式愈发融合、介入各门类模式，以强化自身传播力度。这并不是对现实的真实还原，而是进行一定的抽象和概括，对理论进行构造和解释并启发和预示新的理论假设。

二、文化传播模式的分类

文化传播模式有多种分类（见表 3－1），分类不同，所呈现的方式及预期效果也会不同。正因模式分类严谨细致，传播效果也随之愈加明晰，步入最优路径。

表 3－1　　文化传播模式分类一览表

分类	模式	简要概述
使用符号	文字模式	用文字符号传播信息，描述事物
	图表模式	用图表等形式表述事物
	数字模式	用数字和公式等构建关系
效果作用	结构性模式	以描述事物结构为目的
	功能性模式	从综合角度描述各系统、要素之间的关系和影响
基本模式	传递模式	以信息有效传递为出发点进行传播
	仪式性传播模式	以传播是信息共享和参与为理论基础
	展示/注意力模式	强调传播的重心在于吸引受众注意力而非传递某种信息
传播过程	线性传播模式	拉斯韦尔“5W”模式、香农-韦弗模式、贝尔罗的线性模式
	控制论传播模式	把关人模式
	系统传播模式	赖利夫妇的传播系统模式、马莱茨克的大众传播过程系统模式
传播要素	短期效应模式	刺激-反应模式、两级传播模式、创新扩散模式、心理学模式
	大众传播模式	议程设置模式、依赖模式、螺旋模式、信息沟
	受众中心模式	使用与满足模式、使用与效果模式、信息寻求模式、欣赏模式
	体系与流动模式	信源-记者关系模式、新闻流动模式、媒体选择与制作程序模式
	策划传播模式	传播宣传模式、传播效果的层次阶梯模式、公共关系的四种模式
	新媒体与信息社会模式	信息流动和处理模式、比较体制和传播政策模式
	国际传播模式	国际信息流动

三、文化传播模式的特征

传播媒介是实现人类传播活动必备的条件之一，因此文化传播模式与传播媒介相互依托、相互作用。此外，身处于传播网络交织的当代，传播模式作为思想和研究的辅助工具跨越多个传播领域，无处不在，如新闻传播、大众传播、人际传播、组织传播、网络传播、政治传播、经济传播、科技传播、文艺传播等专业领域。

这种模式方法也同时具有双重特征：第一，模式与现实事物具有对应关系，但又不是对现

① 侯健．传播学基础．北京师范大学出版社，2010.

实事物的单纯描述，而是某种程度的抽象化和定理化；第二，模式与一定的理论相对应，但又不等于理论本身，而是对理论的一种解释或描述。因此，一种理论可以有多种模式与之对应。①

利用模式进行传播学研究的吸引人之处在于能够“画”出一些“线条”来表示我们已知确实存在但无法看到的联系，并能用其他手段来显示关系的结构、局部解剖图、强度和方向。故模式虽然具有不完全性，但它是人们理解事物、探讨理论的一种有效的办法。正因如此，在传播学研究史上，不少学者也都采用建构模式的办法，对传播过程的结构和性质作了各种各样的说明。

四、文化传播模式的产生

文化传播模式的发展经历了线性模式、控制传播模式和系统传播模式三个阶段。这些传播模式是伴随信息论、控制论和系统论在传播学中的应用而产生的。

（一）信息论

传播过程中必不可少的基础便是获取信息。从某种意义上来讲，人是一种信息动物，每时每刻都要从外界获取并交换信息。信息对于人的重要性，如同空气、水一般，是正常健康生存的必备条件。

人类从外界获取信息的途径有两种：一是直接式，即通过自身感官系统的亲身体验来获取；二是间接式，即通过语言、文字、符号媒介、新媒体媒介等方式的传递来获取。两者的最大区别在于所获信息转手次数及信息是否在第一时间被获取。

知识链接　信息论的主要内容

信息论是从物理学、工程学和数学的交叉研究中发展而来的，是关于信息的本质和传输规律的科学理论，是研究信息的计量、发送、传递、交换、接受和储存的一门学科。信息论可分为三个方面：

第一，以编码为中心，主要研究信息系统模型、信息的度量、信道的容量、信源统计特性、信源的编码、信道编码等，这些是信息论的核心问题。

第二，以信息为主要研究对象，包括信号噪声的统计分析、信号的监测、滤波、估计和预测等理论。

第三，以计算机为中心的信息处理，包括语言、文字、图像的模式识别及自动翻译等。

资料来源：杭孝平．传播学概论．北京：中国书籍出版社，2012：412.

（二）控制论

控制论是研究各类系统的调节和控制规律的科学。它研究生物体和机器以及各种不同性质系统的通信和控制过程，探讨它们共同具有的信息交换、反馈调节、自组织、自适应的原理和改善系统行为及使系统稳定运行的机制，从而形成了一套适用于各门学科的概念、模型、原理和方法。整个控制过程就是一个信息流通的过程，控制就是通过信息的传输、交换、加工、处

① 侯健．传播学基础．北京师范大学出版社，2010.

理来实现的。反馈是控制论的核心问题，反馈对系统的控制和稳定起着决定性的作用。

控制论是具有方法论意义的科学理论。控制论可以成为研究各门学科问题的科学方法。把文化传播作为一个控制系统，分析它的信息流程、反馈机制和控制原理，往往能够找到使系统达到最佳状态的方法，这种方法称为控制方法。控制论的主要方法还有信息方法、反馈方法、功能模拟方法和黑箱方法等。

知识链接　控制论的主要方法

1. 信息方法

信息方法是把研究对象看作一个信息系统，通过分析系统的信息流程来把握事物规律的方法。

2. 反馈方法

反馈方法是动用反馈控制原理去分析和处理问题的研究方法。正反馈就是由控制器发出去的控制信息的再输出产生影响，以实现系统预定目标的过程。正反馈能放大控制作用，实现自组织控制，但也使偏差加大，导致震荡。负反馈能纠正偏差，实现稳定控制，但它会减弱控制作用，耗损能量。

3. 功能模拟方法

它是用功能模型来模仿客体原型的功能和行为的方法。所谓功能模型就是只以功能行为为基础而建立的模型。

4. 黑箱方法

黑箱方法也是控制论的主要方法。黑箱是指那些既不能打开箱盖，又不能从外部观察内部状态的系统。黑箱方法是通过考察系统的输入和输出关系认识系统功能的研究方法，是探索复杂大系统的重要工具。

（三）系统论

系统论是研究系统的一般模式、结构和规律的学问，它研究各种系统的共同特征，用数学方法定量地描述其功能，寻求并确立适用于一切系统的原理、原则和数字模型，是具有逻辑和数字性质的一门学科。系统论认为，整体性、关联性、等级结构性、动态平衡性、时序性等是所有系统共同的基本特征。

系统论的核心思想是系统的整体观念，即任何系统都是一个有机整体，不是各个部分的机械组合或简单相加，系统的整体功能是各个要素在孤立状态下所没有的。系统中各要素不是孤立存在的，每个要素在系统中都处于一定的位置上，起着特定的作用。要素之间相互关联，构成了一个不可分割的整体。要素是整体中的要素，如果将要素从系统整体中剥离出来，它将失去要素的作用。

系统论的基本方法就是把所研究和处理的对象当作一个系统，分析系统的结构和功能，研究系统、要素、环境三者的相互关系和变动的规律性，并用系统优化观看问题。世界上任何事物都可以看成是一个系统，系统是普遍存在的。

系统论的目的不仅在于认识系统的特点和规律，更重要的还在于利用这些特点和规律去控制、管理、改造或创造系统，使其存在与发展合乎人的目的和需要。

知识链接　系统的类型

系统是多种多样的，可以根据不同的原则和情况来划分系统的类型：

按人类干预的情况可划分为自然系统、人工系统；

按学科领域可分为自然系统、社会系统、思维系统；

按范围划分则有宏观系统、中观系统、微观系统；

按与环境的关系划分则有开放系统、封闭系统、孤立系统；

按状态划分则有平衡系统、非平衡系统、近平衡系统、远平衡系统等等。

资料来源：杭孝平．传播学概论．北京：中国书籍出版社，2012：412.

“三论”在传播学中的应用极大地推动了传播学的发展，传播模式也随着“三论”的应用而不断完善。这些模式的最大用处在于它能够帮助我们提出真实大众传播状况里可加以研究的问题，特别是关于大众传播者及媒介组织的问题。

五、文化传播模式的功能

（一）组织功能

通过传播模式的应用，使用者能清晰地熟知事件各要素之间的结构、相互影响及联系，进而掌握传播过程的全局。组织功能便是发挥整合碎片化资源要素的功效，从而构建一个完整的传播图景。

（二）解释功能

解释功能能帮助传播学研究者了解传播过程中复杂且难以理解的种种现象。通过解释说明相关理论，研究者就能认识传播过程中的未知因素和关系。

（三）启发功能

启发功能指通过引导，促使传播者自发深入探究未知因素，从而发觉传播过程中的核心要素及引人深思的重要环节。

（四）预测功能

传播模式通常可以在实施过程中促使传播者自发地对活动实况及结果进行二元预测，通过预测衍生危机意识，从而不断完善传播过程，增强传播可行性及效果反馈。

传播学研究中利用模式方法构建传播模式，实际上就是科学地、抽象地在理论上把握传播的基本结构与过程，描述其中的要素、环节及相关变量的关系。传播是一个从传播者到受传者的信息流通过程。[①]

六、研究文化传播模式的意义

人类社会系统包含无数个子系统，故传播过程是复杂多变的，用一种模式来表述传播过程

① 杭孝平．传播学概论．北京：中国书籍出版社，2012.

会导致出现不完整或各种问题。为了更深入地了解和研究传播过程，我们可以借助模式建构来简化研究过程。利用传播模式分析解读对于传播学研究具有十分重要的意义。

（一）多重功能优势

研究模式具有多重优势。首先，模式具有的组织功能将各系统排序并连接起来，能帮助我们得到一个整体效果，获得整体形象，并提供适用于各种状态的普遍图景；其次，模式具有的解释和启发功能，能将复杂的过程用简洁的图形或程式加以表述，能启发人们更深一步的思考；最后，模式具有的预测功能可以对事件的结局或行程进行预测。

（二）因素系统化、视觉化、简化

利用传播模式，人们可以将传播过程中涉及的各种因素系统化、视觉化、简化，从而更容易理解传播过程。传播模式可以表示出那些已知确实存在但无法看到的联系，也能显示出各种要素以及传播各个环节之间的关系。

（三）预测效果

传播模式不仅是一种表述传播过程的工具，而且是人们预测传播过程和传播效果的依据。由于传播模式能清晰地揭示传播过程的各个环节及影响要素，研究者可以借此分析预测传播过程中可能存在的问题及传播效果。

（四）提高传播效率

传播模式研究有利于提高传播效率，为传播实践提供指导。利用传播模式，人们可以更直接地注意到诸如噪声等因素对传播过程的影响，也会进一步关注传播中的反馈及传播情境的影响，从而在传播实践中加以调节和控制，进而为传播活动提供有价值的指导。

（五）促进文化传播“变革”和创新的活性机制

传播模式不是一个被动凝固的实体，而是一个发展变动的“动态”过程。文化传播是人类关系赖以存在和发展的机制，是通过空间传达并保存信息的手段。传播模式本身灵活多变，能使文化传播更加立体高效，并不断随模式创新变更传播过程及方式。传播模式是创新的活性机制。

（六）促进多元文化的生成和发展

文化是一个开放的规则系统，传播及其模式是多元文化生成和发展的前提条件。在模式预测功能下，发展与时俱进的、开放的本土文化，是一种世界主义的胸怀、一种鼓励多元文化的战略。通过传播模式对比，取其精华，去其糟粕，自身民族文化可得到多元发展。

第二节　文化传播的过程

一、人类文化传播活动过程的演进

自从有了文化，不同地区或民族之间开始相互交往、接触，于是便出现了文化的传播。从远古时代原始人探索自然及抵抗外敌入侵开始，人类时刻都进行着文化信息传播，甚至一个新生命诞生后，其首要任务也是逐渐接受并识别氏族图腾、领地界标及报警信号等文化信息。从某种意义上讲，文化传播与文化生成同等重要，文化是靠传播而对人类产生影响的。

（一）手势传播时代

在语言使用之前，拟态与手势语是把特定信息传递给受众的最实用、最有效的方式。如今社会中也有很多延用手势传播方法的案例。手势语言作为一种特殊的“非语言符号”，具有指代和表义的功能，能够增强视觉形象的可识别度，提升受众对品牌符号的认知和记忆以及学习和模仿。在品牌传播中，可以从品牌标识、品牌代言人、品牌文化、品牌传播时机、品牌整合传播等方面对手势语言进行创造性运用。其中，要慎重考虑手势的内容以及受众的心理。

“赞赏”的最常见手势

此外，舞蹈作为一门肢体语言的行为艺术，传播实践中与隐喻手势自然密不可分。在舞蹈作品中，手势具有十分重大的意义，如传递情感、比拟形象、精神寄托、动作延伸等等，不同舞种有不同的舞蹈手势，这些手势作为舞种独特的标志而存在。

为运动员加油助威手势

《孔雀》中杨丽萍的手势

知识链接 原始的信息传递

原始人在狩猎过程中，当遇到野牛群时就立即跑到同部落的人都能望见他的高地上，两手举起身上遮体的东西，伸到头顶，然后再慢慢放下，反复不已，这是动员全部落成员围猎的信号。此外，原始人狩猎喜欢结伴合作，当猎手们发现兽迹，需要隐蔽行进时，就相互用手势语交换情况。那些手势往往都能表现动物最显著的特征。高举双手，食指伸直，表示所见野兽是有一对大角的大捻角羚；中指弯曲，其余四指伸展，大家明白这是发现了长颈鹿；发现鸵鸟则斜举手臂，象征其长颈……民族学研究证明，这种拟态与手势语在原始社会里到处存在，是原始人传递信息的重要载体。

我国春秋时期，就有用火光烽烟传递军事警报的记载。秦始皇以后，在长城上每隔十里即筑一烽火台，用干燥的狼粪等做燃料，点燃之后，火光烟雾腾空，可把紧急警报传到很远的地方。古诗“平沙落日大荒西，陇上明星高复低。孤山几处看烽火，壮士连营候鼓鼙”，正是这种原始信息传递法应用的真实写照。这种传播媒介在古代社会商人们的经商活动中也被使用，如在不同时期，都有夜行的商队、马帮“举火为号”的记载。

刻木为另一种符号语言。史书上也曾记载我国各地刻木记事的历史事实，如《后汉书》载：“大人有所召呼，则刻木为信，虽无文字，而部众不敢违犯。”《岭外代答》也载：“瑶人无文字，其要约以木契合二板而刻之，人执其一，守之甚信。”《云南腾越州志》也提道：“夷有风俗，一切借贷赊用、通财期约诸事，不知文字，唯以木刻为符，各执其半，如约酬偿，毫发无爽。”

原始的信息传递法既有作用于视觉的，也有作用于听觉的。作用于听觉的信息传递主要借助于音响传播工具来进行，其中以信号鼓最为常见。例如我国基诺族的牛皮木鼓，也是把一段粗树木的两端凿空，再缚以带毛的黄牛皮，悬在树上用木槌敲击，每逢节日，一听鼓声男女老幼即会云集，唱歌跳舞。

（二）口语传播时代

语言的产生是人类传播史上第一次巨大的飞跃，是人类传播活动区别于动物传播活动的根本标志。语言的作用之一就是把人和人分开，把人类和宇宙无意识分开。作为人类的各种感觉、想法的同时延伸与外化，语言一向被认为是人最丰富的交流传播形式。

恩格斯曾指出，劳动创造了语言，并成为人类交往和传播信息的工具，但是语言又使人类同现实劳动相分离，进而在更高层次上去认识劳动和进行劳动。也就是说，语言媒介把人类劳动推向了知识化、技术化的道路。

语言学家认为语言是在不同地区同时产生的，语言天然具有传播的特性，一经产生，便在不同的区域内开始传播。作为媒介的语言，是人类最基本、最常用的传播手段之一，也是处在生产力和传播工具不发达的时代的最主要传播手段。

知识链接　马拉松比赛的起源

公元前490年，雅典军队在马拉松与波斯大军展开了激烈的战斗，雅典军队在外无救兵的情况下，团结一心，运用正确的战术技巧，以少胜多，打败了波斯侵略军，取得了辉煌的胜利。当时胜任传令兵的斐力庇第斯奉命将这一消息尽快告诉雅典居民，让同胞早些分享这胜利的喜悦。他不顾路途遥远，一口气从马拉松跑到雅典，到达雅典时他已累得筋疲力尽，只说了一句“我们胜利了”便倒在广场上长眠不起。

曾赴希腊考察的法国语言学家米歇尔·布雷亚，非常钦佩这位马拉松战役中的爱国战士，他给奥林匹克运动的创始人顾拜旦写了一封长信，建议在1896年第一届奥运会上增设一项以“马拉松”命名的长跑比赛项目，以纪念这位可歌可泣的牺牲者。从此，马拉松比赛便风行开来，且一直是奥运会的传统比赛项目。

可见，在传播手段极其不发达的古代，尽快传递信息是如此不易，甚至有人付出了生命代价。同时，也反映出语言媒介的局限性，即语言传播受到时间和空间的极大限制，且无法留存，稍纵即逝，带有明显的地域性和民族性的特征。

（三）文字传播时代

文字是人类传播史上的第二次巨大的飞跃。语言的产生使人类摆脱了动物的状态，而文字的产生则把人类推向更高的文明阶段。

知识链接　文字产生的传说

关于文字的产生，中国有一个仓颉造字的传说。《荀子·解蔽》记载："好书者众矣，而仓颉独传者，壹也。"《吕氏春秋》记载："奚仲作车，仓颉作书。"

许慎《说文解字》试图做出比较圆通的解释，认为伏羲作八卦"以垂宪象"，启发人们根据不同事物去写不同的符号。神农氏时代"结绳而治"，但庶事繁多，终于不能满足。在黄帝时代就出现了仓颉，"见鸟兽蹄迒之迹，知分理之可相别异也，初造书契"；并说仓颉初造书契时，"依类象形"谓之文，后来"形声相益"谓之字。经过长期演进发展，总结出了构成汉字的六种方法，称为"六书"，即"指事、象形、形声、会意、转注、假借"。在近代文字学建立以前，《说文解字》有关汉字起源的传说，无疑是最权威的。

然而，《尚书孔传》和《拾遗记》则说伏羲造书契以代结绳，文籍也在他那个时代兴起，这显然要比黄帝时代早多了。

在疑古思潮的影响下，也有人提出另一种看法，认为汉字实际上是孔子亲手制定的。幸好此书流传不广，而且甲骨文的发现迅速粉碎了这种神化孔子的说法。甲骨文的出现也动摇了《说文解字》有关文字起源酌传说，对传说的"六书"理论提出了各种质疑。故比较公认的说法是，文字是在原始图画和结绳记事的基础上发展而来的。中国有句老话叫"书画同源"，说明早期文字和图画的关系非常密切。

早期文字的载体也是多种多样的。造纸术的发明使文字的推广大大加速，推进了各地区的政治、经济和文化的传播与交流。秦始皇统一汉字，对于中央政府统治全国、加强文化纽带、传播和记载中华民族悠久的历史等具有重要的意义。

如今的部分青少年群体可能更易于为精致的词句、华丽的辞藻所吸引和打动，因为他们正处于词汇积累和语言演练阶段，需要更多优美的文学与诗歌文本的滋养。然而流行文化中的部分作品，也渐渐成为青少年语言词汇营养的主要来源。这些作品空有优美的外表，内里充满各种拼凑和混搭，这不仅可能令青少年对古诗词、典故的理解失去准绳，也令他们在欣赏和自我表达上一叶障目，忽视了文字的无穷魅力。

（四）印刷传播时代

印刷术是中国古代四大发明之一。它开始于隋朝的雕版印刷，经宋仁宗时毕昇的发展、完善，产生了活字印刷，并由蒙古人传至欧洲，所以后人称毕昇为印刷术的始祖。中国的印刷术是人类近代文明的先导，为知识的广泛传播、交流创造了条件。印刷术先后传到朝鲜、日本、

活字印刷术

中亚、西亚和欧洲。

印刷术发明之前，文化的传播主要靠手抄的书籍。手抄费时、费事，又容易抄错、抄漏，既阻碍了文化的发展，又给文化的传播带来不应有的损失。印章和石刻给印刷术提供了直接的经验性启示，用纸在石碑上墨拓的方法，直接为雕版印刷指明了方向。中国的印刷术经过雕版印刷和活字印刷两个阶段的发展，给人类的进步献上了一份厚礼。

知识链接　中国的印刷术

中国的印刷术，源远流长，传播广泛。如果从其源头算起，迄今已经历了古代、近代、当代几个历史时期，发展历程长达近五千年。

印章在先秦时就有，一般只有几个字，表示姓名、官职或机构。印文均刻成反体，有阴文、阳文之别。在纸没有出现之前，公文或书信都写在简牍上，写好之后，用绳扎好，在结扎处放黏性泥封结，将印章盖在泥上，称为泥封，泥封就是在泥上印刷，这是当时保密的一种手段。纸张出现之后，泥封演变为纸封，在几张公文纸的接缝处或公文纸袋的封口处盖印。据记载在北齐时有人把用于公文纸盖印的印章做得很大，很像一块小小的雕刻版了。

雕版印刷的过程大致是这样的：将书稿写好后，使有字的一面贴在板上，即可刻字，刻工用不同形式的刻刀将木板上的反体字墨迹刻成凸起的阳文，同时将木板上其余空白部分剔除，使之凹陷。所刻出的字约凸出版面1～2毫米。用热水冲洗雕好的板，洗去木屑等，刻板过程就完成了。印刷时，用圆柱形平底刷蘸墨汁，均匀刷于板面上，再小心把纸覆盖在板面上，用刷子轻轻刷纸，纸上便印出文字或图画的正像。将纸从印板上揭起，阴干，印制过程就完成了。一个印工一天可印1 500～2 000张，一块印板可连印万次。

(五) 电子传播时代

印刷媒介满足了人类大量生产和复制文字信息的需求，而电子媒介的产生则实现了人类远距离快速传递信息的梦想。电子媒介的出现开辟了国际区域传播新时期。

1. 电信媒介（电报、电话）

在这一时期，电报、电话等电子媒介的发明，开创了现代电子媒介的新纪元。早期电子媒介的发明主要集中在电信媒介系统，包括电报、电话等。

有线电报具有传播速度快、保密性强的优点，可以把人们想要传递的信息以每秒30万公里的速度传向远方，是人类信息史上划时代的创举，所以它刚产生就被各国普遍采用。麦克卢汉说："任何一种新技术，就连铁路也包括在内，都没有像电报那样表现出更快的发展速度。

1858 年，第一条横跨大西洋的海底电缆铺设成功。到 1861 年，电报线路已经纵横交错地遍布美国。”①

“电话”这个词产生于 1840 年，被用来描述一种用木棒传递音律的装置。19 世纪 70 年代之前，许多地方的发明家在同时努力实现用电力传输语言，直至贝尔成功发明了电话。电话的产生使人类语言远距离传播成为现实，延伸了语言的空间，是人类文化传播史上重要的一个转折点。

2. 视听媒介（电影、广播、电视）

正如麦克卢汉所说，电子媒介是人类中枢神经系统的延伸。“电子技术从问世起就以类似的方式汇聚在言语和语言的天地里。我们的中枢神经系统第一次的伟大延伸，即口语词的大众传媒，很快就与中枢神经系统的第二次伟大延伸结合起来，这第二次延伸就是电力技术。”由电影、广播、电视等媒介组成的视听媒介系统都是人类视觉和听觉的延伸。

知识链接 电影的发明

电影是在现代科技的基础上产生和发展起来的。从 19 世纪开始，欧美各国科学家对视觉转换频率的研究已有充分的成果。1824 年，英国的彼得马克·罗格特在伦敦公布了他的“视觉暂留”理论；根据这一理论，1832 年，比利时科学家普拉多研制出一种“旋盘”，奠定了电影发明的基础；1845 年，奥地利人第一次把旋盘和幻灯结合起来，制成了“活动幻灯”；1888 年，美国的乔治·伊斯曼发明了胶卷。在研究解决摄影技术的同时，人们也在探索电影放映技术。1894 年，爱迪生制成了可循环放映的“电影视镜”，但一次只能供一人观看；到 1895 年，法国的卢米埃尔兄弟制造出“活动电影机”，并于 12 月 28 日，在巴黎卡普辛路 14 号大咖啡厅地下室里，放映了《墙》《火车到站》《水浇园丁》等影片并大获成功，至此，宣告了世界电影时代的开始。

广播是应用无线电波来传送符号的媒介，其主要特点是时效性强、保存性弱、影响面广、涉及范围大等。广播使信息传播加快，同时也加快了其他媒介的发展。

电视媒介是视听合一的媒介，其特点是干扰度低、可信度高、时效性强、传播范围广。当今社会，电视媒介是最高效的传播模式之一。

（六）网络传播时代

网络时代是一个关联的时代，在这个时代中，我们都会由个体变为一种集体。网络的形式将成为贯穿一切事物的形式，正如工业组织的形式是工业社会内贯穿一切的形式一样。网络形式是一种社会形式，而非技术形式。没有网络，科技即无从存在。互联网是一种变革的力量，几乎改变了每个人的生活，而在未来，它将继续带来更多的变化。

网络技术在短短几十年的商业化浪潮中，以前所未有的速度谱写着改变世界的产业传奇。互联网在经济领域引发各产业生产方式、生产关系、生产要素的重新组合、构建，它改变、解构了原有的价值链条和产业格局，创造了全新的产业生态和经济模式。当然，互联网带来的效

① 麦克卢汉．理解媒介．北京：商务印书馆，2000：308.

率变革，必然同时给人与机器的赛跑提出新的时代性命题。

互联网去中心化、扁平化、自组织的特性，解构并重构着社会结构，创造了新的组织方式和组织形态。人类因互联网实现充分、及时的彼此连接及互相影响，让矗立千年的传统社会组织呈现出多元化和碎片化的趋势。传播方式和社会结构的变化，也必然深刻影响着人类生存模式。

知识链接 微信的流行

网络时代席卷全球的当下，网络传播软件也发展迅速，其中微信的盛行就是网络高速发展的典型象征。

微信，是以关系为核心的具有高度私密性的社交工具，本身不仅是网络通信工具，更是一个全方位社交平台。可以说，微信不仅仅是一种生活方式，也是一种思考方式。

截至2017年年底，微信用户已接近10亿，究其流行之广、程度之火热的原因，其一，微信符合人们的媒介接触动机，在这个什么都讲究“快”的时代里，微产品总能带给人们方便、快捷的沟通及娱乐方式；其二，符合熟人传播之规律；其三，具有广泛的可接触性；其四，功能繁多，传播方式多元化……

（七）手机传播时代

21世纪后，依托于移动通信网络的手机正在迅速成为“第五媒体”，虽然其表现形态和作用方式与其他几类媒体截然不同，但其渗透力和影响力却与日俱增。

与报刊、广播、电视等传统媒介相比，手机比报纸互动性更好，比广播更加及时，比电视更加便携。手机具有传播周期短、时效性强、传播源分散、范围广泛等优势。如今社会，随着科技发展，手机变得愈发实用高效，实现了电视、电脑、广播等媒介合为一体的功能，多数人只需携带一部手机，便可实现多种媒介的功能。

知识链接 手机软件的开发

随着手机传播的崛起，手机软件开发必然兴起。

每一个事物都是双刃剑，对于手机使用是同样的道理。从反面角度看，如今的人们越来越依赖手机，手机App开发商之间掀起一波波的对抗，批量生产必然导致质的下降。“足迹”“脸萌”“你多大”等娱乐应用瞬间爆棚，又很快沉寂，App高速更替，更不用说探索可持续的商业模式，其自身原本便是注意力经济时代的标签。然而在产量及下载量的交锋之下，留下的是把肤浅与无聊当作生产力的悲哀。

只局限于虚拟社交，没能和人们的现实生活真正互动，是一些一夜爆红的应用软件偃旗息鼓的重要原因。许多应用以“奇”起家进入人们的视野，在方便用户转发与评论上花了不少功夫，却没仔细想过如何突破虚拟社交的圈子，让大家放下手机也能交流和分享。

二、文化传播的基本过程

（一）文化传播过程的概念

人类的文化传播过程实际上是一个借助媒介完成的流动性运动过程。传播是一个过程，主要指传播行为是动态的、有序的。传播是一个系统，是由相互联系、相互作用的各个部分构成并具有特定功能的有机整体。这个系统的运行既受到内部结构的制约，又受到外部环境的影响，与外部环境保持着互动的关系。

（二）文化传播过程的特点

1. 动态性

传播的动态性体现为有意义的符号组合——信息在特定渠道中的流动，实质上则是传播者与受传者的意义或精神内容的双向互动，例如声波、光源的传递等都是动态的。然而万物运动都是相对的，也有传播过程表现为信息本体不流动，通过传播者的活动实现信息的广泛传播与传递。

2. 序列性

传播的序列性表现为传播过程中各环节和因素的作用有先后次序，按照信息的流向依次实现。

案例链接　谢克艺术展

2015年6月6日，由北京悦·美术馆、客艺廊艺术机构主办，策展人商长松策展的“年轻的心，燃烧的爱——谢克艺术展”汇集了艺术家谢克近几年的三十件雕塑作品及装置作品。一个蒙着眼的胖小子造型是谢克的创作主题，在树上、马背上都能看出人人皆平等的创作理念。一个用多国文字组成的“爱”字雕塑，充满了爱的气息，加之现代味道的设计，成为整场展览的一个亮点。

“爱”字雕塑

随着展览活动的进行，一曲《北京北京》吸引了全场的注意。二十位北京舞蹈学院的学生，用现代舞的表现方式，围绕着谢克充满北京特色的作品《尘网》翩然起舞。观众由此感受到北漂一族渴求立身之地的辛酸煎熬。随即舞者从心中发出苦楚的情感，并带动身体的每一个肢节，在“尘网”中用强有力的身体语言演绎着于纷呈世相中迷失荒径的悲凉。最后发自肺腑的一声“北京”，更是深感北漂们在“尘网”之上历经人生匆匆聚散，尝过尘世种种烟火，承担岁月凄凄沧桑。

《尘网》

此次传播活动中便体现了传播过程的序列性。观众由欣赏雕塑进而感受舞者与雕塑融合带来的视听结合之立体感。

3. 结构性

传播过程的结构即该过程中各要素、环节之间的相互关系的总体。时间上的先后次序、形态上的环环相扣也是这个过程的结构特点。除了总体结构之外，传播过程中的各环节或要素本身还有各自的深层结构。

三、内向传播的过程

（一）内向传播的界定

内向传播，也称人内传播或自我传播，如扪心自问、自言自语等，是人的自我信息活动。一切发生于人体内部的信息交流都是人的内向交流，也相当于人类的“思考”。

内向传播是人类有了语言后的普遍现象，它既是人的社会需要的体现，又是人的自我需要的体现，是人对周围变化了的事物做出反应后的自我调节过程。具体来讲，内向传播是通过人的视觉、听觉、味觉、触觉等对传播的客体进行回顾、记忆、推理、判断与反应。

内向传播具有很明显的心理学特征，它本质上体现的是人的思维过程。人的大脑中储存有大量的信息，这些信息在某种指令下会交融、整合，甚至相互干扰，即内向传播。一个人的思考、决策是内向传播的结果，而一个人的思维活跃程度则是内向传播水平的体现。

（二）从生理的角度看内向传播的过程

人能够进行内向传播，首先与人体的生理机制不可分割。人的身体具有一般信息传播系统的特点：人体既有信息接收装置（感官系统），又有信息传输装置（神经系统）；既有记忆和处理装置（大脑），又有输出装置（效应器官）。人的身体既是一个独立的有机体，又与外部自然和社会环境保持着普遍联系。

例如，A信息通过人的视觉系统被输入人的体内，依次经过感觉层、知觉层、再认层、理解层、意志层得到感知、再认、理解和判断，并形成关于A信息的意图、态度及目的等，即B信息，再通过对B信息进行具体的表现和符号化，最后由人的信息输出系统将B信息输出。

（三）从能动意识和思维活动的角度看内向传播的过程

内向传播由以下几个主要环节及要素构成。

1. 感觉

感觉是人使用眼耳鼻舌身等感觉器官，对外界事物个别属性的认知，包括视觉、听觉、触觉、味觉、嗅觉等，是内向传播模式的出发点。

2. 知觉

知觉和感觉不同，是对事物整体性的认知，如对花朵的知觉，就是对花朵的形状、颜色、气味等各种信息的整体性认知。

3. 表象

表象是指记忆中保存的感觉和知觉信息在头脑中的再现。如我们看过舞蹈作品展演，作品的部分生动细节就会在脑中投影映射，提及舞剧名称或场景设置，大脑自然而然会闪现舞剧情景。

4. 概念

概念是对同类事物的共同的一般属性的认识。概念是人类进行抽象思维的工具，可以将人的思维活动与具体的表象剥离开来。

5. 判断

判断是思维的基本形式之一，是肯定或否定某种事物的存在，或指明它是否具有某种属性的思维过程。在内向传播中，判断是人们行为决策的基础。

6. 推理

推理是由一个或几个已知的判断，推导出未知的结论的思维过程。推理是在判断的基础上，从已知的知识得到未知的知识，特别是得到不可能通过感觉经验掌握的未知知识。它是一种从已知中发现未知的创造性思维模式，是由能动意识和思维活动构成的复杂心理过程。

（四）对内向传播过程的总结及思考

内向传播属于人体内部的传播，能够通过人的行为表现出来。人的内向传播之所以能实现，是因为人有这样的生理机制，有感觉器官、神经传导系统、大脑处理系统，它们构成了一个完整的信息传播系统。

内向传播不是孤立存在的，它的信息来源于外部输入，信息加工的结果也要输出到外部的信宿。内向传播模式体现的是社会实践，反映了个人的社会关系，是人的社会性和实践性的有机结合的表现。同时，内向传播也能积极能动地反映外部世界，表明人的意识和思维活动具有生成性和创造性。

第三节　文化传播的结构要素

一、传播者

传播者又称传者、信源等，是传播行为的引发者，即在传播过程中信息的主动发出者。在社会传播中，传播者可以以个人的形式出现，如人际传播；也可以以群体或者组织的形式出现，如群体传播或大众传播。此外，传播者可细分为“发信者”和“编码者”。

二、受传者

受传者又称受众、信宿等，它是信息的接受者和反应者，是传播者的作用对象。同样，受传者可以是个人、群体或是组织。受传者不仅仅是信息的接受者，同时它也是衡量传播效果的重要方面。对受传者进行分析，可以知道传播活动是否取得了应有的效果。此外，受传者可细分为“收信者”和“解码者”。

三、信息

信息泛指人类社会传播的一切内容，由一组相互关联的有意义符号组成。信息是传播者和受传者之间社会互动的介质，通过信息，两者之间发生意义的交换，达到互动的目的。信息是传受双方发生交易交换的必要条件。此外，信息可进一步分解为“符号”与“意义”，比如

"水"和"water"的意义虽然相同，但用的是两种不同的符号。

四、传播媒介

传播媒介又称传播渠道、信道、传播工具等，它是传播内容的载体。传播媒介有两层含义：一是指传递信息的工具和手段，如电话、计算机及网络、报纸、广播、电视等与传播技术有关的媒体；二是指从事信息的采集、选择、加工、制作和传输的组织或机构，如报社、电台和电视台等。这两个方面都是传播学研究的重要内容：一方面，研究作为技术手段的传播媒介的发达程度如何决定社会传播的速度、范围和效率；另一方面，研究作为组织机构的传播媒介的制度、所有制关系、意识形态和文化背景如何决定社会传播的内容和倾向性。传播媒介可进一步分解为"编码设备""载体""通路""解码设备"。现代通信中使用的光纤是通路，光纤中传输的光是载体，将信息转化成光信号的设备是编码设备，将光信号还原成信息的是解码设备。

五、传播反馈

传播反馈是指受传者对接收到的信息的反应或回馈，也是受传者对传播者的反作用。获得反馈信息是传播者的意图和目的，发出反馈信息是受传者能动性的体现。反馈是社会传播的双向性和互动性的重要体现，其速度和质量依媒介渠道的性质而有所不同，但总是传播过程中不可缺少的要素。

六、传播效果

传播效果是传播对人的行为产生的有效结果，具体指受传者接收信息后，在知识、情感、态度、行为等方面发生的变化，通常意味着传播活动在多大程度上实现了传播者的意图或目的。

七、传播原因

传播原因主要涉及传播者和受传者进行传播活动的目的和意图，以及人类社会活动必须进行传播的原因所在。

八、传播环境

传播活动受到各种环境的制约，同时，不同的环境对传播活动也产生影响。传播环境是指以人类传播活动为主体的外部世界的总和，表现为传播与其环境之间相互作用、相互影响、密不可分的互动关系。在这种关系下，传播环境在时间上是随着人类传播活动的发展而发展的，在空间上是随着人类传播活动的扩大而扩大的。

传播环境大体上可分为自然环境和社会环境两大类。自然环境是环绕在人类传播活动周围的各种自然因素的总和，如制播环境、地理环境、传播技术等。社会环境一方面是人类精神文明和物质文明的发展的标志，另一方面又随着人类文明的演进而不断地丰富和发展。社会环境还包括很多子环境，但从其对人类传播活动的影响来说，主要有三种：政治环境、经济环境、文化环境。

九、传播技巧

传播技巧涉及如何取得良好传播效果的手段和策略的问题。传播技巧，就是有效熟练地灵活运用传播原理、知识和技术所表现出来的具体而又特殊的传播技能或方法。它由结构形式、表达方式、修辞方法和各种符号有机组合而成。①

表 3－2 呈现了传播过程要素的示例。

表 3－2　　传播过程要素示例

传播过程	传播方式	传播者	受传者	信息	传播媒介	传播反馈
过程 1	群内发微信	成员甲	其他成员	微信内容	手机	其他成员回复
过程 2	舞蹈演出	舞者	观众	舞蹈	灯光、舞台等	观众鼓掌及评论
过程 3	电影首映式	电影出品方	媒体记者及受邀观众	主创访谈和展映影片	电影播放设备和电视转播设备	媒体报道和观众点评

第四节　文化传播的主要模式

一、线性传播模式

(一) 拉斯韦尔“5W”模式

1948 年，美国政治学家哈罗德·拉斯韦尔在《传播在社会中的结构和功能》一文中提出，可以用“5W”来描述传播行为：

Who?（谁）

Say what?（说了什么）

In which channel?（通过什么渠道）

To whom?（对谁说）

With what effect?（产生什么效果）

拉斯韦尔模式首次比较清晰地将传播过程表述为五个环节，为理解和研究传播过程提供了具体的出发点，奠定了传播学研究的范围和基本内容，后来大众传播研究中的“控制研究”“内容分析”“媒介分析”“受众分析”“效果分析”这五大领域，就是沿着拉斯韦尔的思路形成的。

然而，拉斯韦尔模式对传播过程的表述过于简单，传播过程中的许多因素被忽略，同时，拉斯韦尔将传播视为一个单向的直线过程，忽略了反馈的要素，也没有考虑到噪声及传播情境的影响。

---

① 杭孝平．传播学概论．北京：中国书籍出版社，2012.

拉斯韦尔模式表现出早期传播模式研究的特征，或多或少地认为传播者具有某种影响受传者的意图，因此应当把传播过程视为一个劝服的过程。同时，这一模式还假设任何信息的传播都是有效的，这无疑过高估计了传播效果。当然，这与拉斯韦尔一直关心政治传播与宣传有关，事实上，这种模式的确十分适用于政治宣传。

（二）香农-韦弗模式

如果说拉斯韦尔是从政治学触及传播问题的话，香农就是从通信效果的角度触及传播问题。

20 世纪 40 年代末，供职于贝尔实验室的香农和韦弗为了研究信号的传播问题，提出了一个图形模式，后来被传播学者借用，被称为传播的数字模型或香农-韦弗模式（图 3－1）。

信源 ——→ 发射器 ——→ 噪源或噪声 ——→ 接收器 ——→ 信宿

图 3－1　香农-韦弗模式

上述模式中各单元的具体含义如下：

（1）信源：要传递的信息。

（2）发射器：把信息转变为信号的设备。

（3）接收器：把信号还原为信息的设备。

（4）信宿：接收信息的人或者物。

（5）噪声：信息传播过程中的各种干扰因素，既包括附加在信号上面的非信号源有意传送的东西，也包括来自渠道以外的干扰因素。噪声不仅会增加信息内容的不确定性，其本身也会增加信息。

该模式的最大创新在于导入了噪声概念，它表明传播过程中各种内外的障碍因素会对信息形成干扰，从而造成传播者所传信息和受众所受信息之间存在某些差别。该模式有利于提高传播研究者和实际运用者对信息科技在传播过程中作用的全面认识。但该模式依然把传播视为一个直线的单向过程，缺少反馈环节，也没有传播者和受众角色互换的情形。

（三）线性传播模式的优点和缺陷

一般情况下，模式的结构越简单就越便于记忆和传播，其影响力也就越大，以拉斯韦尔“5W”模式和香农-韦弗模式为代表的线性传播模式，对于传播学的研究启发极大，奠定了传播学模式研究的基本框架，区分了传播学研究的基本领域，抓住了传播过程的基本构成要素，从传播学应用的角度来看，“5W”模式的影响力深远且不可替代。

然而，传统的线性传播模式具有明显的缺陷，主要表现在：（1）将传播视为起于一点、止于另一点的直线，是个单向的过程，没有信息的回路与反馈；（2）将传播过程视为非环境互动的静态过程，即传播只是内部发生的活动，不考虑人的主观能动性，同时不与传播所依赖的环境进行任何交换，忽视了社会的客观制约性。

二、系统性传播模式

1959 年，美国社会学家赖利夫妇提出，大众传播是各种系统中的一个系统，应该将大众传播置于整个社会系统之中进行考察。在此基础上，他们提出了一个传播的系统模式。

在这一模式中，传播过程中的传受双方都是独立的个体系统，并进行着人内传播；这些个体系统之间相互联系和互动，从而构成了人际传播；这些个体系统同时属于不同的群体，从而形成群体传播；而群体系统的运行又是在更大的社会系统中进行的，与社会政治、经济、文化等多方面保持着联系和互动。

赖利夫妇的系统模式着眼于传播的宏观环境，将传播视为处于社会系统之中并受其影响的一个子系统。同时，传播过程本身也是一个系统，它既与社会系统中其他系统相联系，又具有自身的独立性。赖利夫妇的系统模式使我们认识到，传播过程不仅受到自身内部机制的影响，也受到外部环境各种因素的制约，传播是一个复杂有机的综合系统。

案例链接　民族民间舞走进紫竹院

2018 年 7 月，在紫竹院街道办事处的支持下，“舞@N 次方”——民族民间舞走进紫竹院暨第五届中关村国际青年艺术节紫竹院街道分会场活动在紫竹院公园成功举行。

藏族舞蹈库马拉在一开场就吸引了众多观众驻足，演员们用自己精湛的表演展现着藏族别样的风土人情。在互动环节，演员与观众一起跳起“库马拉”，现场立刻变成了欢乐的海洋，观众们的热情参与将本次活动推向了高潮。

观众拓展活动

此次观众拓展活动将舞蹈照片、舞蹈展示、舞蹈历史讲说与舞蹈体验相结合，旨在让来源于民间的舞蹈再次走进大众，并以接地气的亲民拓展方式为主导，满足大众的精神文化需求。演员与观众的拓展互动以及观众的反馈深刻体现出传播模式由直线走向系统化，相互交织、相互影响，演员与观众二者有机融合。

三、网络化传播模式

网络化传播模式主要以纽科姆的风筝型互相模式为代表。这种模式从平衡论、和谐论以及支持信息需求论中发展起来，注重人际传播或群体传播中的双向互动，强调在任何研究中都应同时包括信源、传播者和受传者三要素，注意传播环境的动态性质。

模式中含有四个元素，即精英、媒体、公众和社会问题。“精英”是指偏向一方的政治利益集团；“社会问题”是指当前有争议的所有公共事务，由一系列与之有关的信息构成；“公众”即受到影响的社区，也指媒体的受众；“媒体”指处理公共事务信息的编辑、记者等新闻从业人员。连接各元素之间的线条分别代表：关系、态度、感知、传播的单向或双向渠道。

这一模式中，公众获取的信息来自媒体、精英所传播的信息。如果精英和公众对社会问题的感知存在差异，那么公众会努力寻找相关信息，精英则通过干预事件或控制媒体渠道来影响公众的感知。

这一模式没有以具体的传播过程为表述对象，而是以公众、精英、媒体对社会问题的感知为描述客体，试图从感知带来压力从而促使精英和公众采取行动的视角分析传播的产生与作用。

案例链接　戏舞情韵

保罗·德曼曾说过："美学的真正主题就是体验，是一种过程。"欣赏舞蹈艺术是以人体动态美为对象的审美活动，是人们观看舞蹈表演时的一种精神活动。对剧场舞蹈来说，其产品是有形的舞者展示的舞蹈作品。对于剧场舞蹈消费者即观众而言，对舞者展示的舞蹈作品的接受以及通过这种审美活动所产生的审美情感与审美满足才是其最终的目标消费品。因此，剧场舞蹈为观众提供的产品形式有两种：具体的舞蹈演出作品和抽象的舞蹈审美体验。

2014 年岁末，中国戏曲学院与北京市小学美育发展工作舞蹈专场演出之戏舞情韵作为剧场舞蹈在梅兰芳大剧院倾情上演。开场以《戏舞情韵——贵妃醉酒》震撼人心。该剧以传统戏剧《贵妃醉酒》为依托，融以舞蹈表演形式，真正迸发戏舞相融、情韵心头之感。更有新疆舞、蒙古舞、花鼓灯、朝鲜舞、彝族舞、苗族舞、藏族舞等风格各异的民族民间舞蹈，带领现场观众了解激情四射的少数民族，感受浓郁的民族风情。在舞者深情投入下，观众们感知着戏舞情韵，惊叹于戏舞交融的灵气韵美，沉浸于舞台之上的悠久民族戏曲文化。晚会作为戏舞情韵传播载体，不仅为学生搭建了社会实践的展示平台，丰富了舞台经验，提升了综合素养，更推动了中国戏曲学院与北京市小学的美育发展工作，展现中国戏曲学院戏曲身段与舞蹈身韵完美融合的特色教育教学成果。

《戏舞情韵——贵妃醉酒》

世界是一个有机交互的整体，各种物质运动形式之间存在着广泛的联系，文化传播模式的研究以传播学的核心框架和基本元素展开，积极主动地与其他领域彼此渗透、有机结合并通过介入各门类模式以强化自身传播力度。此外，文化传播模式的研究也是培养新的学科生长点，实现中国文化传播学后发制人的重要途径。文化传播人应熟练运用文化传播模式，促进文化传播的多元化发展，使之与大众传媒发展的多样性、集约性、跨国化、商业化等趋势相适应，主张传播学界与业界双向交流，推动全球化和本土化传播模式研究互动互助，整合各种资源，共促文化传播学的不断发展！

参考书目

1. 麦奎尔，温德尔．大众传播模式论．2 版．上海译文出版社，2008.
2. 崔保国．信息社会的理论与模式．北京：高等教育出版社，1999.

关键词

【传播模式】

传播模式是指研究传播过程、性质、效果的公式。卡尔·多伊奇在《政府的神经》(1966)一书中曾论述过在社会科学中模式的主要优点。首先，模式具有构造功能，能揭示各系统之间的次序及其相互关系，能使我们对事物有一个很难从其他方法中获得的整体形象；在这一方面，模式能为各种不同的特殊状态提供一个一般的图景。其次，模式具有解释的功能，它能用间接的方式提供如果改用其他方法则可能相当复杂或含糊的信息。

【信息论】

香农被称为“信息论之父”。人们通常将香农于1948年10月发表于《贝尔系统技术杂志报》上的论文《通信的数学理论》(A Mathematical Theory of Communication) 作为现代信息论研究的开端。香农理论的重要特征在于熵 (entropy) 的概念，他证明熵与信息内容的不确定程度有等价关系。熵曾经是玻尔兹曼在热力学第二定律中引入的概念，我们可以把它理解为分子运动的混乱度。信息熵也有类似意义，例如在处理中文信息时，汉字的静态平均信息熵比较大，中文是9.65比特，英文是4.03比特。这表明中文的复杂程度高于英文，反映了中文词义丰富、行文简练，但处理难度也大。信息熵大，意味着不确定性也大。因此我们应该深入研究，以寻求中文信息处理的深层突破，不能盲目从汉字优美引申出汉字容易处理的错误结论。

【线性模式】

线性模式又称直线模式，将传播的过程看作是单向流动的。线性模式使人们能够对传播过程的结构和特点进行直观的、具体的描述，是人类传播研究史上的一大创举。但它忽视了“反馈”这个要素，将传播者和受传者固化，忽视了传播的双向性，不能充分揭示人类传播的互动性质。

思考题

1. 文化传播模式对于文化传播领域研究的重大意义是什么?
2. 21世纪的文化传播模式存在怎样的特点?
3. 请叙述拉斯韦尔“5W”模式对传播学研究的意义与局限，并举例说明。
4. 请根据现有传播模式绘制媒介融合背景下的融合传播模式图。
5. 结合中外文化交流现状及趋势谈谈如何利用传播模式加强跨文化传播领域的研究。
6. 试总结我国文化传播模式发展的过程。
7. 试比较线性传播模式、系统传播模式及网络化传播模式。

第四章　文化传播的主要类型

内容摘要

传播学之父威尔伯·施拉姆曾经说过："研究传播学其实就是研究人，研究人与人、人与他的团体、组织和社会的关系，研究人怎样受到影响、怎样互相影响……要研究传播学，应先了解人与人怎样建立关系。"研究文化传播亦是如此，我们首先要明晰不同类别的文化传播，了解它们之间是如何相互影响的。

学习重点

- 人际传播
- 组织传播

学习难点

- 大众传播
- 网络传播

第一节　人际传播

如果说人内传播是传播中最基础的传播方式，那么人际传播就是生命个体最本能的传播方式。在人类早期，因为科技落后，并没有文本等记录方式，文化传承主要依靠人与人之间面对面地直接传播，也就是人际传播的方式。一个生命个体从诞生到产生"自我概念"，依靠的就是人际传播过程的长期滋养。人际传播是人最"原始"的传播方式。

一、人际传播概述

（一）人际传播的定义

人际传播（interpersonal communication），指人与人之间的信息传递，可以是面对面直接传播，也可以是以各种媒介为中转的间接传播。人际传播存在于除人内传播以外所有的传播方式中。它是个体生存于社会的基本方式，是最基础的社会活动之一。通过人际传播，不同个体之间相互共鸣或排斥，从而形成社会关系网络，并进行扩增、筛选与重建。

但值得注意的是，单方面发出的信息不可称为人际传播的信息，只有构成了信息发出者、信息接受者二者间的联系，其过程才能够称为人际传播。同时，信息的发出者也是信息的接受者，在发出信息同时也接收信息并相互产生影响。

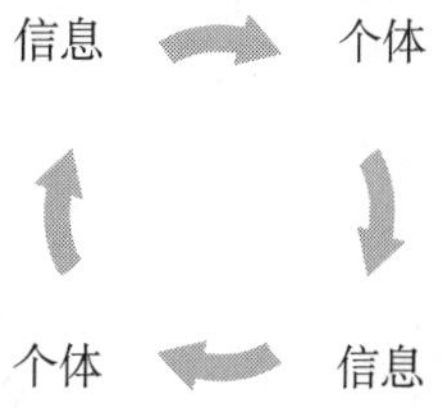

图 4-1　信息与个体相互循环

根据“奥斯古德-施拉姆的循环模式”（图 4-1），所传递的是“信息”，并未被定义为语言。可见，“信息”既可以是语言类，亦可以是非语言类。从中可以看出，人际传播具有多样性，它不单纯是通过语言而进行的传播，而是多元化、多层次的传播。最基本的可分为两类。

1. 语言文字类

最普遍的人际传播就是通过语言进行的传播。语言的根本属性是信息，因此在人类的信息传播过程中，文化随之发展，语言也会得到更深层次的构建与理解。

在语言文字类的人际传播中，人们通过日常生活经历对语言进行基本构建，同时通过语言对世界进行再构建。我们生存在一个由语言构建的世界中，世界也在不断赋予语言新的发展趋势与意义。

2. 感知感受类

有些人让你一见面就感觉不易相处，有些人让你一见面就感觉很和蔼，这就是感知感受类的传播。人的表情、嗓音、体态、姿势、动作、衣着，甚至无声的沉默、自然状态下二人之间的距离、二人常态下的联系频率等都是构成感知感受类人际传播的媒介。例如二人并排行走，他们之间的距离远近反映着二者的亲疏程度，手放的位置也可以反映二者的关系，手搭在另一人肩膀上，这是关系极好的朋友，放在背上，这是长者或关系一般的朋友，放在腰上，是关系亲近的亲人或恋人。

感知感受类人际传播充斥在生活的每个细节中，它是自然发生的，是通过多种方式表达的。同时我们要注意，感知感受类人际传播会受文化空间的限制。在不同的文化背景下，同样的表达，其意义可能是不同的甚至是完全相反的。

在“奥斯古德-施拉姆的循环模式”中，编码、释码、译码过程就是信息的处理过程，编码是对个体思想或情感进行编辑，释码是对传播行为（语言、姿态、神态、状态等）进行解读，译码则是对信息的感知进行反馈。该循环模式将人际传播限定在两个个体之间，并运用最基础的信息转换过程进行表达，对人际传播以最概括的形式进行了阐述。

（二）人际传播的意义

当你饿了你会对食物产生渴望，当你渴了你会对水产生渴望，那么当你满足了所有的物质需求之后你会对什么产生渴望呢？1943 年，美国心理学家亚伯拉罕·马斯洛在《人类激励理论》一文中提出了他对人类需求的分层，也就是著名的马斯洛需求层次理论（图 4-2)。当满足了基本的生理需求后，人就转向了精神需求。他提出人的需求是阶梯性的，由低级到高级的，这也符合人类的进化发展规律。人际传播就是旨在满足社交或其之上的某种较高层次的需求。

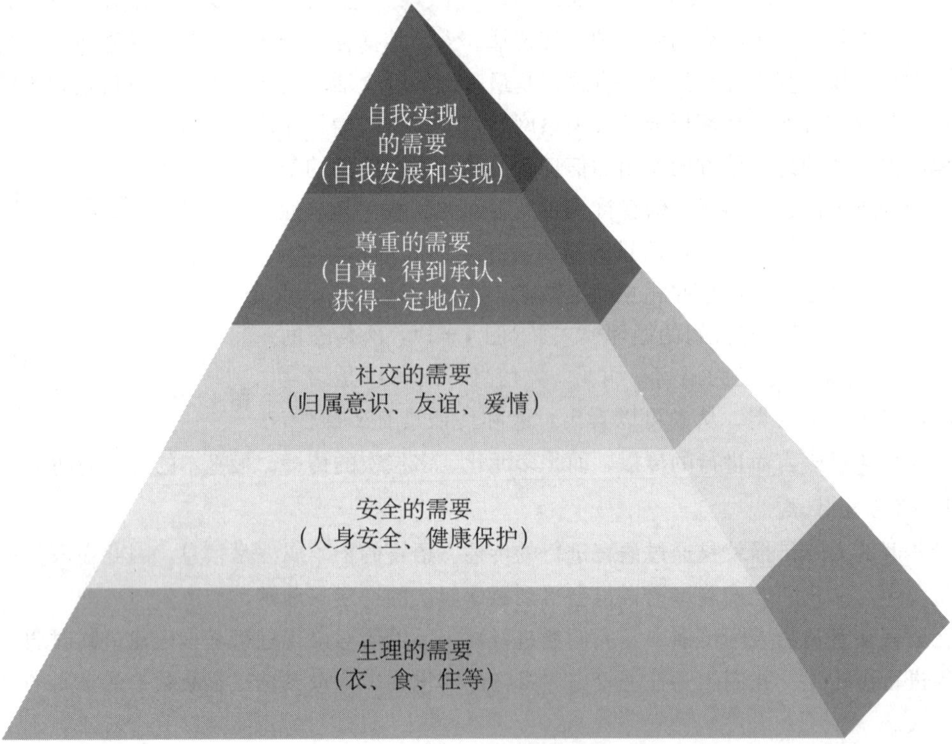

图 4-2　马斯洛需求层次理论

《圣经》中耶稣说："我虽然为自己作见证，我的见证还是真的；因我知道我从哪里来，往哪里去；你们却不知道我从哪里来，往哪里去。"这其中衍生出了西方哲学中的三大终极问题：我是谁，我从哪里来，我到哪里去？这反映了人知道对自我的不认知以及对自我认知的渴求。而如何对自我产生认知呢？人际传播在这个过程中产生了积极的作用。

俗话说三岁看老，意在小时候就能看出一个人的性格特点。而实际上，与其说是看出一个人的性格特点，不如说是塑造一个人的性格特点。当一个生命体诞生，几乎是毫无自我的。在幼儿阶段，他与父母、亲人接触，产生了最初的人际传播，这种人际传播甚至发生在幼儿接触社会之前。社会中有许多案例，例如一些单亲家庭的孩子性格易孤僻或个性过强（见表 4-1)；家庭中父母关系不好，孩子自卑或易怒。在幼年时，儿童自我意识形成过程中，父母所发出的信息被幼儿无条件接受（因为自我意识的迷茫，人内传播还无法完整进行），父母之间的接触方式、对孩子的照顾程度、说话声音的大小等都是被幼儿所接受的信息。

表 4-1　　儿童问题行为与家庭因素影响调查

问题行为	完整家庭（%）	单亲家庭（%）
整天闷闷不乐	1.6	22.8
做错事不感到羞愧	6.5	26.3

续前表

问题行为	完整家庭（%）	单亲家庭（%）
与父母顶嘴	7.5	12.6
怀疑别人	8.7	13.8
自卑	0.7	9.4
受了委屈自己忍着	20.8	33.2
上课经常走神	11.3	17.6
在家庭里感到孤独寂寞	11.8	19.3
几乎没有朋友	5.8	8.6
经常和同学吵架	4.5	6.9
对父母都不喜欢	1.4	7.6
不愿待在家里	13.9	21.6
曾有过离家出走的念头	34.9	48.7

资料来源：即墨市第四实验小学“单亲家庭父母及子女的心理分析及对策研究”课题组．单亲家庭子女的心理现状调查报告，2015.

人际传播的存在构成了整个社会网络的链接以及社会的进步，使得独立个体形成自我意识，并链接了一个个独立个体的意识，产生社会关系网。

（三）人际传播的特点

人际传播穿插于除了人内传播以外所有传播形式中，因而人际传播有着极强的融合性，这正得益于其以下特点。

1. 反馈速度快，信息量大

在面对面的信息传播中，二者间的反馈几乎是即刻的。当信息出现偏差或错误，修改也是即刻的。当产生中间层次的媒介，信息的传递速度必然受到限制，同时信息出现偏差与错误的程度也将会随着中间层次数量的增加而增加。成语“以讹传讹”所体现的就是本就错误的信息在传递后越传越错。

2. 传播的符号系统多

人际传播有着多元化属性。传播信息的方式与渠道也是各式各样。传播的符号系统较多。许多信息的传递是非语言文字的传递，如表情、眼神、姿态等。在传播过程中，二者之间不单单可以运用语言文字进行传递，更可以非语言文字等传播方式辅以表达传播，以此加强信息的内容与传播力度。

3. 感官参与度高

这个特点与其第二个特点有关联，多渠道多方式的信息发出所运用到的感官随之增加，同时接收方所需动用的接收器官也将增加。因而人际传播中，感官的参与度很高。

（四）人际传播中存在的问题

人际传播中信息传递是直观直接的，传播过程中，信息接受者对于信息的接收近乎是被动的、不可抑制的，这也导致了人际传播中两个问题的产生。

1. 信息的真实性不可控

信息接受者仅仅是单方面信息的接收与所接受信息的辨别，无法对信息的来源方进行更深入具体的研究与探索，且人际传播中信息的流动具有不可控性，信息的真实性也就无法进行控制，同时，因为人际传播是传递性的（如图 4－3），这导致了多个中间层次媒介的产生，对于信息的准确性、真实性更是一个不可控的条件。

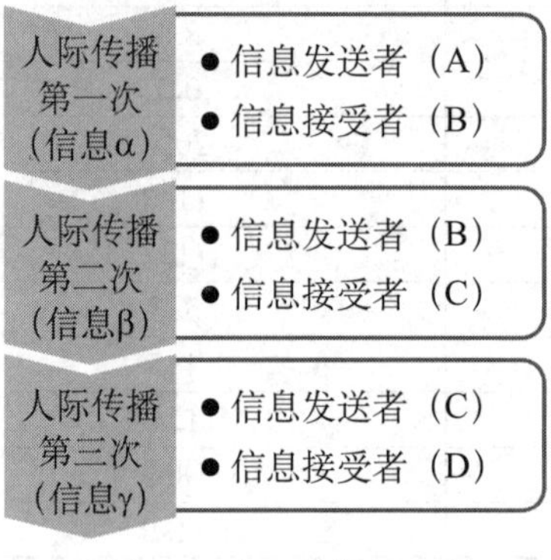

图 4－3　人际传播示意图

2. 信息的私密性不易保护

人际传播中个体对未知信息充满渴求。当未知信息产生，个体间的人际传播开始进行，信息开始流通，而终止信息有可能是信息发送者 A（首个发送者）不想进行多次传播的信息，而人际传播的流动性又是不可控的，因而 A 所发布的信息的私密性受到威胁。且人际传播是持久不间断进行的，这也就意味着信息的流动是时刻进行的，甚至一些保密性信息也是存在着私密性隐患的。

（五）人际传播的技巧

人际传播作用于除人内传播以外所有传播形式中，其传播方式更具技巧性。

1. 谈话技巧

（1）内容明确：一次谈话围绕一个主题，避免涉及内容过广。

（2）重点突出：重点内容应突出，适当重复，以加强对象的理解和记忆。

（3）语速适当：谈话的速度要适中，适当停顿，给对象思考、提问的机会。

（4）注意反馈：交谈中，注意观察对象的表情、动作等非语言表现形式，及时了解对象的理解程度。

2. 提问技巧

（1）封闭式提问：封闭式提问的问题比较具体，对方用简短、确切的语言即可做出回答，如“是”或“不是”、“好”或“不好”、“5 年”、“40 岁”等。适用于收集简明的事实性资料。

（2）开放式提问：开放式提问的问题比较笼统，旨在诱发对方说出自己的感觉、认识、态度和想法。适用于了解对方真实的情况。

（3）探索式提问：又称探究式提问。探索式提问的问题为探索究竟、追究原因，如“为什么”，以了解对方某一问题、认识或行为产生的原因。适用于对某一问题的深入了解。

（4）偏向式提问：又称诱导式提问。偏向式提问的问题中包含提问者的观点，以暗示对方做出提问者想要得到的答案，如“你今天感觉好多了吧？”适用于提示对方注意某事的场合。

（5）复合式提问：复合式提问的问题为 2 种或 2 种以上类型结合在一起的问题，如“你是在哪里做的检查？检查结果如何？”。此种提问易使回答者感到困惑，不知如何回答，故应避免使用。

3. 倾听技巧

（1）集中精力：在倾听的过程中，要专心，不要轻易转移自己的注意力，做到“倾心细听”。

（2）及时反馈：注视对方，积极参与，及时反馈，表明对对方的理解和关注。

4. 反馈技巧

（1）肯定性反馈：对对方的正确言行表示赞同和支持时，应适时插入“是的”“很好”等肯定性语言或点头、微笑等非语言形式予以肯定，以鼓励对方。

（2）否定性反馈：当发现对方不正确的言行或存在的问题时，应先肯定对方值得肯定的一面，然后以建议的方式指出问题的所在，使对方保持心理上的平衡，易于接受批评和建议。

（3）模糊性反馈：当需要暂时回答对方某些敏感问题或难以回答的问题时，可做出无明确态度和立场的反应，如“是吗”“哦”等。

5. 非语言传播技巧

（1）动态体语：通过无言的动作传情达意。如以注视对方表示专心倾听，以点头表示对对方的理解和同情，以手势强调某事的重要性等。

（2）仪表形象：通过适当的仪表服饰、体态、姿势，表示举止稳重，有助于对方的信任、接近。

（3）同类语言：通过适度的变化语音、语调、节奏及鼻音、喉音等辅助性发音，以引起对方的注意或调节气氛。

（4）时空语：在人际交往中利用时间、环境、设施和交往气氛所产生的语义来传递信息。

第二节　群体传播

群体传播是以“我们”的形式存在于社会中进行的信息交流沟通行为，它以信息传播形式维持群体的框架，其内部成员不固定，且自由在群体内进行交流发言，无制约行为，却有着统一性与发展性。

一、群体传播概述

（一）群体传播的概念

群体传播（group communication），是指通过相同的利益、观点、看法等目的性因素而相互关联，形成的具有相互影响作用的个体、集合体之间的信息沟通交流行为。群体传播与人际交流不同之处在于其具有范围性、规模化的信息的传递沟通。群体，在《新华字典》中解释为：“指由多个具有共同特点且互有联系的个体组成的聚集体。”①

群体并没有强制性的数量限制，一般情况下理解为大于两个人的，因各方面原因凝聚在一起的人群就可以称作群体。一个班级中的一个讨论小组可以说是群体，全世界人民也可以称作是群体。只要是有着共同的目标，均可划归为群体范畴。

---

① 中国社会科学院语言研究所词典编辑室．新华字典．11版．北京：商务印书馆，2011.

作为群体传播的信息交流，其信息具有一定的倾向性。因为是因同一目标而聚集的群体，所以其信息的内容观点具有一定的倾向性，且当群体中有异样声音或行为时，往往会因群体的压力与牵引使其归列于群体思想范畴。

（二）群体传播的特点

群体传播，因群体的属性与性质，构成了群体传播的以下特点。

1. *群体传播具有责任共有性*

在群体中，信息的输出一般为集合性质的输出，内部的信息交流也有可能是相互组员之间匿名性质的，对外的信息更是以“我们”集体这一性质进行输出，其信息更无源头可循。群体传播中传播的信息属于群体中每一个个体，信息的影响与效果以及所带来的责任也与群体中每一个个体共有，因而产生了群体传播的特点之一——群体传播具有责任共有性。

2. *群体传播中存在群体压力与趋同心理模式*

个体的意见或少数个体的统一意见在群体中受到群体压力影响，且群体内个体因群体统一性影响具有趋同心理模式。一般情况下，人的常规认知会认为，大多数人提供的信息的真实性与准确性更高，因而群体内“大群体”信息对“小群体”的心理认知产生冲击。群体中的多数意见持有者会对少数意见持有者造成心理压力，迫使少数人（或使得他们盲目）放弃自己的真实想法而与多数人保持一致。经济学里经常用“羊群效应”来描述经济个体的跟风心理；哲学家可能解释为这是人类理性的有限性导致的；心理学家可能解释为这是人类的从众心理；社会学家可能解释为这是人类的集体无意识。不论怎样解释，群体压力不只是来自权威或制度的命令，更主要来自人的心理。作为社会性的人，人们有着合群倾向以避免孤立或制裁。同时，基于对生存环境不确定性的判断，人们倾向于认同多数人的意见，以获得心理安全。①

（三）群体传播与群体意识

群体传播不仅与群体的形成密切相关，还对群体意识的形成起着关键的作用。群体意识包括群体归属、群体感情、群体目标和群体规范的合意等方面的内容。群体意识的形成对群体来说非常重要，它形成以后，会对群体成员的个人态度和行为产生制约作用，是相对于个人意识的一种外在的、约束性的思维、感情和行为方式。

这种群体意识的形成就是群体传播的结果，可以说，离开了群体传播，群体意识就不可能存在。任何一个群体都具有自己的传播结构，这个结构可以从信息的流量与流向两个方面来理解。一方面，信息的流量大，意味着信息覆盖面广，群体成员间互动和交流频率高，群体意识中的合意基础好。另一方面，信息的流向是单向的还是双向的，传播者是特定的少数人还是一般成员都拥有传播的机会等等，对群体意识的形成也是至关重要的。双向性强意味着群体传播中民主讨论成分多，在此基础上形成的关于群体目标和群体规范的合意更统一，群体感情和群体归属意识更稳固。一句话总结，群体的凝聚力更强。

反之，群体意识形成以后，也会对群体传播产生重要的影响。法国社会学家 E. 迪尔凯姆认为，群体意识虽然可以通过社会化过程为个人所吸收，但总体上仍然属于一种集合意识，这种集合意识往往对群体传播的结构和流程发生重要作用。

---

① 陈力丹，刘慕葛，郭佳．群体思维的压力与突破——从电影《12 怒汉》谈起．新闻爱好者，2014（7）．

二、群体传播的影响因素

（一）群体情绪的感染力与群体暗示

传播学者伊丽莎白·诺埃勒-诺依曼在其著作《沉默的螺旋：舆论——我们的社会皮肤》中提出了政治学与传播学相交的理论：沉默的螺旋理论。其所表达的理论现象是：当传播中的某观点得到肯定并得到更大范围的传播时，会有更多的个体趋于此信息，而当个体某一观点在传播过程中受到阻碍时，传播进入“沉默”或其对立信息得到更广泛的传播与肯定，个体本身将会沉默，即使自己并不赞同对立信息。因而一方的赞同者越来越多，另一方的发言人愈加沉默而形成螺旋形发展。这就是群体的情绪感染力与群体暗示。当“大集合”表现出自己观点更占据社会赞同，“小集合”为避免受到因某些反对的态度与想法而使得己方陷入麻烦，会进入“沉默”，更加不愿表达自己的观点。

（二）群体潜意识反孤立模式

群体传播中个体的自我意识对信息的继续传播有着极强的控制性与表现性，心理学分析可以看到，群体传播中有着很强的“潜意识反孤立模式”。群体传播的特点中提到过群体压力与趋同意识。进一步分析，鸡尾酒会效应与“可能”的自我这两点在传播中最具表现力与侵略性。

1. 鸡尾酒会效应（cocktail party effect）

心理学上也叫作选择性注意（selective attention），意指个体面对信息会有选择地进行接收，忽略掉无用的信息，听到最具意义与效力的声音。而在群体传播中，信息传递过程中总会有对立信息的产生，信息的接收又是主动进行被动接收的，这导致了选择性注意的无法成立，进而对信息无条件的全部接收。

2. “可能”的自我

此处并非黑兹尔·罗斯·马库斯（Hazel Rose Markus）和保拉·S. 纽瑞尔斯（Paula S. Nurius）提出的可能的“自我”理论，而是“可能”的自我。“可能”两个字的定义决定了二者的不同。前者意味着个体参考个人能力及潜力对未来产生自我的猜想与定位的精神描述，也就是经过实践可能成就的良好自我，或者反向可能成就的劣性的自我。而“可能”的自我，则是在可能上定义，“可能”二字不再是以自己的能力与潜力为参考标准，而是受到外界影响，本身“自我”的丧失，一个截然不同、趋同于社会大趋势大潮流的“自我”的产生与发展。在群体传播中，当个体本身处于“小集合”中时，信息的被动接收使得本身的“自我”受到一次次“大集合”信息的冲击，造成对“自我”本身的怀疑。进而在“大集合”中形成一个假象的“可能”的自我，并在“小集合”声音愈渐低下的情况下，造成对本身“自我”的压力，慢慢“自我”被“可能”的自我替代。

在群体传播中，两种特性进行统一性的反应，这可能是一种潜意识反孤立模式。个体抑或“小集体”的信息在传播过程中受到群体大环境或“大集合”的信息压制时，个体或“小集体”潜意识会趋利避害。人类本身群居动物的属性，使得在群体传播中，人们惧怕因自己表达的信息使得自己受到排斥以至于被群体孤立，所以潜意识在遇到信息与“大集合”不同时，一般个体将对信息进行“密封”，让自己进入“沉默”状态，并质疑自己的想法，趋向于“大集合”

的信息所表现的思想观念。

三、群体传播的模式

群体传播中，信息的传递引发群体产生情绪，并传递情绪，此传递对群体传播影响力巨大。在不同的制度、不同的时期、不同的族群、不同的政治管理和地域差异下，群体的情绪以不同速度、不同程度进行被动传递。群体情绪在群体内进行传递，并且产生感染力，群体将有集合行为产生。

大多灾害、社会事故发生后，社会群众会莫名地自发地进行游行、反抗，伴随物价上涨、大量流言的传播。这就是集合行为，其大多以集群、恐慌、骚乱形态出现，会对社会造成极大的破坏，打破社会秩序，干扰社会正常运行。当地震、火灾、海啸等不可抗的自然灾害发生时，群体的骚乱、社会的混乱就是群体间发生了情绪的相互传递与感染。

美国的“9·11”事件后产生的集合行为具有极强的代表性。“9·11”事件带来的后续影响力持续了10余年。以经济状况为例，当袭击事件发生后，美国股民因为对政府的不信任以及对金融业的担忧，急于抛售手中股票，导致股市暴跌。仅仅一周内，道琼斯指数下降了约14.3%，纳斯达克指数下降了约16.1%，标普指数下降了约11.6%。尽管政府参与干预（对股市投入大量资金以防股市崩溃，平缓股民情绪等），然而9月17日再次开市后，急速的抛售仍无法避免，股票指数下降到了多年最低点。

群体传播的高速以及不可控性引发了集合行为。集合行为中群体内人员自发参与，个体间情绪相互感染，情绪感染形成的环境状态使得群体传播速度加快，个体情绪爆发。群体的不稳定性以及群体传播的即时性，会使得集合行为持续时间较短。

第三节　组织传播

组织传播（organizational communication），也称团体传播或组织沟通。它与群体传播的差异在于它是具有一定规模性、固定性和团队性质的信息传递，在社会中进行着可控的、调节性的信息传播。

一、组织传播的概念及分类

（一）组织传播的概念

组织传播是社会中最具代表性的传播方式，美国学者本杰尔德·戈德哈伯（Gerald Goldhaber）说：“组织是由各种相互依赖关系结成的网络，为应付环境的不确定性而创造和交流信息的活动。”[①] 国内传播学者郭庆光认为：“组织是以组织为主体的信息传播活动。”[②] 组织传播牵涉到人的态度、感情、关系与技巧。传播者以组织或团体的名义讲话；信息大多是指令性、教导性和劝服性的内容；具体活动是在有组织有领导的情况下进行的；传播活动有一定的

① 范东生，张雅宾．传播学原理．北京出版社，1990.

② 郭庆光．传播学教程．北京：中国人民大学出版社，1999.

规模。[①]

组织传播在组织内依靠纵向传播的下行传播，使得组织形成了组织内部的指挥管理作用，通过信息的纵向流动进行命令的下达，同时在组织内部通过横向传播对组织进行内部协调以及展开组织行动。在信息流动过程中，通过纵向传播的上行传播对组织活动、内部状况进行反馈，使高层次信息输出者对信息进行修改应变。通过组织传播的手段，使得组织内部得到更强的凝聚力以及和谐统一的目的性，加强了组织本身的属性。

（二）组织传播的分类

组织传播，是以团体、组织、固定成员方式进行的信息活动。它分为两类——组织内传播和组织外传播。下文就两类进行分别阐述。

1. 组织内传播

组织产生的原因是具有统一目的性或统一利益关系。在组织内自然产生层次差异，进而产生管理控制体系。同时组织内传播还存在正规渠道传播与非正规渠道传播，下文也将分开进行讲述。

就正规渠道而言，组织传播有两个方向——纵向传播、横向传播。

（1）纵向传播。组织传播自然产生了层次差异，因而产生了纵向传播，且具有双向性。下行的传播为高层向底层的逐级递减传播，例如在社会企业中政策的下达、企业管理的任务下达、会议的逐层召开等。其意义在于信息更有针对性地进行传达，由高级决策者以高视角传递大局观所得到的信息及对策，逐级向下传递，逐渐具体化、细节化，使信息在传递过程中得到展开与进一步发展。同时由上而下的传播进一步控制组织传播的层次，明确各级义务与权力。然而由上而下的传递过程中可能会产生人际传播中出现的“中间层”问题，中间层的增多在信息的展开与发展过程中也可能使信息理解产生偏离，甚至产生信息的滞留等问题，因而产生纵向传播的另一方向传播——上行的传播。上行，也就是由低层向高层进行信息的流动，一般情况下是下行信息传达后的反馈，例如公司的成果汇报或完成进度汇报，也有对上层信息的建议、修改意见等。上行传播在纵向传播中起到了更重要的作用，它是高层得到基层信息的重要方式，并且是高层对自己下达信息得到的反馈，以确定信息的合理性。同时上行传播可以使上层信息发出者了解下层信息接受者对信息的执行力度，在企业中可以以此分析工作人员的能力与认真程度，对公司员工进一步了解。一般来说，纵向传播是组织内部进行信息交流的直接方式，它决定着组织的运作与执行。

（2）横向传播。组织中也存在同层次间的传播，在相同层次中的不同成员或小团体间的交流属于横向传播。横向传播更具活跃性。在同层次间，信息的发出者与接受者没有了层次局限，能更开放地进行信息的交流沟通。同时横向传播可以使纵向传播中下行信息更有效地执行与运作，更易于信息的“分解”。横向交流有益于增加组织的凝聚力，消除组织间冲突性。

就非正规渠道的组织内传播而言，传播内容一般更具自由性、不确定性，但信息真实性无法保障。非正规渠道的组织内传播不具有严格的层次规格限制，一般在组织内部随机产生信息首个输出者，进而跨越层次限制，在组织内进行传播。例如企业内经常产生的裁员传闻、校园内的流言蜚语等。信息的首个输出者一般不为人所知，且信息传递速度极快，而信息真实性不

---

① 米勒．组织传播．2版．北京：华夏出版社，2000.

确定，不具可证实性。非正规渠道的组织内传播相比正规渠道的组织内传播更具复杂性与不可控性。

2. 组织外传播

组织外传播往往是组织与组织之间的信息传递或组织与社会及其他大环境的信息交流。组织内部高层的信息来源一般为下层的上行传递和从组织外传播中所接收的信息，当然，组织外传播也包括组织主观向外界发出的信息，例如品牌、公司的自我宣传推广、社会资源比例的变化、社会需求与输出的变化等。组织外传播的输出一般是主动的，通过公开场合的讲话、发布会、讲解会等，而输入一般是被动的或经由调查获得的，例如市场购买力的比重程度、资源自由度等。

二、组织传播的特点

组织传播最突出的特点就是组织自然形成阶层制，以及同层次内不同分工的部门产生。同时组织传播是一个可独立在系统内进行传播的传播方式。而基于其阶层制特点，系统内信息强制性传播，当上层信息向下层进行传递时接收方是被动、强制进行接受的，是不可抗拒的。组织传播具有双向性，下层可以在信息接收后的反馈中进行建议与质疑，然而，下层对信息没有决定性的控制权。

也可以看出，组织传播与组织是相辅相成的，组织的任何活动与行为均通过组织传播进行，同时只有进行组织传播，组织才能良性运作。考察组织传播，也就是考察组织本身。

第四节　大众传播

一、大众传播的概念与特点

（一）大众传播的概念

大众传播（mass communication）作为人类最重要的一种传播形式，是指专业化的媒介组织通过一定的传播媒介，在接受国家管理前提下，对受众进行大规模的信息传播活动。大众传播对社会有着潜移默化的作用，它改变着人们的工作方式和生活方式，改变着传统观念。1945年11月在伦敦发表的《联合国教科文组织宪章》中首先使用了这个概念。[①]

（二）大众传播的特点

1. 组织性

大众传播的传播者通常是一个庞杂的机构，内部有精细的分工。如以报纸传递信息的报社，即由采访、编辑、评论、广告、经理等许多部门组成。

2. 公开性和易逝性

大众传播与密码、旗语、信鸽、书信等传播方式不同，它不带有保密性。这就决定了各种社会制度下的政府部门，往往以不同的方式或在不同的程度上，对传播内容加以审查和控制。

---

① 李彬．大众传播学．修订版．北京：清华大学出版社，2009.

报纸刊登的消息，广播、电视播送的节目，通常只具有一次性阅读、视听的价值，除非接受者为了某种用途，以剪报、录音、录像等方式将信息储存起来。这就迫使传播者必须注重信息传递的时效。

3. 选择性

具体表现在四个方面。一是传播工具对受众有一定的选择。二是受众对传播工具有一定的选择。年龄、性别、职业、文化素养、个人兴趣等可以使受众分为不同的读者层、听众层或观众层，而不同层次的受众偏爱某种传播工具。三是受众对传播的内容可以任意选择。四是受众对参与大众传播的时间可以自由选择。受众的选择性表明，大众传播并不意味着对每个人的传播。

4. 受众具有匿名和参差不齐的特性

传播者可能了解受众总体的某些情况，但对具体的接受者往往是不熟悉的。

5. 单向性

受众无法当面提问、要求解释，整个传播过程缺乏及时而广泛的反馈。

6. 快速性

不断吸收最新科学技术，提高传播信息的速度，是大众传播的一个发展趋势。①

二、大众传播的主要媒介

（一）印刷媒介

印刷媒介的诞生离不开造纸术和印刷术的发明。所谓印刷媒介，就是将文字和图画等做成版、涂上油墨、印在薄页上形成的报纸、杂志、书籍等物质实体。今天，印刷媒介已经高度普及，书籍、报纸、杂志等出版物作为人们每天获取信息、知识、娱乐消息的基本渠道之一，在社会生活的各个领域发挥着重大的作用。

印刷媒介，作为人类传播的主要工具之一，具有鲜明的特点：（1）它借助机器设备可以迅速大量地印制生产；（2）它容纳的信息多、内容广；（3）读者可以自由地选择阅读的时间、地点、速度和方式；（4）它可以长期保存，随时取阅，反复研读；（5）它能适应不同读者的不同兴趣和要求，报纸、杂志、书籍也在日益向“小众化”的方向发展；（6）印刷媒介的威望较高，专业性较强。其缺点是，文化程度低、识字少的人无法充分使用和分享其中的信息。

（二）广播媒介

就像印刷媒介是对书写媒介的超越一样，广播媒介是对印刷媒介的超越。广播媒介不只是指接收媒介（收音机），还包括录编设备（录音机、编辑机、合成机等）和传送媒介（信号发射机、发射天线等），正是这三者的有机结合、合理分工才共同构成了广播媒介。

广播媒介的特点需要对上述三者的特点加以综合并全面描述：（1）它可以真实地记录、复制和控制人类的声音，使稍纵即逝、过耳不留的声音可以留存，也可以用或大或小的声音传播；（2）传播信息迅速及时，有时与事件的发生几乎同步；（3）传播范围广阔无限；（4）声音传播一听就懂，易于沟通，适应了不同文化程度的听众。其缺点是：过耳不留，稍纵即逝，无

---

① 李彬．大众传播学．修订版．北京：清华大学出版社，2009.

法重复，不容细想，受众较为被动。

（三）电视媒介

电视是 20 世纪产生最晚但发展最快的传播媒介。电视的优势有：(1) 电视将文字、声音、图像、动作四者的传播有机地结合了起来，是生动直观的传播工具，给人最大限度的真实感；(2) 电视的普及率不断提高，成为当代公众接收信息的主要渠道；(3) 信息传播速度越来越快；(4) 具有极强的娱乐性，为百姓所喜闻乐见。电视的缺点是：记录性较差，内容稍纵即逝；公众对内容的选择余地小；接收方式还不够灵活；制作费用高昂，是几种传播媒介中最贵的。

除了以上三种媒介之外，大众传播还可通过网络及其他媒介进行。

第五节　网络传播

随着社会进步、科技发展，信息交流的速度、范围以及手段都在逐渐增加。网络传播，即是新兴的传播方式之一。它可以打破地理、文化等方面的束缚，以网络为平台进行信息的自由传播，使得传播进一步发展。

一、网络传播的界定

（一）网络传播的基本概念

网络传播（network communication），是指以计算机通信网络为基础，在网络的平台上进行信息的交流互动。它融合了几乎所有传播方式、手段的传播特征，传播结构为网状式结构，其内部所有“结点”均可发出接收消息，且信息以非线性方式在网状结构内传播。

网络传播打破了原始三大传播媒介，即报纸、广播、电视的垄断，使传播以计算机为基站进行信息互动。它以“计算机”（包括所有手机及其他智能技术）为基础硬件，以信息技术为软件基础，将信息数字化，通过 0 与 1 的结合进行编码式信息传递。

综上而言，网络传播就是人类通过计算机网络进行的信息传播活动。网络传播的信息，以数字形式在网络数据流、磁卡、磁盘中进行储存，通过计算机网络高速传递，再通过计算机进行解码译码表现，以此达到社会文化传播的目的。

（二）网络传播的建立

二战时期，美军为研制新型大炮并进行弹道计算，发现人类进行计算效率极低，为此提出了“电脑”的设想，并在一段时间的曲折经历后开始进行研制。而后以计算机为基础，为了实现数据的传递与交互，进行了信息传递的研究，慢慢将独立发展的计算机技术与通信技术相结合，完成了网络的雏形。最开始网络的运用并非民用，而是军用的，是为了满足战场中分秒变化的战局部署而应用网络进行高速的信息传递。

网络传播的建立引发了又一次信息革命，从口头传播到文字传播再到电子传播直到网络传播，一次次的传播革命几乎都建立在一次次科技革命的基础上。网络传播是现今社会需要的一种现代化传播方式，有着多元化多维度的传播方式，同时遍布我们所有可知的信息方式中，渗透在我们的政治、军事、经济、思想、文化中，对社会进行着全方位的影响。它在时代的推动下进一步拓展了传播的广度与深度，以一个虚拟的平台模拟了所有的传播方式，点对点、面对面、点对面、双向、单向等传播形式均可在这个虚拟的平台上进行。

（三）网络传播的必要性

社会的发展与世界的变化在现今信息爆炸的年代进一步加速，信息的有效高速传递是推动世界和社会发展的保障与力量。网络使不同文化之间有了交流的可能，也打破了地域的限制，使得全世界的人们可以在一个没有空间、时间等方面限制的虚拟平台上展开所有的思想碰撞与交流，并且即时即刻地进行信息的传播。网络传播大大满足了文明的发展需求，加强了思想的交互性。

网络传播还可以使信息打破平面模式，进行立体传播。同时，网络传播可以加强政府对民意的了解，通过对网络信息的传播统计与内容热点分析，了解社会情况，可以让高层行政人员了解到基层情况。

二、网络传播的特点

（一）高速、高效、大范围

网络传播将信息编码为 0 与 1 结合的数据流通过“虚拟平台”进行传播，再通过其他端点进行解码译码并使信息重现。现在可以通过光纤等手段将信息瞬间传递全世界，它突破了纸质媒体的印刷、发售等中间环节对信息的滞后影响，超越了广播等电子媒体的无线电信号的覆盖范围，达到了全方位的无限制传播。同时网络媒体是以网状结构的形式进行网络传播的，因此网络传播可以在同时进行一对多、多对一、点对面、面对面的即刻传播，可以让接收方第一时间接收到信息。

然而，网络传播的高速、高效、大范围，也使得信息内容难以控制，一些隐私、加密类非主动传播的信息有了泄露危险。同时，虚拟平台的信息的上传之简单使得网络传播中信息的质量良莠不齐。端点上传模式使得上传者可以匿名形式接触其他受众，因此也使得一些非正规、有害于社会的信息有了传递的可能。在现今信息爆炸的社会中，信息的可控性愈加值得我们研究与重视。

（二）信息流的高速流动与更迭

高覆盖、多节点以及高速的信息流通使得信息流动性极高，信息的高速更新使得个体能够更快地、即刻地了解到世界的变化、社会事件的发生以及进展，有助于决策者即时进行决策改变，也有助于执行者及时了解决策者的决策，尽快进行执行与反馈。同时平台是开放的，使得网络传播存在开放性以及自由性，信息可大量输入、高速传播、高速反馈，从而进行高速的整合更新。

海量和高速的信息运作使得信息的流动性极强，受众对信息的吸收性降低，甚至造成碎片式信息的传播加强。同时网络传播将社会投影在虚拟的平台上进行“实时播报”，也可能使得个体完全迷失在虚拟平台中，对电脑的需求度大幅度上升，对社会的排斥度上升，同时因平台中同样存在着信息的交流沟通，甚至更自由便捷，因而放弃了对现实生活中人际交往的需求，使得人独立于世界，对个体的良性发展造成阻碍。

（三）多元的信息

网络传播摆脱了纸张、语言、画面单方面的限制，将信息进行多方面组合、多元化的展现。网络传播的兼容性极强，使得信息有了更立体的表现形式，加强了接受者对信息的感知程度与理解程度，增强了多感官的接收，甚至使接受者可以自由地选择信息的接收方式与感知程度，立体地通过平台整合信息。

多媒体形式的信息提高了接受者的感知程度，加强了接受者对信息的理解能力，从而也加大了对信息内容整合的难度。接受者需要对信息有更强的辨别能力，输入者需要有更强的对信息进行编辑的能力。

（四）信息的交互性强

网络传播为所有在线者构建了一个虚拟平台，以高速的信息流通以及全面的覆盖性为基础，使输出与接收之间建立了交互性。同时网络传播的属性，使得每一个节点“身兼二职”，输出与接收二者时刻转换，信息以最快速度进行再编辑并发送，使得双向的流通产生。就单向传播而言，双向传播使得信息的交互性更强更深入。

信息交互的加强也一定程度上造成了信息的个人化现象愈加严重，信息的所属无从确定。平台中信息的下载再上传便可使信息个人化，因而在信息的归属问题上还需加强研究与技术支持。

（五）低成本的运营

达成进入网络传播仅需“在线”这一条件，一个端点硬件支持，一个线上的接入，网络传播便达成。其成本的低廉在当今社会几乎可以视为零消耗。一部手机，或一个电脑，就可以达成所有的硬件要求，而维持也并无其他经济要求。因而可见，对其他传播方式而言，网络传播的效果更强，费用极低，“性价比”极高。

低成本在线所带来的问题就是节点的增多，信息上传的数量增大。低门槛使得各类信息涌入平台，信息的实际意义是否存在，相同信息是否重复发布等问题无法控制，使得平台空间资源浪费，信息驳杂。

三、网络传播的社会功能

网络传播几乎遍布我们的生活中，对我们社会、生活的影响更是巨大，其社会功能主要体现在以下三个方面。

（一）政治功能

网络使得执政者可以迅速将命令决策下达，并加快了高层到底层的传递速度，加快了执行速度，同时因虚拟平台的半公开性质，使得其在一定程度上对政府执政者有了监管能力。网络传播的高速、双向性使得高层执政者可以第一时间得到决策的执行效果以及社会反馈，方便对决策进行修改与完善。网络的公开性使得执政者可以更容易地、更真实地了解到社会的实际状况，进行调节控制。

（二）经济功能

网络的高覆盖性与互动性使得经济在网络传播中进行了发展与延伸。近几年的网购风潮、微商风潮的出现进一步证明了网络对经济的双向促进性。同时网络游戏、网络信息、网络商品等方面的发展以及更便捷的网络购物环境等使得网络经济逐渐成为国民经济发展的重要力量。20 世纪末开始，网络经济在世界上崭露头角：1995 年至 1998 年，美国的互联网产业以每年 1.74 倍的速度增长，互联网产业销售收入 1998 年达到 3 014 亿美元，1999 年达到 5 070 亿美元，首次超过了汽车、民航、电信等传统产业。欧盟部分国家中与网络有关的经济部门所占比重也越来越大。①

（三）文化功能

一方面，网络传播所创造的虚拟平台使得文化交流可以跨越空间、跨越时间在平台上进行交流，促进了文化的发展与进步。另一方面，由于平台信息的驳杂，不良信息的传播也会对文化起到不好的影响。同时因网络的高覆盖性和普及率，极有可能形成文化的垄断，甚至达到左右文化和观念的程度。而网络也会造就信息爆炸，例如舆论点、流言旋涡，进而对文化产生影响。可以说网络传播对文化的功能是双向的，可以促进文化的发展，也可以使文化的发展走向歧途，因此，我们对网络的监管需要进一步加强。

参考书目

1. 薛可，余明阳．人际传播学．上海：同济大学出版社，2007.
2. 巴克斯特，布雷思韦特．人际传播：多元视角之下．上海译文出版社，2010.
3. 巴兰，戴维斯．大众传播理论：基础、争鸣和未来．3 版．北京：清华大学出版社，2004.
4. 彭兰．网络传播概论．3 版．北京：中国人民大学出版社，2012.

关键词

【人际传播】

人际传播是指个人与个人之间的信息交流。人际传播的形式可以是两个人面对面地直接传播，也可以是以媒体为中介的间接传播。前者主要以语言表达信息，或用表情、姿势来强化、补充、修正语言的不足，它可以使传播者与接受者直接沟通，及时反馈信息，并产生亲切感，从而增强传播的效果。后者使用的媒体主要有电话、电视、计算机网络、书信、报刊等，它可以使传播者与接受者克服空间上的距离限制，从而提高传播的效率。

【群体传播】

群体传播主要是指群体内部或外部的信息传播活动。群体传播在形成群体意识和群体结构方面起着重要的作用，而这种意识和结构一旦形成，又反过来成为群体活动的框架，对个人的态度和行为产生制约，以保障群体的共同性。因此，群体传播是群体生存和发展的一条基本的生命线。

【大众传播】

大众传播是指媒体组织、特定社会集团利用报纸、杂志、书籍、广播、电影、电视、现代

① 董凛．试论网络传播对经济发展的影响．武汉大学，2005.

机器设备等，大批量复制并迅速地传播信息，从而影响庞杂的受众的过程。大众传播对社会有着潜移默化的影响作用，它改变着人们的工作方式和生活方式，改变着传统观念。

【网络传播】

网络传播是以计算机通信网络为基础，进行信息传递、交流和利用，从而达到其社会文化传播目的的传播形式。网络传播融合了大众传播（单向）和人际传播（双向）的信息传播特征，在总体上形成一种散布型网状传播结构。在这种传播结构中，任何一个网结都能够生产、发布信息，所有网结生产、发布的信息都能够以非线性方式流入网络之中。

思考题

1. 你曾经在生活中扮演过什么类型的受众?
2. 受众的主导地位为何在当下的社会环境中会在一定程度上被削弱？请具体分析原因。
3. 辨析：同一信息是否有可能同时满足所有类型受众的需求？如果能，请举例分析；如果不能，请说明原因。
4. 根据大众传播对人类社会的影响，思考大众传播的未来。
5. 分组设计能够体现人际传播特点的活动。

第五章　文化传播效果研究

内容摘要

传播效果是指传播者发出的信息，通过一定的媒介渠道到达受传者后，使得受传者在思想观念、态度立场以及行为方式方面发生的变化。传播效果是最受瞩目、成果最丰富、最具现实意义，也是争论最大的传播研究领域。同时，它也是传播学理论中最核心的内容之一，因为这些从社会学、心理学、政治学等研究领域开展的研究，最终都指向大众传播的根本问题——效果问题。

学习重点

- 有限效果论
- 培养理论

学习难点

- 两级传播理论
- 议程设置理论

第一节　文化传播效果产生的过程以及制约因素

一、20 世纪初至 30 年代末：子弹论

“子弹论”（bullet theory）又称靶子论、皮下注射论、刺激-反应论等，盛行于 20 世纪初到 20 世纪 30 年代末期，是早期传播效果研究领域占主导的理论。这一理论认为：大众传播具有子弹打靶一样的效果，受众就有如射击场的枪靶，处于一种被动和消极的状态。传播者一旦将子弹打出去，受众必被击中，应声倒下。因而大众传媒会产生迅速而又直接的作用，并支配受众的思想和情感。“子弹论”很明显夸大了传播效果，故又有人将其称为“魔弹论”。

（一）社会背景

一方面，生产力水平和科学技术的进步推动着大众传媒迅速发展。在这一时期，报刊迅速普及，电影、广播等媒介相继问世，不断影响着人们的生活习惯和行为方式，冲击着人们的思想观念。人们依靠大众传媒获取信息，掌握资讯，因此难免会对大众传媒产生效果崇拜与无限遐想。另一方面，两次世界大战期间，传播媒介的利用达到了空前的状态。交战各方利用媒介展开心理战，把经过缜密设计的宣传信息不断推到报纸的头版头条。当时，希特勒就利用无线电广播，向普通受众发起了极端民族主义的宣传，蛊惑人心。一时间仿佛大众传媒成了获得战争胜利的一大利器。正如德弗勒所言："经过美西战争和第一次世界大战，人们更加相信媒介能够左右和形成观点、态度和大众行为。"当时从事政治学研究的拉斯韦尔注意到了这些在战争时期出现的特殊宣传手段，并将其总结归纳在《世界大战中的宣传技巧》中，肯定了世界大战中所表现出来的宣传的特殊作用。

（二）理论基础

20 世纪 20 年代，西方盛行的本能心理学和弗洛伊德学说都对子弹论的产生提供了理论基础。美国学者德弗勒和鲍尔-洛基奇认为决定人"反应"的只有人的遗传生理机制，进而认为受众的反应体应是相同的，只要施以某种特定的刺激，便能引起人们大致相同的反应。① 另一方面，弗洛伊德关于自我、本我、超我的学说，强调人的非理性成分，这也为子弹论的发展提供了理论渊源，从侧面支持了对"子弹论"传播效果的估计。②

（三）客观评价

"子弹论"是传播学萌芽阶段的重要理论，它开始关注到大众传媒带来的巨大影响力，认识到大众传媒对于社会生活的变革性作用，具有前瞻性。但是它很明显夸大了传播的效果，所以到 20 世纪 40 年代，人们也开始逐渐质疑该理论。

首先，"子弹论"的错误性在于，它将传播效果绝对化，把传播过程简单地看作甲对乙的线性式封闭体系，认为受众在传播过程中是被动的接受者。它没有考虑到受众的自主意识、个体的差异性以及传播环境的不同，就认为大众传媒可以使受众产生几乎相同的反应。

其次，工业化社会的到来，虽然在一定程度上减弱了人们的社会交往，但是密集、复杂的人际关系网络，各种团体、阶级的形成，使人际传播依然发挥着巨大的作用，而不单单是由媒体唱"独角戏"。因此，它也忽略了时空、环境因素对传播效果的影响。

另外，很多学者也认为"子弹论"的研究大都建立在观察总结的基础之上，并没有进行严密的科学调查与论证，因此在短短 10 年后它便被"有限效果论"取而代之。

二、20 世纪 40—60 年代：有限效果论

（一）"有限效果论"的概念

有限效果论（the limited-effects model）又称"最低效果法则"，是继"子弹论"之后出现

① 德弗勒，鲍尔-洛基奇．大众传播学诸论．5 版．北京：新华出版社，1990.

② 巴兰，戴维斯．大众传播理论：基础、争鸣与未来．3 版．北京：清华大学出版社，2004.

的第二代传播效果理论。这一理论认为，大众传播媒介的影响是有限的、间接的和有选择的，它往往受到传播媒介的性质、个人的差异、社会类别和社会关系等诸多因素的影响与制约，并不像子弹论中所认为的传播效果是直接的、准确的、威力无比的。有限效果论的代表学者有拉扎斯菲尔德、卡茨、克拉帕等人，他们揭示了大众传播效果过程中的诸多制约因素，丰富和完善了传播效果理论的研究。

(二)"有限效果论"的发现过程

有限效果论建立在调查研究的基础上，它的形成主要得益于两次著名的研究：一是拉扎斯菲尔德的伊里调查；二是霍夫兰在第二次世界大战中对美国士兵开展的一系列心理实验。

1. 拉扎斯菲尔德的伊里调查

20 世纪 30 年代，第二次世界大战爆发，在这样特殊的社会背景下，美国总统罗斯福暂时取消了美国总统最多连任两届的传统做法，第三次向竞选总统发起挑战。但是在他竞选期间似乎一直与报界不和，有越来越多的报纸站在他的对立面，刊登反对他的文章。按照当时盛行的子弹论的观点，他一定会倒在报纸的枪口下，竞选失败。那么，在媒体的反对下他会成功吗？带着这一问题，由拉扎斯菲尔德领导的哥伦比亚大学应用社会学研究所，于 1940 年和 1944 年两次对美国大选作了研究调查。有意思的是，1940 年的第一次调查之前，他受到子弹论的影响，原意是想证明大众传播对投票决策具有很大的影响，即罗斯福会在舆论重压下竞选失败。但是结果出人意料，罗斯福竞选胜利并出任新一届总统，甚至在 1944 年第四次当选总统。研究调查显示，在选举过程中只有少数人因媒体的宣传而改变了自己的投票意向。

根据两次调查结果，拉扎斯菲尔德撰写了《人民的选择》一书，书中否定了大众传播威力无比的观点，提出新的假说：大众传媒传播效果很小，它只是众多影响因素中的其中一个。他在研究中发现，大多数人早在竞选宣传之前就已经在心中作出了投票的决定，只有约 8%的人改变了立场，但是这些人想法的转变不是因为大众传媒的宣传，而是个人劝服。传播在这一过程中的主要效果是同化、巩固和催化，但无法轻易地改变受众原有的态度和立场。对选民的投票选择具有影响作用的有其社会经济地位、宗教信仰、居住地区、价值观念以及他人的影响等。这一结论后来发展成为"两级传播"理论，以及在人际交流中对他人态度产生巨大影响的"舆论领袖"观点。

2. 霍夫兰的态度改变实验

卡尔·霍夫兰是一位著名的心理学家，也是传播领域杰出的研究者。在第二次世界大战期间，他受聘为美国陆军新闻与教育署心理研究室主任，研究战争宣传与士兵的士气问题。战后，他一直致力于说服与态度改变以及心理对行为影响的研究。在对美国战时宣传进行的一系列心理控制实验中，通过分析他发现说服很难直接改变受众的观点，并且这不是一个简单的过程，需要涉及信息源条件、说服者条件、信息本身的条件、说服过程等诸多传播条件。

在 20 世纪 50 年代到 60 年代初，霍夫兰的研究被写入《美国军人》和《耶鲁大学关于态度与传播的研究成果》两书中，引起了学术界很大的反响。他的贡献在于通过心理实验的方式进行大众传播的研究，并将说服理论、实验方法引入传播学，使大众传播理论的研究具有十分现实性的意义。

(三) 克拉帕的《大众传播效果》

克拉帕在1960年所著的《大众传播效果》一书中对有限效果论进行了总结。虽然他本人并没有使用“有限效果”这一概念，而是使用强化来概括大众传播效果。但是他的观点，强调了大众传播效果的有限性，所以被后世学者总结为“有限效果论”。在书中，他对大众传播效果持悲观的态度，认为“大众传播媒介并不是产生传播效果的充分必要条件，只是一个联络关系的中介因素”，并分析了大众传播效果微弱的原因：

（1）大众传播媒介是通过一些中介因素而起作用的。

（2）这些中介因素对信息的接收与消化有着阻碍、回避、歪曲、过滤和抑制的功能。

（3）大众传播最容易发挥作用的不是“改变”受众态度，而是“强化”受众既有的态度。

（4）大众传播能够对现状起改变作用，只有两种情况：一是中介因素不起作用而媒介的效果是唯一的；二是媒介作用起到了强化大众传播的效果而不是相反的作用。

(四) 对有限效果论的总结及评价

总的来说，大众传媒并非如“子弹论”所指出的那样直接现实、威力无比，因为在媒介和个人行为之间，并不存在那种即时的、普遍的因果关系，而是需要通过一些中介环节才能起作用。不过有限效果论只研究了传播活动具体的短期影响，而忽略了传播媒介所产生的长期的、持久的、宏观的、潜在的效果。同时，有限效果论过度强调了大众传播的“无力性”和效果的“有限性”，走向了与“子弹论”相反的极端，因此使得很多人对大众传播效果持有悲观的观点，并认为传播研究已经到了一个瓶颈期。但是即便在“有限效果论”盛行的美国，大多数传播学者依然没有放弃对传播学的持续研究。

三、二十世纪60—70年代以及70年代后：宏观效果论

(一)“宏观效果论”的两个阶段

第一阶段是从20世纪60年代后期到70年代中期，这一阶段以“适度效果论”为代表。相比于“子弹论”过度夸大大众传播效果与“有限效果论”过度贬低大众传播效果，“适度效果论”更加全面。它认为不能仅仅局限于受众态度和意见的改变来衡量大众传播的效果，有时候大众传播的影响要通过长期效果而不是短期效果才能检验出来。在这一效果论中，“知识沟”理论、议程设置理论、涵化理论、使用和满足理论等都是传播学中的重要理论成果。

第二阶段为20世纪70年代以后，这一阶段以“强大效果论”为代表。它强调了大众传播的巨大效果，并且与“子弹论”不同的是，强调的效果并不是短期的、直接的而是长期的、间接的、潜移默化的，不是微观的、个体的而是宏观的、社会的。① 传播并不能普遍地或者简单地产生，只有在正确的环境中使用正确的传播技巧，它才可能产生。

(二) 研究背景

适度效果论最先是在《传播理论：起源、方法与应用》一书中提出的，反映了20世纪70年代有关大众传播社会效果研究的特点，到70年代末很多学者提出了一批新的理论模式与假

---

① 李黎明．传播学概论．武汉大学出版社，2011.

说，但基本上都基于以下几点：

(1) 有限效果论过度贬低了大众传播的能力，在某些情况下，大众传播会有相当明显的效果。

(2) 以往的研究只关注大众传播对于受众态度和意见的影响，忽视了对认知的影响。如果探求其他变量，会发现大众传播有更大的效果和影响。

(3) 以往的研究关注"大众传播对于受众产生了什么影响"，却忽视了"受众要大众传播做什么"。

(4) 以往的研究只关注大众传播的短期效力，却几乎不研究它的长期效果。[①]

20 世纪 70 年代以后兴起的强大效果论，是在适度效果论基础上发展起来的，它重新强调大众传播有巨大的效果。因为很多研究表明，只要大众传播媒介能够根据传播理论原则谨慎而巧妙地编排节目、策划宣传，就可能使传播发挥强大的影响作用。为此，德国传播学者伊丽莎白·诺埃勒-诺依曼在其著作中提出了著名的"沉默的螺旋"理论。并且，在此阶段内，学者们还对传媒如何发挥强大效果的原则和方法进行了系统的归纳和整理：第一，在一段时期内，反复传播的信息会比只传播一次的信息更有效果；第二，传播的目标应该十分明确，而不同的媒介所制作的信息必须联系这些目标；第三，必须认定并瞄准某些特定的受众作为传播对象；第四，在大众传播中，积累性、普遍性与和谐性的有机结合比各自为政的传播效果要强有力得多。[②] 以上四点原则对于今天的舆论导向工作具有很强的实际操作意义，因此也被媒体实际应用在各个领域。

(三) 评价与总结

(1) "适度效果论"的进步意义在于，它指出了"有限效果论"对大众传播效果的贬低，并且认识到以往研究太过注重大众传播对于公众态度和意见的影响，忽视了受众对于大众传播的作用。它摆脱了受众者中心论的局限，开始从受众视角进行研究，并着力研究长期效果。

(2) "强大效果论"的理论贡献在于，它对传播效果持更加客观、深刻而清醒的认识：传播效果是复杂的、间接的、长期的、潜移默化的。这有助于我们了解大众传播可以长期、间接地作用于受众，从而实现改变受众态度的强大效果，这与"子弹论"直接产生强大效果有着本质的区别。另外，它认识到传播效果是宏观的、社会的，纠正了从个体角度出发的有限效果论的消极观念，提出了效果研究的宏观视角。

案例链接　《爸爸去哪儿》的成功之道

在歌唱类选秀节目大行其道之际，短短 9 期的《爸爸去哪儿》却脱颖而出，意外地成为内地综艺节目的热门话题。从 2013 年第一季到 2017 的第五季，无论是节目中还是节目外，萌宝与爸爸们的表现都引发了公众热烈的讨论。

---

① 赛佛林，坦卡德．传播理论：起源、方法与应用．4 版．北京：华夏出版社，2000．

② 侯健．传播学基础．北京师范大学出版社，2010．

近几年，《中国好声音》等选秀节目层出不穷，选秀节目的市场也已经基本达到饱和，随之观众也逐渐厌倦了这种千篇一律的节目形式。而《爸爸去哪儿》的出现，则以其“户外+亲子互动+真人秀”这一新颖的节目形式，抓住观众眼球，抢占市场先机。而且，它摒弃了部分电视节目中虚假的煽情、残酷的竞争，不制造噱头，没有比赛结果，没有投票，以一种更加真实的状态呈现在观众面前。这种真实的户外环境、小孩子们的真情流露，使得节目更加符合大众审美。再加上网民的积极讨论，使得很多从来没有看过这档节目的人，纷纷加入综艺大军。一时间大街小巷里的各类人群都在聊着同一个话题——“萌娃”。在这一过程中，我们可以看到，节目组每期都会将节目的看点做成话题点，在微博上做话题营销，引起观看者的广泛关注和期待。同时，利用电视、电影、广播等大众传媒做广泛宣传并播放每期宣传预告片，以提示观看者播出信息以及播出时间。

从中不难看出，大众传媒在我们生活中有着广泛应用，对人们的生活也会带来深刻的影响。

第二节　几种主要的文化传播效果理论

一、沉默的螺旋

（一）发现过程

沉默的螺旋（spiral of silence）是宏观效果论的代表性理论，由伊丽莎白·诺埃勒-诺依曼在《重归大众传媒的强力观》一文中提出。它的基本思想是，人们为了防止因为意见与主流意见不同而被孤立，在表达重要意见时总会首先观察周围的意见环境，当发现自己的意见属于“多数”或者是“优势”意见时，便倾向于大胆发表自己的观点，但当发现自己属于少数派时，就会迫于压力而选择沉默或者附和大多数人的意见（见图5-1）。

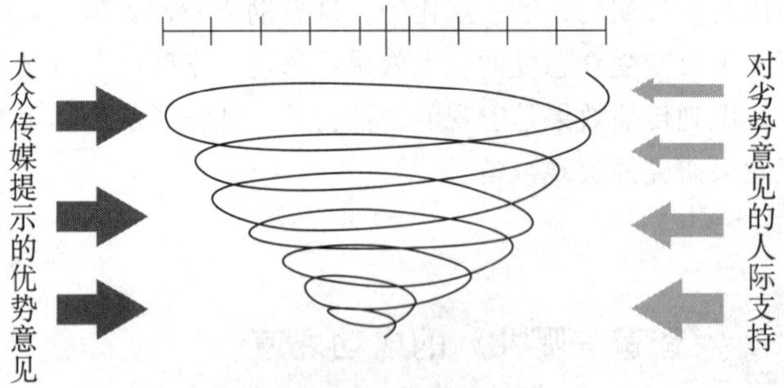

图5-1　沉默的螺旋

1965年阿兰斯拔研究所对原联邦德国大选进行了研究，在整个研究过程中，两个政党的支持率总是处于并驾齐驱的状况，因此第一次估计的结果是两党均有获胜的机会。然而六个月后，大众对赢家的预期越来越倾向于基督教民主党。有趣的是，就在最后两周，基督教民主党突然多赢得了4%的选票，社会民主党失去了5%的选票。最终基督教民主党如大众期待的那样以 9%的绝对优势赢得了大选。显然，在调查过程中表现出来的投票意向，掩盖了其背后真正的民意真相，即很多选民不愿意公开或者直接表达其意向。对这一困惑，可以这样解读：很多人从媒体上看到某党大得人心，虽然某党实际上并没有那么受欢迎，但是受众出于害怕被社会孤立的心理，就会附和主流媒体。这种解读后来就逐渐发展为“沉默的螺旋”理论。

（二）主要观点及理论内涵

第一，个人意见的“表达”是一个社会心理过程。人作为一种社会动物，总是力图从周围环境中寻求支持，避免陷入孤立状态，这是人的“社会天性”。

第二，意见的“表达”和“沉默”的扩散是一个螺旋式的社会传播过程。也就是说，一方的“沉默”造成另一方的增势，使“优势”意见显得更加强大。因此，持主流意见的人越来越多，而持非主流意见的人则越来越少，最终意见表达变成一个螺旋式的社会传播过程。

第三，大众传播通过营造“意见环境”来影响和制约舆论。根据诺埃勒-诺依曼的观点，舆论的形成不是社会公众“理性讨论”的结果，而是“意见环境”的压力作用于人们惧怕孤立的心理，强制人们对“优势意见”采取趋同行动这一非理性过程的产物。

（三）“沉默的螺旋”下的公共舆论

“沉默的螺旋”理论主要有以下四条假设：

（1）社会使背离社会的人产生孤立感。

（2）个人总有被孤立的恐惧感。

（3）对孤立的恐惧使个人不断地估计社会接受的观点是什么。

（4）这种估计的结果会影响公众场合的行为，特别是在决定是公开表达还是隐藏自己观点的时候。①

诺埃勒-诺依曼认为有限效果论的错误之处在于认为受众具有选择性，因此他们会基于已有的态度和信仰来选择、理解媒介的信息，从而使媒介的传播效果受到了限制。但是在现代社会中，媒介具有三大特征：一是积累性，即同类信息的不断重复，当积累达到一定程度后，就会带来价值回报；二是普遍性，即大众传播的广泛存在、广泛影响；三是协调性，即对同一个议题的反应一致性，而且这种一致性通常是由不同的报纸、杂志、电视和其他传播媒介共享的。这三个特质结合在一起，极大地限制了受众选择信息的深度和广度。

由此可见，大众媒介在“沉默的螺旋”过程中扮演着重要的角色，是人们寻找并且确定“意见气候”或者“舆论环境”的重要来源。大众媒介影响“沉默的螺旋”的方式有：

（1）对哪种是主导意见形成印象。

（2）对哪种意见正在增强形成印象。

（3）对哪种意见可以公开发表而不会遭受孤立形成印象。

于是，在一个具有争议性的议题上，大众传播媒介对事件的报道，使得各种代表意见的观点相继出现，而在这种大众媒介的表达越积越多时，人们就可以对公共舆论的散布形成印象。同时，人们也在试图判断，什么样的意见为主流意见。如果发现自己的言论与主流偏离，那么他们便会对该议题保持沉默。由于这些人的沉默，他们原有的意见就会变得不具有代表性，这样原本强势的意见就会变得更加强势。在这样的循环中压倒性的多数意见越来越占据上风，也

---

① 麦奎尔，温德尔．大众传播模式论．2版．上海译文出版社，2008.

就导致了舆论的形成。

（四）对“沉默的螺旋”的评价

事实上该理论的主要假设都与较早出现的心理学或者社会学理论有关。比如，社会心理学家认为，从众心理导致沉默，引发人类社会行为的最强烈的动力之一就是不被孤立，个人因为害怕孤立而改变自己的行动。再如，群体动力因素导致沉默，人往往归属于不同的社交群体，而群体的意见往往能够影响群体内大多数成员，并将这种意识强化成共识。因此，“沉默的螺旋”理论能够运用多个学科视角并结合社会实践，是十分难能可贵的。

但是，随着新媒体的发展，受众获得信息有了更加丰富的选择，加上社会发展程度的提高，受众的文化素质也逐渐增加，面对海量信息会有自己的分析和思考。而且，“沉默的螺旋”中的一个很重要的概念——“意见气候”未必反映的就是社会上事实存在的全部意见，很可能只是大众媒体上表面的多数意见。但是，由于无法全方位地了解到完全真实的主流意见，在受众眼中，媒介上的主流意见也相当于真实的主流意见，这才是它真正的影响力。

同时，也有很多学者对该理论提出质疑。学者索沙在1991年对于人们是否真的害怕“意见气候”持怀疑态度，并且进行了一项研究。他考察了对于政治的直言不讳是否不仅受“意见气候”的影响，还受到其他变量的影响。经过回归分析，结果显示当人们面对公共舆论时，并不像“沉默的螺旋”理论所说的那样被动，而是存在一些其他条件，像年龄、受教育程度、收入、个人实力大小、对新闻信息的关注程度等。因而，问题涉及伦理道德、行为规范时，“意见气候”可以产生巨大的压力；但是当涉及技术性和程序性的问题时，“意见气候”未必会造成很大的影响。而且，当问题与自身有直接利害关系时，人们更加倾向于去寻求意见的支持；当问题对自己来说无关紧要时，发生从众行为的概率也明显降低。

二、“知识沟”理论

现代社会的每个成员都有许多接近大众媒介的权利和机会，但是个体条件的不同还是会造成隔阂和差异。由于社会经济地位高者通常比社会经济地位低者更快地获得信息，大众传媒传送的信息越多，这两者之间的“知识沟”也就越有扩大的趋势。

（一）发现过程

对此，美国传播学者蒂奇纳领导的“明尼苏达小组”在一系列实证研究的基础上，于1970年提出了“知识沟”理论。有趣的是，这一理论的提出是基于一档电视节目的播出。

20世纪60年代的美国矛盾空前激化，贫富差距在当时也是一个社会的突出问题，尤其是贫富儿童在学习能力和学习成绩上的明显差距引起了社会的广泛关注。这些问题的产生并不是智力造成的，而是后天的环境。许多家庭经济条件好的儿童常常在进入小学之前就接受了良好的学前教育，而那些家庭贫困的儿童在学前期没有钱请家庭教师，没有钱购买启蒙读物。于是进入小学后，二者在学习能力和成绩上自然会产生明显的差距。有关研究证明，这种差距随着年级的上升而不断扩大，从而导致升学率、学历甚至将来的职业和社会地位上的两极分化。

面对上述情况，一股要求实现教育机会平等的社会呼声不断高涨。在这种强大的社会压力下，美国政府出台了一项“补充教育计划”，试图通过大众传播和其他手段来改善贫困儿童接受学前教育的条件。通过制作儿童启蒙教育的电视系列片来缓解贫富儿童接受教育机会不平等的问题就成为"补充教育计划"的一个重要项目。在这种背景下，《芝麻街》电视系列片应运而生。

然而，该系列片播放后的实际效果却不尽如人意。虽然它播出后对贫富儿童都产生了良好的效果，但是显然富裕儿童的进步更大。显然，这一举措并没有达到最初的目的，并且总的实际效果是扩大了贫富儿童之间在学习能力和成绩方面的差距，因为对节目接触和利用最多的还是那些富裕儿童。富裕儿童有更多的时间、更好的环境接触大众媒介的节目，所以比起贫困儿童，他们对节目的接触率和利用率也会更高。这部以缓解受教育条件不平等为目的的电视系列片播出后的实际效果表明，在现代社会，大众传媒将同样的知识或信息传送到每一个家庭和每一个角落，它所带来的社会结果并不是我们想象的那么简单。

（二）理论阐释

从图 5－2 中可以看出，随着信息的不断发布，社会经济状况好的人和社会经济状况差的人均能增长知识，但是社会经济状况好的人获取的知识更多。这就意味着穷人和富人之间的相对知识差距会扩大。在人们都感兴趣的领域，如公共事务领域，"知识沟"不大容易出现；而在某些基于兴趣的特定领域，如体育、园艺，知识沟出现的可能性就比较大。除了这一点外，造成"知识沟"的原因还有以下几点。

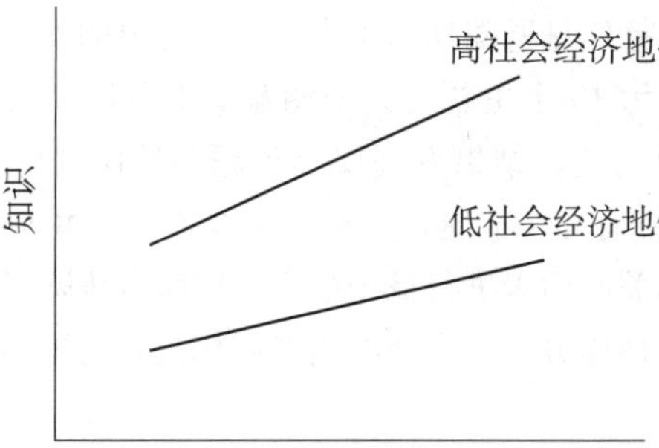

图 5－2 信息发布与社会经济地位的交互作用

（1）传播技能：由于文化程度的差异，基本的信息处理能力（如阅读、理解、记忆等）就会有差异，社会经济状况好的人在这一能力上明显更强。

（2）知识储备：由于现存信息量和已有背景知识多少的差异，社会经济状况好的人因教育程度高对某问题早有了解或者理解更深入。

（3）社会交往：家庭背景和经济状况好的人，就会有更多相关和相应的社会联系，人际关系的交往范围也会更广，获得知识的速度也会更快。

（4）媒介使用：受教育程度高的人倾向于主动接收信息，态度和受教育程度联动，从而吸收更多的知识。

在上述几个原因中的一个或者多个起作用的时候，社会经济地位高的人都处于有利地位，这是造成知识沟不断扩大的根本原因。因此，当媒介信息量继续增加时，传播技能、知识储备、社会交往、都将会在一定程度上继续发挥作用，使得知识沟继续增大。

（三）评价

蒂奇纳提出的"知识沟"理论的积极意义在于，它揭示出造成"知识沟"的根源在于人们的社会经济地位不同。日本学者儿岛和人认为，在社会信息化过程中，"知识沟""信息沟"的存在是一个不争的事实，它不仅表现在贫富阶层之间，而且会广泛地表现在性别、年龄、职业、行业、群体、地区、民族、国家以及文化之间。这些或许是蒂奇纳和卡茨曼在分析造成“知识沟”“信息沟”的原因时所忽略的一个方面。

三、议程设置理论

有关议程设置的直接表述最早见于1958年诺顿朗的一篇文章，他认为：“在某种意义上，报纸是设置地方性议题的原动力。”1963年，伯纳德·科恩在《报纸与外交策略》一书中发表了以下经典论断：“媒介在使人们怎么想这点上很难奏效，但在使人们想什么这点上却十分有效。”这其实部分地反映了当时学者们对于传媒影响力的一些猜想，即传播对受众施加影响的最有效方式之一是设置议程，但是这个猜想一直缺乏实际研究的验证。

(一) 发现过程

1968年，麦库姆斯和肖开始着手解决这一问题，他们以美国总统大选为主题进行了早期的量化研究。研究分为两部分：一部分对新闻媒介进行内容分析，研究对象包括五家报纸、两家新闻杂志和两家电视台的晚间新闻，分析的方式是将报道的所有社会问题，包括选举在内，分为三大类，看哪一类比例最高。另一部分是进行问卷调查，研究人员随机询问了当地未决定投票意向的选民，要求他们根据所见所闻列出国内目前最主要的几个问题，即他们认为最重要的主题。受访者的反馈被划分为15个主题，其中涵盖了主要社会问题和其他选举新闻。最后把内容分析与问卷调查的结果对比，结果发现媒介议题与选民议题非常一致，其相关系数在0.96以上。但是1968年的研究有几个遗憾，主要是样本是从未决定投票意向的选民中抽取的，这就遗漏了那些对于政治漠不关心而未进行登记的人，同时也排除了占很大比例的已经决定投票意向的选民。这种选择性的抽样方式人为地忽略了媒体议程对他们的影响，从而不具有普遍适用性。

因为存在上述问题，麦库姆斯和肖在1972年美国大选期间，又在卡洛特进行了一次小样本的追踪访问。他们分别在当年的6月和10月访问了选民，调查选民认为最重要的议题，并在同一时间，对当地报纸和电视的晚间新闻进行两次内容分析，计算出6月和10月的媒介议程，然后进行前后相关交叉分析。研究结果是，媒介议程影响公众议程。

基于以上两次调查结果，麦库姆斯和肖于1972年在《民意季刊》上发表了《大众传媒的议程设置功能》一文，详细论述了此前有关议程设置的猜想。

议程设置理论的核心内容是：大众传媒往往不能决定人们对某一事物或意见的具体看法，但可以通过提供信息和安排相关的议题来有效地左右人们关注哪些事实和意见及他们谈论的先后顺序。大众传媒可能无法影响人们怎么想，却可以影响人们去想什么。也就是说，新闻媒介可以通过选择报道对象，来制造社会的中心议题并最终左右社会舆论的形成。

(二) 理论内涵

议程设置理论的主要含义是：大众媒介加大对某一议题的报道量和突出报道某些问题，能影响受众对这些议题重要性的认知。

该理论一问世就受到学术界的普遍认同，在随后的几十年中，作为大众传播学经验主义研究的一个重要命题，这一理论得到了很大的发展，成为传播效果研究中最具生命力的亮点之一。议程设置理论获得的广泛肯定和不断发展，使得麦库姆斯成为继施拉姆、拉斯韦尔等美国第一代传播学者之后的新一代传播学代表人物。

在现实当中，媒介也越来越重视议程设置的重要作用，经常会通过集中报道某些议程或者淡化某些议程的方式来实现自己的传播价值观念。举例来说，2008 年北京奥运会期间，中国媒体全面报道奥运盛况，在媒体上积极组织各种有关的奥运议题，这样就极大促进了受众对于奥运会的关注度和了解度，有效影响了中国社会舆论在北京奥运会期间的主要议程，也在一定时期内有效抑制了国际上针对北京奥运会的抵制声音。

（三）理论应用

时至今日，议程设置已经是国际传媒界通用的一种报道手段，但是我们应该注意的是，有时一些媒体会利用议程设置的强大影响力来吸引受众的视线甚至歪曲事实，这就违背了议程设置积极引导社会舆论的初衷，使之变成了媒体“翻手为云，覆手为雨”的帮凶。

对于媒体在议程设置上责任感丧失的问题，很多传播学者都予以关注并加以进一步研究。麦库姆斯也一直关注议程设置理论在大众传媒当中的使用和发展情况，并于 1996 年发表了一篇题为《制造舆论新闻媒介的议题设置作用》的论文。该文公布了他对议程设置理论的最新研究成果，他认为新闻媒介对社会发展的影响可以从四个角度加以区分，设定议题通过四种形式：专业的不偏不倚，有目标运作，宣传，公众新闻。这个研究理论从一个侧面重新强调了大众传播的专业性和公众性原则。

无论怎样，议程设置理论的提出大大纠正了有限效果论对于“传播无效果”的错误观念，帮助大家重新认识到大众传媒对于营造社会舆论的重要作用。如今看来，它的重大贡献主要在于发现了大众传媒的基本作用，凸显事物引起公众关注，同时还理智地认识到受众对于该事物如看待评价需要有受众独立做出判断。

四、意见领袖和两级传播理论

（一）背景介绍

保罗·拉扎斯菲尔德是著名的奥裔美籍社会学家，传播学四大奠基人之一。1933 年，拉扎斯菲尔德逃亡到美国后，幸运地得到洛克菲勒基金会的资助，得以开展大量的社会学研究，研究领域涵盖政治竞选、政治宣传、社会现象。1937 年，拉扎斯菲尔德再次接受资助，成立普林斯顿大学广播研究室，开始对当时的新生传播媒介——广播进行研究。他研究了广播节目的内容，分析了收听率和其他种类的第二手资料，并且比较了广播听众和印刷媒体读者，促使广播研究朝着精确的、量化的经验研究方向发展。

（二）研究过程

1940 年，拉扎斯菲尔德开始在哥伦比亚大学教书，并带头建立了传播研究历史上著名的应用社会学研究所。这个研究所不仅为他提供了研究基地和革新方法论的工具，还为培养新一代年轻的定量研究者提供了正规教育的场所。

同年，在时代生活公司的赞助下，拉扎斯菲尔德用其独特的方法（也称为“拉扎斯菲尔德指数”的数学模型）对当年的美国总统选举进行了详细调查，旨在探讨媒介对选民投票意向的影响。上文也提及，调查之初，包括拉扎斯菲尔德本人在内的几乎所有研究人员，都全部或者部分相信当时广泛流行的子弹论观点。所以，这个调查当初的希望是能够证实大众媒体具有直接与强有力的效果。因此在构思调查时，拉扎斯菲尔德就假定：在总统选举中的投票决定会在竞选过程中做出，并会受到大众媒体中出现的有关选举问题和候选人的新闻和专题报道的影响。结果出乎调查者意料，许多当地的选民都在选举竞选开始之前就拿定了主意。

4年后，拉扎斯菲尔德及哥伦比亚大学的同事发表了《人民的选择》和《选举》这两份研究报告。研究报告表明：大多数选民早在竞选宣传之前就已做出了怎样投票的决定，只有约8%的人改变了投票意向，而且其直接原因也并不是大众传媒的宣传，事实上媒体只能通过宣传去说服一些关键个人，再通过这些关键个人的个人传播渠道影响到普通受众。调查中所发现的在传播过程中起重要作用的关键个人就被称为意见领袖（舆论领袖），而大众传媒—意见领袖—普通受众的传播过程就称为“两级传播”的过程。1955年，卡茨和拉扎斯菲尔德在《个人影响》一书中进一步论述了两级传播理论。

（三）理论阐释

两级传播理论发现人际传播的影响似乎并不比大众媒介更有效，因为概念往往先从无线电广播和报刊流向舆论界的领导人，然后再从这些流向人口中不那么活跃的部分。两级传播的信息往往比直接的大众传播信息更具有说服力，因为经过意见领袖的加工，信息的针对性更强，更容易被受众接受和相信。总的来说，我们可以这样理解：两级传播的概念，是指从媒介到意见领袖到受众，再从受众到媒介的过程。

值得注意的是，意见领袖并不一定是专业人士或者地位高的人，他们只是一些愿意主动向人们提供某些方面客观事实，并加以主观评价的人。他们是一群具有这个特征的个体：本身人数不多，但是喜欢较多地使用媒介、传播信息，人际关系广泛，所以能够做到上通媒介、下连公众。

拉扎斯菲尔德等人的研究揭示了大众传播的一个侧面，即传媒很难给受众直接灌输观点。其有限的说服力，往往要通过两级传播才能实现。这就一举破除了子弹论关于大众媒介威力无比的论断。他们还发现了信息传播的中间站——意见领袖这一群特殊人物，初步揭示了社会传播的复杂性。

（四）客观评价

当然，两级传播理论并不完美，也有其自身局限性，主要表现在以下三个方面。

（1）虽然传媒不能直接影响普通受众，但是两级传播的信息主要还是来自大众传媒的新闻报道，所以用意见领袖的概念很难完全否认传媒的影响力。

（2）意见领袖与其追随者的关系，与其说是给予意见，不如说是分享意见。意见领袖和普通受众的界限其实比较模糊。

（3）最初的两级传播理论将传播划分为两级，但实际传播可能多一些或者少一些。

两级传播理论的诞生对社会学、新闻学和传播学影响巨大，后来被美国社会学家罗杰斯进一步扩展为“多级”或“*N*级传播”理论，“*N*级传播”源于1962年罗杰斯对农村中新事物的采纳和普及过程的研究，这项研究涉及了新技术的普及和应用，后来研究成果汇集成另外一个重要理论——创新扩散理论。

五、涵化理论

（一）产生和发展

“涵化理论”又称培养理论、教养理论等，由美国传播学者乔治・格伯纳在 20 世纪 60 年代提出。格伯纳及其同事在美国全国暴力成因及预防委员会的资助下在宾夕法尼亚大学进行了有关电视内容的研究。当时，电视媒介所发挥的社会影响力尤其是副作用越来越大，美国暴力和犯罪问题十分严重，美国政府为此成立了“暴力起因与防范委员会”，格伯纳主持的“涵化分析”就是在该委员会的支持和赞助下进行的。

涵化理论的提出是为了解释看电视对人们的理念、态度和价值观的影响。其最初的着眼点有两个：一是电视画面上的凶杀和暴力内容与社会犯罪之间的关系，二是这些内容对人们认识社会现实的影响。格伯纳及其同事认为，电视已经成为美国社会的核心文化支柱，成为家庭的关键“成员”，成为大多数时间“说话最多的那个人”。这个理论的核心观点是，电视内容可以培养受众的世界观，长时间收看电视的人对社会现实的看法会越来越趋同于电视所呈现出来的景象，而非真实的情况。例如，电视上大量对暴力的报道和描述，会导致受众认为，这个世界是危险的。

（二）涵化及其效果

正如传播学之父施拉姆所说：“所有的电视都是电视教育，唯一的差别在于教什么。”这句话揭示了大众传播的一项重要功能，即社会教化。涵化理论认为，媒介最主要的涵化效果并非改变受众，而是维持某种社会结构，使受众对世界的认识符合既有的价值规范和政治经济论秩序。涵化的效果不在于使受众产生变化，而是使受众不再变化。

具体来讲，电视通过涵化作用可以对受众造成如下三个层次的影响：看电视较多者会比看电视较少者觉得世界更丑陋、令人更不舒服；电视所描绘的世界与真实世界迥然不同；看电视较多者对世界的认识更加趋向于电视所描绘的情景。当然，这种影响并不是一蹴而就的，而是经过一个长期的、潜移默化的培养过程，即在不知不觉中制约人们的现实观念。在这个意义上，格伯纳等人将他们的研究称为“涵化分析”。“涵化分析”研究使人们第一次意识到传媒发布的信息对于受众认知的重大影响。

由此我们可以总结，涵化理论强调大众媒介传播内容在一定范畴内潜移默化的影响，也说明媒介构造的现实对真实现实具有强大的代替性。简单来说，电视的涵化效果，其中心内容是：电视观众有关社会现实的观念更接近于电视节目所表述的符号现实，而非客观现实；这种倾向在收看电视时间多的人中间要比收看电视时间较少的人中间更为明显。

当然，涵化理论并不是只针对暴力电视节目而言的。格伯纳等人的研究其实开辟了“文化取向”人类研究，也就是承认大众传播对社会文化以及处于文化中的受众的影响力。有人在总结格伯纳等人的电视研究结果时，认为其最重要的发现有两个。

（1）电视是人类进程中一个极为重要的角色，具有涵化功能。这主要是指电视是一种具有前所未有的强大宣传效果的媒体，因为电视的真实性和现场感极强，而且具有视听兼备的特点，这会让观众产生强烈的参与感。这些特点使得受众对媒体的依赖感越来越强。

（2）电视是潜移默化的意识形态工具。虽然人们选择电视的通常目的是娱乐，但恰恰是娱乐内容最有可能发挥涵化效果。格伯纳认为，电视是现代社会的文化指标，文化透过大众传播与社会进行沟通并施加影响，最终维系或者修正一致的价值观。

当然大众媒介并不是随时随地对任何受众都能够起到相同的涵化作用，其发挥程度还依赖受众的注意程度，而且受众本身的视野、经验也会影响涵化作用的程度。

（三）评价

传统的效果研究关心短期的效果，而涵化理论所关注的是潜移默化的长期效果。传统的子弹论范式假定媒介可以随意改变受众的态度，而涵化理论则认为媒介最主要的效果并非改变受众，而是维持某种社会结构，使受众对世界的认知符合既有的价值规范和政治经济论秩序。

涵化理论的一些结论某种程度上印证了英国文化研究派、法兰克福学派等有关媒介影响受众意识形态的观点，是对符号理论、意义理论和模式化理论的合理继承与发展。

六、使用和满足理论

使用和满足理论曾经在大众传播效果研究史上产生过重要影响。在此之前效果研究主要是从传播者或传媒的角度出发，考察其是否达到了预期目的或者对受众产生了什么影响；而使用和满足理论则是从受众角度出发，通过分析受众的媒介接触动机以及这些接触满足了他们的什么需求，来考察大众传播给人们带来的心理和行为上的效用。

（一）理论内涵

使用和满足理论是旨在分析受众如何对待和利用媒体信息，以受众个人接触媒体信息的动机和目的是否得到满足，来判定传播效果的大小和好坏。使用与满足模式的研究焦点是预设传播对象或多或少有意识地要主动获取媒介信息，而不是被动地接受。因此，这一模式是从受众使用大众传播媒介的各种目的，以及大众传媒如何满足他们需求的角度对媒介的传播效果进行衡量的。

使用和满足理论的代表性研究主要有三项：赫拉格对通俗广播节目的研究；贝雷尔森对印刷媒介使用形态的研究；麦奎尔和布卢姆勒对英国电视节目的研究。以下对其中的第三项研究进行介绍。

（二）麦奎尔和布卢姆勒对英国电视节目的研究

1969 年，麦奎尔等人采用严格的调查分析程序对包括新闻、知识竞赛、家庭连续剧、青少年冒险电视剧在内的几种电视节目进行了调查，归纳出受众从中获得满足的四种基本类型：（1）转移注意力，即避免例行公事和问题，宣泄情绪；（2）获取人际关系，即得到闲谈的话题，同时还可以代替同伴，形成拟态人际关系；（3）自我确认，即强化或确认价值观，了解自我，探求真实；（4）环境监视，即获得关于环境变化的信息，从而为自己的行动提供决策参考。

使用与满足理论正式被阐明是在 1974 年。布卢姆勒和卡茨在当年出版的《大众传播的使用》一书中，总结了五种需要使用媒介的可能社会情况。

（1）社会局势造成各种紧张关系和冲突，导致要通过使用大众媒体来缓和。

（2）社会局势造成对问题的发觉，要求注意并从大众媒体中寻求可能得到的有关报道。

（3）社会局势提供了少有的、可以满足某些需求的真实机会，导致从大众媒体中获取辅助性的、补充性的或者代替性的服务。

(4) 社会局势使某些价值提高，而利用媒介中合适的材料有助于确认和增强这些价值。

(5) 社会局势提供了一种要求熟悉某些传播媒介材料的有希望的领域，而这些材料必须记录下来以便继续维持原有的社会地位。

(三) 理论应用——广告

广告对象是广告信息传播的目的地，广告主发布广告是为了广告对象能够接受广告信息。但事实上，只有当广告对象有需要的时候才会去看广告，这时广告才可以达到对消费者近乎100%的劝导效果，大多数的广告对象不会主动地接受广告信息，不会主动地去了解产品和企业。网络对网民的吸引力在于它的主动性。网民在网络上可以自由地发表言论，自主选择所要了解的信息，而在传统媒体上只能是媒体播放什么，人们就接受什么。在网络上，网民则拥有着相对自主的空间。但对于广告来说，网络媒体的主动性是网络广告发展的最大局限。传统媒体的受众无法回避广告信息，只能是被动地接受，因此对于广告普遍存在着厌烦、抵触情绪。对于受众来说，他们的理想媒体是一个不发布广告信息的媒体。网络媒体的主动性似乎给了网民一个接近于理想的媒体。但不可否认，如果广告对象有目的地了解信息，那么网络广告将是最有效的。为此，可根据广告对象的需求，分类制定广告的表现形式，这些需求包括学习、娱乐、社会联系等。针对这些需求，广告的表现形式应有不同的变化。

1. 学习

利用网络媒体满足学习需求的广告对象大多为学生、专业技术人员、商业贸易人员、教师等。具有这类需求的广告对象大多定期浏览固定的网站。这些网站一般具有较强的专业性和知识性，如一些考研网和各类资讯网等。针对这类广告对象，适合在这些专业网站上发布相关的专业性产品或工具性产品的广告，如书籍、计算机等。但网络广告的表现内容中要体现与网站信息类型大致相同的专业针对性。

2. 娱乐

具有这类需求的广告对象大多有相对稳定的收入和生活，有一定的空闲时间，不十分热衷于社交活动。他们大多喜欢浏览娱乐新闻、玩休闲游戏以及收看或收听影视或音乐等。针对这类广告对象，一些综合性、时尚性、游戏类的网站是比较好的广告发布平台。网络广告的表现最好能突出某种乐趣，色调明快，能引发兴致。

3. 社会联系

利用网络媒体满足社会联系需求的广告对象大多想通过网络的方便、快捷等保持与朋友等人的联系，以及获取信息用以丰富自己、与人交往。他们经常登录的是聊天类的网站、电子邮箱以及综合性新闻网。他们大多是生活中的舆论领袖，是网络广告最应该到达的对象。大部分的消费品及奢侈品都应注意这类广告对象，利用好聊天室的广告位以及基于电子邮箱的广告位，利用好综合性新闻网的广告位。广告表现最好突出“新”，使之看上去具有新闻价值，可以给广告对象以新的信息积累用以和他人交流，满足其社会联系的需求。

(四) 分析与评价

施拉姆曾经将使用和满足理论比喻为“自助餐厅”：受众参与传播有如在自助餐厅就餐，每个人都根据自己的口味以及食欲来挑选饭菜。自助餐厅里的主角就是受众，媒介只是为受众服务。也就是说，使用和满足理论特别强调受众的主动作用，既然受众使用媒介都是为了满足自己的需求，那么媒介就必须在了解受众根本需求的基础上进行传播。

1. 积极方面

使用和满足理论的积极方面主要有以下两点。

(1) 提醒我们受众使用媒介的目的是很不相同的，而且在很大的程度上掌握控制权，从而引导我们更加关注受众，把是否满足受众的需求作为衡量传播效果的基本标准。

(2) 认为受众接触媒介是基于个人需求，强调受众的能动性，这有助于纠正受众绝对被动的观点，对于否定早期的子弹论效果起到了重要作用。

2. 局限

不过这一理论一直以来也受到很多学者的质疑，主要集中在以下两个方面。

(1) 过于突出个人心理层面，具有浓厚的行为主义和功能主义色彩，容易被媒体管理者用于操纵目的。

(2) 过分强调受众的主动性而轻视媒体内容本身，脱离传媒内容的生产和提供，因而不能全面揭示受众与传媒的社会关系。

七、创新扩散理论

创新扩散理论是传播效果研究领域的经典理论之一，是由美国学者埃弗雷特·罗杰斯于20世纪60年代提出的一个关于通过媒介劝服人们接受新观念、新事物、新产品的理论，侧重大众传播对社会和文化的影响。

(一) 社会背景

对于社会变革扩散的研究最早可以追溯到19世纪。当时的工业革命引起了西方社会一系列的变革：除了科学技术，还有风俗习惯、教育程度的改变，甚至是社会体制也出现了翻天覆地的革新。1890年，法国社会学家泰德还据此提出了一个重大的研究命题："为什么90%的在语言、神话观念、工业化过程中构想而成的创新被遗忘了，只有其中的10%被传播出去了呢?" 但是，19世纪科学研究方法和工具的限制，致使针对这一有趣命题的研究被迫中断。20世纪40年代，现代传媒的快速发展极大地促进了创新的交流和扩散的速度，人们纷纷开始把目光重新投向与创新相关的信息扩散研究上。比较著名的研究成果之一就是罗杰斯提出的"创新扩散"理论。他的有关美国艾奥瓦地区农民如何逐渐自愿采用玉米种植新品种和新技术的调查，已经成为传播学史上具有里程碑意义的一项研究。

(二) 内涵

在创新扩散过程中，早期采用者为后来的起飞做了必要的准备。这个看似"势单力薄"的群体能够在人际传播中发挥很大的作用，劝说他人接受创新。在罗杰斯看来，早期采用者就是愿意率先接受和采用创新事物并甘愿为之冒风险的那部分人。这些人不仅对创新初期的种种不足有着较强的忍耐力，还能够对自身所处各群体的意见领袖展开"游说"，使之接受以至采用创新事物。之后，创新又通过意见领袖们迅速向外扩散。这样，创新距其"起飞期"的来临已然不远。罗杰斯指出，创新事物在一个社会系统中要想继续扩散下去，首先必须有一定数量的人采用这种创新事物。通常，这个数量是人口的10%～20%。创新扩散比例一旦达到临界值，扩散过程就会起飞，进入快速扩散阶段。饱和点（saturated point）的概念是指创新在社会系统中一般不能100%扩散，而只能扩散到某个百分比。当系统中的创新采用者再也没有增加时，其中的创新采用者数量（绝对数量）或创新采用者比例（相对数量）就是该创新扩散的饱和点。

罗杰斯认为，创新扩散总是借助一定的社会网络进行的。在这一过程中，信息技术能够有效地提供相关的知识和信息，但在说服人们接受和使用创新方面，人际交流则显得更为直接、有效。因此，罗杰斯认为，推广创新的最佳途径是"双管齐下"，即将大众传播和人际传播结合起来加以应用。这一观点已得到大部分人的认可。

（三）创新扩散曲线

图5-3呈现了一个创新扩散曲线的例子，其中，每一部分人群都占有一定的比例，这些人群包括以下几类。

1. 创新者（innovators）

他们是勇敢的先行者，自觉推动创新。创新者在创新交流过程中，发挥着非常重要的作用。

2. 早期采用者（early adopters）

他们是受人尊敬的社会人士，是意见领袖，他们乐意引领时尚、尝试新鲜事物，但行为谨慎。

3. 早期大众（early majority）

他们是有思想的一群人，也比较谨慎，但他们较之普通人群更愿意接受变革。

4. 晚期大众（late majority）

他们是持怀疑态度的一群人，只有当社会大众普遍接受了新鲜事物的时候，他们才会接受。

5. 迟缓者（laggards）

他们是保守传统的一群人，因循守旧，对新鲜事物吹毛求疵，只有当新的发展成为主流、成为传统时，他们才会被动接受。

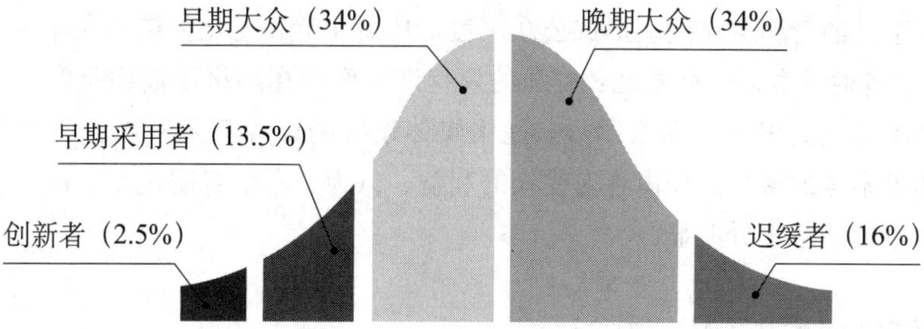

图5-3　创新扩散曲线示例

（四）理论应用

对于一种创新在一个社会系统中的扩散，只有采用者达到系统总人口的某一比例后，整个扩散过程才可以继续下去。这个临界点，在营销者看来，就是新产品的"上市门槛"。只有跨过上市门槛，新品才能成功上市。通常当一种创新刚刚开始在系统中扩散时，人们对它的接受程度比较低，因此一开始扩散过程比较缓慢。而当采用者比例达到临界点时，扩散过程就会加快，出现起飞，以至于系统中大部分最终会采用创新的人在这一阶段采用该创新。这个起飞阶段，对营销者而言，就是新产品上市的“成长期”，表现为原有的消费者会进行重复性购买，新的更多的消费者会来尝试购买，促使该阶段销量快速上升。然后，扩散过程再次慢下来，系统对创新的采用逐渐达到饱和点。此时，产品就进入了成熟期，销售额和利润额都达到了历史最高点。

此外，针对产品推广的不同阶段进行不同策略的广告活动，至少在前期要广泛宣传和广铺市场，中期要细致深入地传达说服性信息，后期要根据受众的分化采取多元策略，并着重整合营销传播。产品规划尤其是创新型产品要考虑社会对创新的容忍与需求，以及目标客户的价值观。

产品规划和广告营销中都需要考虑“创新特征”如何被“意识到”，上文提到的 5 类人群都可以转化为产品创新因素或者推广的诉求策略要点。

第三节 当代文化传播效果研究

20 世纪末以来，人类社会进入信息化时代，互联网等新媒体横空出世并迅速发展，对传统的传播效果理论造成了巨大冲击。传统的效果理论产生于报纸、广播、电视时代，而互联网等新媒体有着传播面广、交互性强、小众化、多媒体化等完全不同于传统媒体的特点。那么，新媒体时代传统传播效果理论是否仍然适用以及会发生怎样的变革？

一、新媒体时代的议程设置理论

网络媒介去中心化、双向互动的特性极大地释放了受众参与传播的主动性，在一定程度上消解了对受众的控制权，其海量、无国界的信息又增加了受众主动选择、修正议题的机会。因此，大多数学者认为：网络是一种“弱控制”的传媒，一部分传播权利由少数人的手中分散到了广大网民手中，多元化的传播者、开放的传播渠道、复合式的传播形态都弱化了传媒为公众设置议程的效果。哪怕只是在人际交流中流传的片段猜测也会以大众传播的方式在网上扩散，诸多围绕同一事件的猜测会在网上形成公众议程，从而瓦解和弱化传统大众媒体的议程设置模式。① 另一些学者通过实证研究发现：媒介的议程设置作用在网络传播中是存在的，但是应该承认其效果并不像我们想象中那么明显，网络媒体设置的议程只是一部分与受众的议程相吻合。但是，如果不考虑媒介议程内容对受众的利益、行为、态度有明显意义的情况，网络媒体的议程设置效果依然会十分明显。②

二、新媒体时代的涵化理论

随着手机、电脑等移动终端的不断发展，手机电视、网络电视等对传统的电视涵化理论产生了冲击。传统的涵化理论遵循线性模式，认为观看时间是电视影响观众的主要因素，电视对

---

① 吴风．网络传播学：一种形而上的透视．北京：中国广播电视出版社，2004.

② 谢新洲．“议程设置”在互联网环境下的实证研究．中国记者，2004（2）.

观众的影响是单向的、整体的，观看时间与观众认知之间是正向的线性关系。而新媒体的可控性、互动性、参与性等传播特性以及各种社会因素的介入对上述三个要点都构成了挑战，传统的涵化理论不得不面临转向。新媒体中出现越来越多的非线性、非对称和抵消涵化的传播效果，观众的批判使其对电视内容的接受方式和认知程度都产生了态度的分化。因此新媒体时代的涵化理论虽然还是有一定效用，但涵化效果发生作用的方式不再是线性的、单向的、整体的，而是动态的、多元的。

三、新媒体时代的“知识沟”理论

网络等新媒体的出现曾使传统大众传播时代长期处于信息匮乏状态的人们充满了憧憬：传播技术的改进将会缩减传播的成本与费用，节省资源，实现信息与知识的均化；传播速度的加快与信息流量的增加使受众面临着一个更容易接受与丰富的界面，从而提高个人的知识与信息总量；“网络大学”“虚拟教育”“知识超文档”“模拟系统”等设想将使新媒体成为没有围墙的学校。

但是由于经济发展水平、知识发展能力、对外开放程度以及通信技术水平等方面的差异，互联网的普及水平也存在很大的差异，造成国家之间、地区之间、城乡之间的“数字鸿沟”日益扩大。即便是有了相同的硬件设备，由于网络提供的功能和选择的异常丰富，对网络的态度、观念以及使用方式的不同，也会形成知识与信息摄取的不均衡，“知识沟”就会在原有的基础上进一步扩大。例如，将网络作为信息查询工具的上网者和将网络作为聊天和游戏工具的上网者之间在网络使用上的“知识沟”就不是缩小了而是扩大了。虽然新媒体的出现可以提供相对平等的机会，但民主传播理论和“知识沟”不断扩大的现状之间，存在着巨大的矛盾。这也为研究者提出了新的理论和实践课题。

近百年来，文化传播效果在传播中备受瞩目，成果颇丰，一直是以美国为首的传播学经验学派研究的重中之重。丹尼斯·麦奎尔的名言“传播学研究归根到底是媒介效果的研究”精确地概括出了传播效果研究的学术价值。我们在全面了解西方传播效果研究成果的基础上，也要构建本土化的传播效果理论，并在此基础上发展和整合。

参考书目

1. 段鹏. 传播效果研究：起源、发展与应用. 北京：中国传媒大学出版社，2008.
2. 洛厄里，德弗勒. 大众传播效果研究的里程碑. 北京：中国人民大学出版社，2009.

关键词

【议程设置】

议程设置是大众传播的重要社会功能和效果之一。20 世纪 70 年代，美国传播学者麦库姆斯和肖通过实证研究发现，在公众对社会公共事务中重要问题的认识和判断与传播媒介的报道活动之间，存在着一种高度对应的关系，即：被传播媒介作为“大事”加以报道的问题，同样也被作为“大事”反映在公众的意识中；传播媒介给予的强调越多，公众对该问题的重视程度也越高。根据这种高度对应的相关关系，麦库姆斯和肖认为大众传播具有一种形成社会“议事日程”的功能，传播媒介以赋予各种议题不同程度“显著性”的方式，影响着公众的焦点和对社会环境的认知。

【沉默的螺旋】

“沉默的螺旋”理论描述了这样一个基本现象：人们在表达自己想法和观点的时候，如果看到自己赞同的观点受到广泛欢迎，就会积极参与进来，从而导致这类观点得到扩散；而如果发觉某一观点无人或很少有人理会（甚至被群起而攻之），那么即使自己赞同它，也会保持沉默。意见一方的沉默造成另一方的增势，如此循环往复，便形成一方的声音越来越强大、另一方越来越沉默下去的螺旋发展过程。该理论基于这样一个假设：大多数个人会力图避免由于单独持有某些态度和信念而产生的孤立。

【知识沟】

“知识沟”理论产生于美国社会对于平等教育机会的呼吁之中。20 世纪 60 年代，美国政府提出通过大众传播手段改变贫困儿童受教育的条件，《芝麻街》节目就是其中一个重要的项目。后来发现该节目对贫富儿童都产生了良好的教育效果，但是对节目接触和利用最多，产生最好效果的仍然是富裕家庭的儿童，因此它不但没有缩小不平等，反而扩大了差异。

思考题

1. 什么是传播效果？它有哪些内涵、层次和类型？
2. 传播效果研究经历了哪几个阶段？各有何特点？
3. “子弹论”与“沉默的螺旋”理论有何异同？
4. 试联系实际评述“知识沟”理论。

第六章　文化传播中的受众研究

内容摘要

受众是社会环境的产物，同时也是特定媒介内容的产物。各种文化形式在传播的过程中必然要涉及传播者与受众既矛盾又统一的有序运动。本章通过对文化传播过程中受众的多方面梳理，探讨受众获得认知的传播方式及与之相关的文化传播效果。

学习重点

- 受众行为的影响因素

学习难点

- 受众的媒介使用

第一节　受众概述

一、受众的基本概念与特征

（一）受众的基本概念

受众是传播学中最基础的概念之一，是一切传播活动的出发点和评价主体，也是传播学界和大众传播工作者的一个非常重要的研究领域。然而，我们通常对受众的认识并不统一。在我国，“受众”一词最早是由余也鲁在1978年翻译出版美国传播学集大成者威尔伯·施拉姆所著的《传学概论：传媒、信息与人》一书时提出的。在传播学研究中，“受众”一词通常是由英语“audience”一词翻译过来的。而“audience”最初指的是布道集会时的听众，即聆听牧师宣讲教义的人。而从汉语字面意义来看，“受众”似乎处于一种被动的、单向的、非人格化的接受位置。

实际上在现代社会中，新媒体技术不断发展，受众在当前的传播链条中已经转而变成了传播活动的发起者和重要的评价主体。由此看来，我国香港地区把它翻译为“阅听人”要恰当得多。

长久以来，大多数人常常把“受众”与“公众”“群众”“群体”等称谓混用，这说明在不同的语境下，“受众”确实拥有着不同的角色特征。随着媒体环境、媒体结构的不断发展，“受众”这个术语本身也会引发很多意义分歧和理论冲突，主要在于这样一个简单的词语既要表现不断多样化、复杂化的媒体现实，还要综合传播学研究中的各家之言。

受众有着比较明确和固定的指向。通常情况下，它指的是一种或多种媒体渠道中内容或形式的读者、听众和观众，以及其他类型的信息接受者和使用者。换而言之，受众可以分为广义上的受众，即社会信息的接受者，以及狭义上的受众，即大众传播中的信息接受者。

受众可以是个人，也可以是群体。传播学者克劳斯认为，受众按其规模可以分成三个不同的层次：第一个层次是特定国家和地区内能够接触到传媒信息的总人口，即最大规模的受众；第二个层次是对特定传媒或特定信息内容保持定期接触的人；第三个层次是不但接触了媒介内容而且在态度上或行动上也实际接受了媒介影响的人。

案例链接　万合天宜的受众定位

万合天宜成立于2012年，由范钧、柏忠春和叫兽易小星创建，初始因聚集了一批新媒体领域的高影响力人物（叫兽易小星、白客、小爱、刘循子墨等），并拍摄了许多别具一格的搞笑短片而声名鹊起。其“神剧”《万万没想到》，以及优酷评分高达9.5分的《报告老板》，在网络上的点击量相加突破20亿，而脱口秀栏目《不吐不快》等也大受欢迎，并引领网络文化。

此外，万合天宜还出品制作了《高科技少女喵》《学姐知道》《名侦探狄仁杰》等作品；微电影则有叫兽易小星倾情出演的亲情片《叫我爸爸》、当红花旦刘诗诗演绎的《戏梦》，以及联合陆川等几大导演制作的别克12星座系列。这些影片在各大网站广泛传播，赞誉度颇高。

在接受采访时，万合天宜创始人范钧表示：其目标受众是15～25岁的人群，并且基本上始终会在这个层面，当然也有可能辐射到35岁以上甚至更老一些的人，但做内容创作的时候，还是会针对15～25岁人群，因为这是自然形成的；但是万合天宜的内容要更加丰富，不只做喜剧，随着创作团队不断多样化，作品也会越来越多样化，而且也会用不同的作品去吸引不同的人群。

（二）受众的特征

受众是一种新的未组织化的社会群体，它与既有的群体相比在形态上有明显的不同。我们不仅要全面深刻地了解受众概念，还需要准确把握其特征。从构成的角度来分析，受众主要具有如下特征。

1. 众多性

这里指的是受众成员人数众多和地域上分布广泛，主要表现在媒介使用者多、使用媒介的时间长、使用媒介的类型多种多样。因为大众传播媒介辐射面极广，是面向全社会甚至是全世界的，因而从广义上讲，所有社会成员都是大众传媒现实或潜在的受众，无论肤色种族、性别、年龄、职业，这时他们都有一个共同的身份——大众传媒的受众。因此，这是一个绝对数量十分惊人的群体，在人数上超过了大部分社会群体。

数目庞大的受众其分布也十分广泛。首先，从地理上说，受众分布于世界各地，有媒介的地方就有受众。其次，从社会阶层上来说，受众分布于各个阶层，每一个阶层的受众都能从众多的信息中找到适合自己兴趣的媒介和传播内容，例如，工人农民较多选择内容浅显、娱乐性强的电视节目，公司白领偏爱前卫时尚的手机及网络，知识分子喜爱阅读品味较高的纸质读物。

知识链接　地球村

1967年，加拿大传播学者麦克卢汉在《理解媒介：论人的延伸》一书中初次提出了“地球村”的概念，意指随着广播、电视和其他电子媒介的出现，人与人之间的时空距离将会骤然缩短，整个世界紧缩成一个“村落”。在今天，随着无国界传播的网络媒体迅速发展，全球网民真正地成为“地球村”的“村民”。

2. 分散性和异质性

使用大众传媒的人们大体上互不相识，分散在各个角落、各个地区、各个行业，他们一般情况下互不联系，处于隔离状态，因此也是无组织的。受众虽然人数众多、层次丰富，但毕竟不是一个组织，当然不受任何组织纪律的约束。国家和文化传统带来的差异、社会环境带来的差异、群体归属的差异以及受众个体特征的差异使得受众对于信息的接收量与接受方式并不相同。

知识链接　不同国家受众的差异

我们知道，通常情况下，美国人热爱冒险，德国人严谨认真，法国人浪漫多情，英国人彬彬有礼，而中国人注重人情、追求和谐。

不同国家的历史传统、人文背景、思维方式以及文化特点都会对国民产生潜移默化的影响，从而改变他们作为受众获取信息的途径和具体内容。

3. 隐匿性

大众传播是一种面向“不特定多数人”的传播活动，受众是“自由的”“轻松的”，传播者对于他们没有任何的约束和强制力。同时由于受众和传播者在时空上是分离的，所以无法被具体指认。传播者虽然可以从人口统计、心理倾向或行为特征等方面了解自己的特定受众，但是不可能确切地知道自己的受众究竟是哪一类或哪一个人，这种情况使传播者很难掌握受众的特点，而这种“无组织、无纪律”的状况也表明了受众是一个极其松散的社会群体。

4. 流动性

按照接触媒介的时长，受众可分为长期受众和短期受众；按照接触媒介的频率，受众可以分为稳定受众和不稳定受众；按照接触媒介的确定性，可以分为现实受众和潜在受众；按照是否为媒介明确的传播对象，可以分为核心受众和边缘受众。而种种类型的受众之间均可灵活转化，这就使得某种媒介的受众虽然从长期、总体来看似乎有迹可循，但从短期、个人来看，受众又是令人捉摸不定的。

5. 自主性

现代社会对于个人的约束力量越来越弱，道德伦理的标准不断变化，总体上更加宽松、伸缩余地更大。加之个人的闲暇时间增多，个人的活动空间随之拓展，个性也越来越凸显。于是，在这样一个大众社会里，人们自然越发地依靠大众媒介来了解环境的变化，获取信息，以此作为行动的依据。

除了以上明显特征之外，受众与传播者是分离的，但却也有着合一性，即传播者和受众的身份不再明确，传播和接收信息几乎可以同时完成，人们在瞬间就能够进行身份转换。受众之间还会具有一些相似的心理特征，包括求新心理、求真心理、求近心理、易得心理、实用心理以及从众心理等。

随着传媒的日益发达、资讯的日益丰富，现代受众又表现出了休闲娱乐、追求个性、减压宣泄、自我实现、交流互动、虚拟满足等新的心理特征，受众的复杂多样的心理变化也为传播者如何有效地进行信息传播提出了新的难题。

二、受众的权利与地位

（一）受众的权利

大众传播行为本身就是一种社会行为，只要是社会行为就会产生相应的权利义务关系。传播者拥有广泛的出版自由或者新闻自由的权利，包括采访、编辑、报道以及对公共传播资源使用的权利。而受众不仅仅是大众传播的信息接受者和传播对象，也是参与社会公共事务管理的公众。作为社会的基本成员，受众理应拥有各种各样的正当权利。20 世纪 20 年代，西方传播学界开始使用“知情权”的概念，并对其进行了初步探讨，直到 1948 年 12 月 10 日通过的《世界人权宣言》正式明确地提出知情权、表达权和隐私权的问题。后来的传播学者也纷纷提出了自己的观点，我们将这些对于受众权利的表述简单概括如下。

1. 传播权

传播权又称表达自由或言论自由的权利，是每个社会成员享有的基本权利之一。1980 年，联合国教科文组织发布的《麦克布莱德报告》指出：受众“有权把他所看到的关于个人生活条件、需求和痛苦的真实状况告诉别人。凡是用恐吓或者惩罚迫使他保持缄默，或剥夺他利用传播渠道的机会，就是侵犯了这项权利”。作为社会实践和社会生活的主体，受众有权将自己的经验、体会、思想、观点和认识通过言论、创作等活动表现出来，并有权通过一切合法手段和渠道加以传播。如果说在大众传播时代，由于媒介资源有限，受众通过媒介传播自己观点的权利尚不充分，那么，自网络传播时代后，论坛、博客、微博等层出不穷的传播方式，使得受众有更多渠道发表自己的观点和看法。

我国《宪法》也规定公民享有言论、出版自由，从而在立法上保障了公民的传播权。具体来说，如受众可以通过热线电话直接在广播、电视中发表口头意见，通过互联网张贴书面意见或图像，或者在出版物上自由表达自己对于国家事务、经济文化事务及社会事务的见解，自由发表研究创作成果，等等。

2. 知情权

受众在不违背法律的前提下，应当享有了解事实与真相的权利。大众传播的受众本身就是平等的社会成员，他们拥有及时获知国内公共信息与国外重大事件的权利，尤其是当这些信息涉及或影响公众的日常生活和工作学习时。凡是有意截停信息，或者是传播虚假、失实信息，都是侵犯受众知情权的行为。

传播权和知情权在现代社会已经成为基本人权。我国改革开放以来，尊重和实现民众知情权问题日益得到党和政府的重视，我国政务信息公开无论在理论上还是实践上、制度上，都在稳步推进。

2007 年国务院颁布了《中华人民共和国政府信息公开条例》，其中规定：行政机关应当将主动公开的政府信息，通过政府公报、政府网站、新闻发布会以及报刊、广播、电视等便于公众知晓的方式公开。该条例的实施有力地保障了我国公民对于不涉密的社会事务的知情权。

3. 隐私权

隐私权是指受众享有个人独处，对个人与公共利益、公共事务无关的私生活进行保密，不受新闻媒介打扰和干涉，以及个人的名誉和利益不受到侵害的权利。而且权利主体对他人在何种程度上可以介入自己的私生活，对自己的隐私是否向他人公开以及公开的人群范围和程度等具有决定权，法律上也认为这种权利应受保护。

隐私权是一种基本人权，如果新闻媒介以营利为目的，报道了他人的隐私，未经本人允许公开了其姓名、财产、身体、私人信件、日记、家庭矛盾等，侵犯了个人的安宁生活，引起了个人精神上的痛苦和不安，就是侵犯了其隐私权。合法权益受到侵害的人，可以向法院提起诉讼，并要求道歉和赔偿。

案例链接 徐玉玉案与公民隐私权

人们对隐私越来越重视，隐私权也逐渐在法律上得到确立。但随着近年来新媒体技术的发展，网络中侵犯公民隐私和窃取个人信息的案例屡见不鲜，而 2016 年发生的山东临沂考生徐玉玉遭遇电信诈骗致死一案，更是激起了社会各界对新媒体时代公民隐私权的关注。

2016 年高考，徐玉玉以 568 分的成绩被南京邮电大学录取。8 月 19 日下午 4 点 30 分左右，她接到了一通陌生电话，对方声称有一笔 2 600 元助学金要发放给她。在这通陌生电话之前，徐玉玉曾接到过教育部门发放助学金的通知。按照对方要求，徐玉玉将准备交学费的 9 900 元打入了骗子提供的账号……发现被骗后，徐玉玉万分难过，当晚就和家人去派出所报了案。在回家的路上，徐玉玉突然晕厥，不省人事，虽经医院全力抢救，但仍没能挽回她 18 岁的生命。

2016 年 8 月 23 日，临沂公安部门成立专案组，全力侦破此案。

2017 年 7 月，山东省临沂市中级人民法院对被告人陈文辉、郑金锋、黄进春、熊超、陈宝生、郑贤聪、陈福地诈骗、侵犯公民个人信息案一审公开宣判，以诈骗罪判处被告人陈文辉无期徒刑，剥夺政治权利终身，并处没收个人全部财产，以侵犯公民个人信息罪判处其有期徒刑五年，并处罚金人民币三万元，决定执行无期徒刑，剥夺政治权利终身，并处没收个人全部财产；以诈骗罪判处被告人郑金锋有期徒刑十五年，并处罚金人民币六十万元；以诈骗罪判处被告人黄进春有期徒刑十二年，并处罚金人民币四十万元；以诈骗罪判处被告人熊超有期徒刑八年，并处罚金人民币二十万元；以诈骗罪判处被告人陈宝生有期徒刑七年，并处罚金人民币十五万元；以诈骗罪判处被告人郑贤聪有期徒刑六年，并处罚金人民币十万元；以诈骗罪判处被告人陈福地有期徒刑三年，并处罚金人民币十万元；责令各被告人向被害人退赔诈骗款项。

2017年9月，山东省高级人民法院委托临沂市中级人民法院宣判并送达了第二审刑事裁定书，裁定驳回陈文辉、黄进春、陈宝生的上诉，维持原判。

4. 人格尊严维护权

人格尊严指公民和法人作为权利和义务的主体依法享有的为维护其生存和尊严所必须具备的、以人格利益为内容的权利。这些权利主要包括公民和法人的名誉权，公民的肖像权、隐私权、姓名权，法人的名称权。受众享有对个人与公众利益、公众事务无关的私生活进行保密，不受大众传媒打扰和干预，以及个人的名誉和利益不受伤害的权利。

在法治社会中，新闻媒体作为社会的组成机构，对公民的名誉权与隐私权的尊重是其日常操作中必须遵守的“游戏规则”，否则就会造成新闻侵权。大众传播因为影响广泛，所以侵权后果也严重得多。当大众传播机构将公民和法人作为新闻报道对象和小说描绘对象时，如果报道失实、评论不公正或者恶意影射，就会侵犯受众的人格利益，构成人格侵犯。对此，合法权益受到损害的个人和法人有权依法维护自己的人格尊严，可以向人民法院提起诉讼，要求有关大众传播机构停止侵害，恢复名誉，消除影响，公开赔礼道歉和赔偿损失等。

5. 监督权

监督权是指受众对大众传播媒介的运作和传播者的传播行为有查看并监督的权利，以免产生不良后果。大众传播媒介具有很强的公众性，传播内容的真实与否、品位高低，提供的文化和娱乐内容是否健康有益等都会影响到受众。因此，广大受众对传播媒介的活动拥有进行社会监督的正当权利。在我国，大众传播组织和传播工作者接受法律法规和社会道德监督的同时，也必须接受广大受众的监督。

受众有权要求传媒的新闻报道和其他信息真实、准确、客观、公正，有权要求传媒提供高品质的传播产品。如果传媒的虚假报道和虚假广告损害了受众的利益，或者传播的内容侵犯了公民的名誉权、隐私权，受众可以根据法律条文、道德规范、行为准则等标准，以起诉、写信、打电话、拒绝购买或接收、舆论声讨等多种形式对传播媒介进行监督，促使其寻找适合国情、民情的途径和按照受众能够接受的方式行事。直至向法律机构或仲裁机构提交诉讼，要求传媒纠正错误，对大众传播组织和大众传播者的违法行为进行法律制裁和补偿自己的损失。对受众反应比较强烈的问题，大众传播机构有义务迅速解答与解决。

在开放舆论环境下，充分发挥广大受众对大众传媒组织和传播工作者的监督作用，有利于大众传播事业的发展。

（二）受众的地位变化

在早期的传播学研究中，对于受众的研究几乎是伴随着大众传播研究开始的，并不断地被补充、丰富和发展。但由于受到思想、方法和时代背景的局限，早期的大众传播以传播者和媒介为中心，而没有将受众作为一个能动的主体来看待，只把受众当作传播对象、被动的接收者来看待。

早期研究认为，大众传播具有强大威力，各种思想、情感、知识或者动机可以从一个人的头脑里几乎不知不觉地灌输到另一人的头脑里，进而改变态度，影响受众的选择，于是产生了“子弹论”。

1946年，哈佛大学社会心理学家雷蒙德·鲍尔发表了著名的《固执的受众》一文，其中提道：“在可以获得的大量（传播）内容中，受传者的每个成员特别注意选择那些同他兴趣有关、同他立场一致、同他信仰吻合，并且支持他的价值观念的信息。他对这些信息的反应受到他的心理构成的制约……现在可以看到，传播媒介的效果在广大受传者中远不是一样，而是千差万别的，这是因为每个人在心理结构上是千差万别的。”

他认为受众是传播过程中平等的伙伴，受众中的每个成员特别注意选择那些与自己兴趣相关、立场一致、信仰吻合且支持其价值观的信息。此后学者们相继提出了“个人差异论”“社会分化论”“社会关系论”和“文化规范论”等受众研究的理论。

面对高速发展的传播媒介，信息的传播者不再以唯一的传播途径进行信息传播，而逐步认识到信息的传达是一种双主体的互动活动。传播学界从理论与实践上确定了受众在信息传播中的重要位置，多种媒介的受众意识日益自觉，不仅表现在信息的内容和传播形式的改革逐步适应受众需要上，还表现在媒介对于受众的反馈信息和受众调查的高度重视上。例如，传统受众只能根据传媒已经安排好的节目时间表来接收信息，而网络传播的受众可以对信息进行自由选择，包括选择信息内容、信息的接收形式以及接收时间和顺序，选择的范围、自主性、准确性都较以前有了大幅度的提高。受众不再是被动的客体，而成了驾驭信息的主人，传受之间的关系产生了根本的变化。网络媒体的出现在理论上颠覆了“受众”的地位和角色。

受众特点的研究真正开始从传者中心论转变为受众中心论是在20世纪60年代。受众中心论的研究者认为，受众是传播的主动者，媒介才是被动者。受众并不是消极地“接收”信息，而是积极地寻求信息为自己所用。这也就是所谓的受众本位意识论。

在实践上，西方新闻界也经历了一个从漠视受众到重视受众的转变过程，甚至一度把受众中心论发挥到了极端，如黄色新闻的泛滥。西方新闻界先后通过行业自律和社会责任理论的提出，对新闻传播过程中的种种弊端进行限制和革除。无可置疑的是，受众在新闻传播活动中的中心地位已经牢牢确立了。

那么，既然受众的地位发生了如此程度的改变，我们能否认为“受众就是上帝”呢？

在早期的传播学研究中，普尔和舒曼曾经试图弄清“抽象受众”对于传播者的影响情况。他们在报社进行了实地的观察研究，每当记者写完一篇报道，他们就立即询问记者在写作时脑海里涌现出了什么人。结果发现传播者写作中所选择和强调的重点，有相当一部分是取决于心目中想象的“受众”。其结论为：在写到好消息时，常会想到支持者的形象，反而亦然；如果所想到的受众的形象特点与所写消息的性质相符合，报道就会较为准确；好消息的准确性要高于坏消息。我国学者陈崇山认为，传播媒介作为人类交往的工具，在西方一些国家中成了统治阶级或集团的一种控制手段，发布什么与不发布什么看起来好像取决于采集、加工信息的“传者”，实际上“传者”也必须听命于统治者，广大受众只能被动地接受。在这个过程中，“传者”是“把关人”，掌握着发布信息的控制权，是“主体”；“受众”却不能成为“矛盾的主要方面”。“受众”这个词本身就含着被动，不可能成为“主体”，但并非完全被动，因为受众拥有选择性接受的主动权，受众的主体地位只能在这个阶段才能显现。从总体上说，目前体制下的受众还难以成为传播活动中的“主体”。实际上受众与媒体的关系是相互选择的关系。

不过有些情况需要特殊说明。由于新闻与政治关系极为密切，当受众面对政治新闻时，所谓“上帝”是很难名副其实的。在多数情况下，多数受众会被媒介及其所传播的政治新闻牵着鼻子走。另外，传播学研究已经表明：媒介引导受众怎样想并非都能奏效，但它在告诉受众想什么方面，却获得了惊人的成功。这就是上一章中所介绍的“议程设置”现象。

受众理论经过了几十年的发展，经历了从传者中心论到受众中心论的转变。但现在看来，传者中心论和受众中心论都具有其片面性，已落后于时代。因为在传播过程中，并没有一个真正意义上的中心，使得其余的传播要素围绕着这个中心。取而代之的观点是“受众主体论”，所谓主体，就是与客体相对应的存在，哲学上是指对客体有认识和实践能力的人，为属性所依附的实体。由于传播行为是一个回路，传者和受众的主客体地位会发生转化，他们都具有主观能动性，都具有作为主体的条件，但又互为客体，从不同角度参与和影响传播活动，发挥着各自不可代替的作用。

（三）不同语境下的受众观

对于受众的认识与考察，经历了一个长期的过程。这也是受众在传播中地位逐渐提升，由被动向主动转变的过程。在此期间形成了关于受众的种种独有理论，极大地丰富了传播研究，同一时间，受众观也发生了较大的变化。

在拉斯韦尔以“5W”命名的传播学五大研究领域中，受众分析和效果研究的关系最为密切。因为研究受众，就是为了取得更好的传播效果，而考察传播效果，不能不从受众身上着手。所以在很长一段时期里，受众分析在传播学中一直被作为效果研究的一部分，没有得到应有的重视。随着受众观的逐步变迁，“受众中心论”替代了“传者中心论”，受众得到了充分的尊重。在这里，我们从受众研究的角度对受众观的变迁做简略的介绍和分析。

早期的传播研究受行为主义心理学影响较深，认为受众遵循简单的“刺激-反应”机制，对传播内容会不加思考地全盘接受。这一时期最盛行的观点就是子弹论，即将受众视为射击场上孤零零的“靶子”，而大众传媒是无所不能的“魔弹”，受众在信息面前毫无抵抗力，只有被动挨打的份儿。

事实上，在20世纪40年代传播学尚处于萌芽期的时候，就有一部分学者假定受众是具有主动性的，研究受众使用媒介的动机，如1944年赫佐格对媒介满足问题的关注、1949年贝雷尔森关于纽约八家报纸工人看报动机的研究等，但是受到效果研究的限制，从受众角度出发的“使用”研究长期进展缓慢。

20世纪五六十年代，大众媒介的长足发展与传播效果的有限性形成鲜明对比，效果研究陷入困境，此时受众研究却取得了突破性进展。1954年，施拉姆提出了一个信息选择公式：

$$\text{选择的或然率} = \frac{\text{报偿的保证}}{\text{费力的程度}}$$

这一公式从受众角度出发，认为受众在信息接收过程中具有自主选择性，总是力图以最小的代价获得最能满足他需求的信息。

1964年，社会心理学家雷蒙德·鲍尔提出了“固执的受众”（obstinate audience）这一著名概念，意指受众具有十分牢固的思想观念，绝非媒介所能轻易改变。他认为，以往的研究只关注“信息能对受众产生什么影响”（what can the message do to the audience），而现在研究的关键在于应该要问“受众能用信息达到什么目的”（what can the audience do with the message）。鲍尔的论点极大地启发了传播学界，使传播研究的重心逐渐由传播者向受众转移。

20 世纪 70 年代以来，人文思潮对社会科学的影响越来越大，欧洲批判学派开始崛起，与以效果研究为中心、长期占据传播学主导地位的实证学派渐成分庭抗礼之势。批判学派重视人的主体性，1979 年，英国学者布卢姆勒提出了“主动的受众”概念，指出“主动”其实有四层意思：一是功利性，若资讯对人们有用，他们便会争取；二是意向性，人使用媒介时受以往的动机引导；三是选择性，人的媒介行为反映了以往的兴趣和喜好；四是轻易不受影响。批判学派中的英国文化研究派，尤为强调受众在传播中的主动性。英国文化研究派从文本-话语模式出发，关注传播过程中意义的建立，认为意义是由传播者与受众通过文本进行协商而产生的。它具体考察两方面的情况，即受众如何解读文本，以及受众如何在日常生活语境中接受文本。与此同时，它还开创性地把民族志方法论引入传播研究中来，使研究者们了解到在具体的时空情境中不同身份角色的受众接收媒介的真实情况，为受众研究向微观层面推进开辟了新的天地。就这样，带有鲜明人文科学色彩的英国文化研究学派开辟了受众研究的一条新路径，同时这也构成了对以美国为代表的关注效果的传统受众研究的有益补充。

进入 20 世纪 90 年代中期，互联网的快速扩张，电脑、手机和数码摄像机等新兴工具的出现和普及，使新闻传播迎来了一个社会大众参与性空前增强的全新时代，受众成为信息制作与传播的积极参与者。在许多情境下受众既是传播者，又是受传者，两者的角色界限已经十分模糊，传统的新闻格局被打破，受众的主动性进一步增强。同时，与社会分化加剧相伴而行的受众信息需求分化也表现得越来越明显，受众已经不再满足于以往“千报一面”、多人共享同一传播内容的局面，而要求开发针对特定需求的传播内容。为适应这一需求，媒体也开始了由“大众化”向“小众化”“细分化”的转变，使受众在信息的海洋里自由遨游，寻找适合自己口味的信息。

案例链接　凤凰卫视的尝试

在媒体细分化过程中，凤凰卫视进行了有益的尝试。为了适应观众需要，凤凰卫视开辟了凤凰卫视中文台、凤凰卫视资讯台、凤凰卫视美洲台、凤凰卫视电影台、凤凰卫视欧洲台、凤凰网、凤凰移动台、手机凤凰网等适应不同地区、不同信息需求、不同媒体使用者的信息平台，在每一个信息平台内部又开辟不同栏目，使观众能够从中找到自己感兴趣的内容。

综上所述，在传播学的历史发展中，受众观经历了“被动的受众—固执的受众—主动的受众—受众细分化”的流变过程。在今天，任何媒体想要在激烈的市场竞争中取胜，就不能不把受众摆在异常重要的位置。

第二节 受众的类型与角色

一、影响受众分类的因素

根据传播活动的层次，受众可以分为个体传播受众、组织传播受众和大众传播受众。在人际传播和组织传播中，受众是明确的，且人数较少。受众与传播者相对存在，一定条件下，两者的角色可以相互转换。大众传播的受众，则指书籍、报刊的读者，广播的听众或电影、电视的观众等。受众是这些大众传播的信息接收者的集合。

受众分类主要依据以下指标进行：一是环境指标，比如受众所在的具体位置、所处地区的经济特征等；二是社会角色指标，比如受众的年龄、性别、职业等；三是文化指标，比如受众的文化结构（知识、信念、艺术、法律、伦理、风俗、习惯等）的影响；四是受众的心理行为指标，比如受众的兴趣、价值观、受传习惯等。在每一项指标下又可分出许多子指标。

（一）受众文化传统因素的影响

文化传统差别的形成与不同的地域、民族、宗教信仰、风俗、伦理道德等方面有关。在不同文化环境下成长起来的受众有着不同的特点。不尊重宗教习俗，有时会引起障碍和麻烦，如英国作家萨尔曼·拉什迪由于作品被认为冒犯了伊斯兰教信仰，引起了穆斯林强烈不满，甚至使他人身安全受到威胁，拉什迪不得不四处躲藏。

（二）受众社会经济地位因素的影响

受众由于社会角色不同与历史的和现实的因素影响，处于不同的经济状况和地位，这表现为他们对于传播信息接收上的不同选择、解释、反应和评价。受众的经济收入直接决定着其信息消费额度，而且，社会经济地位也决定了其获取信息的能力。

（三）受众所属群体的影响

受众在社会中有不同的交际圈，形成了特有的群体关系，这些群体在一定程度上影响着受众的信息接收、理解和评价。受众的特征在不同程度上反映了与其关系较密切的社会群体的特征。群体对受众个体的影响表现为四个方面。

1. 信息与群体的关系

传播的信息与受众所处社会群体的关系越密切，利益或态度越一致，信息越容易沟通。

2. 受众与群体的关系

受众与群体的关系越密切，地位越突出，在信息交流中群体的特征越明显，在多级传播中对群体成员的影响也就越大。

3. 群体的亲和度

群体在受众心目中的形象越具有亲和性、可信性，对受众的吸引力就越大，群体的倾向也越能影响受众的传播行为。

4. 群体的约束力

群体规模越大，组织力越强，受众对其依存度越高，群体利益对受众传播行为的约束力也越强。

（四）受众职业和教育程度的影响

受众从事的职业影响着他们对于媒介与信息选择的倾向，也制约着他们对于信息消费的动机和条件。受众受教育的程度不仅制约着他们信息接收和理解能力，也影响着他们的信息寻求动机和选择取向。

（五）受众性别和年龄的影响

性别是个体的基本社会认同。性别的差异既表现在生理和心理方面，还表现在社会行为和信息选择与接受行为方面。年龄对于受众而言是具有时代差异的，他们会因为经历和与之相关的年龄特征具有不同的信息接收差别。

（六）受众个性特征与心理因素的影响

个性特征包括一个人有别于其他人的性格、兴趣爱好、心理属性等个体特征。不同个性的人对信息感知与接受有一定的差异。一些广告产品的品牌传播策略就利用受众的个性特点，通过代言人来培养受众的品牌忠诚度，取得了较好的效果。

二、受众类型的细分

（一）依据社会角色指标分类

角色本来是只演员在戏剧中扮演的任务，后来社会学家把它移植过来，特指在社会中每一个人所具有的一定的社会位置，即在群体结构或社会关系中处于某种地位，而与此种地位相适应的特定行为模式（或者行为类型）就是社会角色。比如妇女、儿子、工人、农民、医生、教师、编辑、记者等都属于社会角色。妇女、儿子这类社会角色是先天赋予的，而医生、教师等社会角色是自制的。先赋角色个人无法改变，而自制角色是和社会联系在一起、个人可以改变的。实际上每一个人就是一个角色丛（或角色集）。

1. 按照年龄划分

按照年龄可以把受众划分为四个部分：少儿受众（16 岁以下）、青年受众（17～35 岁）、中年受众（36～55 岁）、老年受众（56 岁以上）。

少儿受众属于未成年人，其自我意识正在觉醒，自制力不强，没有独立的经济能力，其获取信息的行为时常受到“意见领袖”（老师或家长）的支配。青年受众是一个庞大的群体。有人测算，书店每天接待的读者（受众）中，约有一半是青年，其成交率为 66.4%。他们精力旺盛，求知欲强，是传媒信息消费的主体。中年受众往往是各行各业的骨干力量，担任重要的职务，工作压力较大，在家里上有老、下有小，家庭负担重，其心理已经成熟定型。他们一方面从传媒中获取自身所需的各种信息，另一方面又是少儿受众的“意见领袖”。老年受众有两极分化的特点，一部分老年受众仍然保持较高的信息需求水平，另一部分老年受众则只关心与自己身体健康有关的信息。

2. 按照职业划分

根据职业可以把受众划分为工人受众、农民受众、学生受众、文教卫生科研人员受众、国家机关人员受众、商贸人员受众、金融证券保险人员受众、军人警察受众、个体经营者受众等。有趣的是，不同的受众实际上可以不同的职业角色与传媒发生关系，同一个受众可以和多种传媒发生关系，如读书、看报、看电视、上网等，有时多种职业的受众与同一传媒发生关系。

（二）依据受众的心理行为指标分类

受众的心理行为指标，主要包括动机、兴趣、受传价值观、受传习惯、对媒体品牌的忠诚度以及受传趋势等。

1. 按照动机划分

动机是受众产生受传行为的内在动力。受众的受传行为可以由多种动机推动，其中最强烈、最稳定的动机是主导动机，其余为辅助动机。主导动机支配着受众的受传行为。根据主导动机的不同，可将受众划分为主知受众和主乐受众两大类。

（1）主知受众。主知受众，即以满足自己认知需要为主导的受众。主知受众的受传行为，主要是为了获取知识、新闻信息，了解舆论，以认识外界的变化，并以此作为自己行为取向的参考。主知受众最关注的内容是与自己的工作、学习有关的信息以及国内外重大事件、有关方针政策、形势的变化与发展等。

如果说一般受众的受传行为是希望获得某种即时性报偿，主知受众则主要追求的是一种延迟性报偿。他们并不特别指望通过视听获得精神上暂时的满足，而是为了获得精神的慰藉和心灵的满足。科研工作者就是如此，他们获取信息的目的是探索未被发现的真理，只有到他们的探索取得成果的时候，他们获取信息的努力才会得到报偿。可见，这种报偿是延迟性的，但他们往往因此感到极大满足。

（2）主乐受众。有许多受众从图书、报刊、广播、电视、网络上获取信息并没有明确的求知需要，只是因为劳累等缘故，想借此机会轻松娱乐一下。这种受众以满足娱乐的需要为主导动机，我们称之为主乐受众。

主乐受众的受传行为主要是为了调剂生活，消遣娱乐。他们最感兴趣和最关注的内容是富有人情味的、趣味性的娱乐节目、体育节目等，从富有刺激性、戏剧性、奇异性以及人情味的故事和情节中，获得短暂的感情宣泄和即时的愉悦。比如，听听音乐，看看球赛、小品或杂技等。

当然，获取多种信息是受众普遍的心理需要，主知受众和主乐受众的角色不是固定不变的，往往会随着主导动机的变化而转换角色。比如，科研人员在查资料时是主知受众，而当打开电视想换脑筋轻松一下时，就变成了主乐受众。

2. 按照受传行为的自觉程度划分

受众的受传过程是对传播信息的认识过程。在此过程中，他们总是有意识地参与其中，表现在受传目的的确立、对传播媒体（信息）的选择、对受传内容的反馈等多个方面。根据受传行为的自觉程度，可将受众划分为有意受众和无意受众。

（1）有意受众。有意受众，即自觉或比较自觉地把自己的受传需要与传媒联系起来，有意识地参与传播过程的受众。有意受众在实际行动上表现为有意识、有目的地参与受传所需要的条件，比如订报、买报、留心节目预报等，其视听是主动的，在心理上表现为对某个传媒感兴趣，喜欢这个传媒，甚至对传媒有一种依赖和依恋，集中注意于这个传媒。

一个传媒所拥有的有意受众，是传媒在长期的传播实践中培育而成的。这往往需要传媒在传播内容、传播方式以及传受关系等方面做出艰苦而富有创造力的努力。而一旦拥有有意受众，他们就将成为传媒最为有利的精神支柱，也是传媒最为宝贵的资源。

（2）无意受众。无意受众，即受传行为是无意识的、非稳定的受众。无意受众读书、看电视、听广播往往不是出于自觉，而是顺便看看、听听，因此不会努力去创造视听的条件，他们的视听带有一定的偶然性，缺乏主动性。在心理上，他们对于传媒并非特别感兴趣，之所以视听，只是为了“陪”别人看，跟着看，别人不看也就不看了；或者只是单纯地为了消磨时光，对传播信息的内容并不关注。因此，视听过程难以集中注意力，容易受到其他因素的影响。

对于一个传媒来说，有意受众诚然可贵，但是也不能轻视无意受众，因为无意受众在受众中占有相当大的比重，而且无意受众和有意受众并非固定不变，一定条件下二者是可以进行相互转化的。当受传的各种条件向好的方向转化时，比如受众有能力订阅报刊，购买收音机、电视机，或者休闲时间增多，或传媒的内容更富有吸引力等，无意受众就可能转化为有意受众。相反，一旦受传的条件恶化，比如，报刊涨价幅度过大，或者传媒的内容越来越缺乏吸引力，有意受众也可能转化为无意受众。

3. 按照受众受传行为的实现程度划分

受众的受传行为是一个动态的过程，根据受众受传行为的实现情况可将受众划分为现实受众和潜在受众。

（1）现实受众。现实受众，即对某一种或者几种传媒而言，已经发生过受传行为的受众。对于特定媒体而言，正在接收其他信息传播的受众就是现实受众。

（2）潜在受众。潜在受众，即目前尚未与特定传媒发生受传行为，但在一定时间内可能成为受众的人。比如，处于少年时期的中学生，对于传播青年内容的媒体来说，就是潜在受众；眼下暂时没有条件上网的人，对于网络媒体来说就是潜在受众。

也许有人会提出这样的疑问：受众是与受传行为联系在一起的，没有发生受传行为怎么叫受众呢？其实这一点并不需要解释。第一，按照受众的定义，一般 3 岁以上的人都是一定媒体的受众。第二，虽然受众是与受传行为联系在一起的，但对于传媒来说，随着时间的推移，有一些“潜在受众”可能会与特定媒体发生受传行为，从而转化成现实受众。

对于不同的媒体来说，现实受众和潜在受众是可以相互转化的。比如，许多小学生对小学类传媒而言是现实受众，而对中学类的媒体而言则是潜在受众；当小学生升入了中学，便成为中学媒体的现实受众，成为青年媒体的潜在受众。再如，同一个小学生，可能对于某些小学类媒体而言是现实受众，而对另外一些小学类媒体而言则是潜在受众。这就是说，随着媒体传播内容和质量的变化，或受到宣传等其他因素的影响，某一媒体的现实受众会转化成潜在受众，而另一媒体的潜在受众则有可能转变为现实受众。这也是媒体之间产生激烈竞争的根本原因。

（三）依据受众的接受手段分类

依据受众接受信息的手段，亦可以将受众划分为图书受众、报纸受众、广播受众、电视受众、网络受众等。这一分类是以媒体的视角来进行的。其实，在许多情况下，一个受众可同时“扮演”多重角色，同时拥有多种媒介受众的身份。

除了以上这些主要的受众分类，如果依据更为具体的指标划分，可能会有几十个甚至更多的受众群体分类。比如，按照世界地理分布，可划分为亚洲受众、欧洲受众、非洲受众等；按中国的地理区域划分，可以分为东北地区受众、西北地区受众、华北地区受众等；按照城乡布局划分，可以分为农村受众、小城市受众、大城市受众等；按照经济发展程度，可划分为发达地区受众、发展中地区受众、欠发达地区受众等。

三、受众的角色

既然受众是传播活动的重要一环，那么其在传播中的角色到底有哪些呢？对此问题，传播学界和社会学界从不同角度对受众进行了分析。有学者认为，受众是社会群体的一员，其群体背景或社会背景是决定他们对事务态度和行动的重要因素，有时甚至超过了大众传播的影响。也有学者认为，受众即市场。例如，加拿大传播政治经济学家达拉斯·斯麦兹曾提出的“受众商品论”指出，从市场角度，受众可定义为特定的媒体或信息所指向的、具有特定的社会经济侧面像的潜在消费者集合体。还有学者认为，受众是一个享有各种权利的权利主体。邵培仁等人则认为，概括起来，受众的角色包括以下几种。

（一）受众是信息的解读者

任何信息一旦到达受众那里，受众就会根据自己的立场、偏好来理解该信息包括的意义。不同的人对于同一信息的理解是不一样的：一千个读者心里就有一千个哈姆雷特；《红楼梦》是个什么类型的小说，也有许多各自不同的看法。

（二）受众是传播活动的参与者

传播总是有方向、有对象的，对象就是受众，没有受众也就无所谓传播，或者说传播没有任何意义。受众有媒介接近权、知情权、表达权与监督权，在传播活动的各个阶段都应该有受众的参与。

（三）受众是传播主导者

任何传播都是追求传播效果的，而要做到效果满意，传播者就必须了解受众的特征、爱好、职业和需求，然后再选择相应的传播方式和内容。从这个意义上说，受众是传播的主导者。

（四）受众是信息需求的活跃主体

受众的人数众多，且常常不同程度地受认知心理、好奇心理、从众心理、表现心理、移情心理等因素的影响，导致其需求多样且多变，这时传播者必须要了解受众的角色。

当今世界，媒体竞争对手多，竞争激烈，受众具有选择权，因此只有满足受众需求的媒体才有可能生存下来，受众是文化市场的真正主人。

案例链接 《快乐大本营》的受众定位

《快乐大本营》不仅是湖南卫视“上星”以来一直保持的品牌节目，同时也成为全国最有影响力的娱乐节目之一。从 2004 年开始，栏目确立以阶段性活动为亮点，以普通观众为主角的节目改版方向，淡化“大综艺”的明星套路。

根据央视索福瑞公司有关调查，《快乐大本营》年轻观众数量众多，24 岁以下观众比例为 36%，同时辐射各个群体，45 岁以上观众比例也超过 28%。女性观众比例在频道节目中达到 60%。2006 年全新改版倡导“全民娱乐”的《快乐大本营》在全台自办栏目的 CSM14 收视份额排名中稳居第 1 位，收视持续强劲。

《快乐大本营》将自己的核心受众定为“锁定娱乐、锁定年轻、锁定全国”“快乐大本营，天天好心情”，很快就在全国掀起了快乐旋风。湖南卫视敢于突破地域限制，放大娱乐元素，全力打造“娱乐资讯为主的个性化频道”，追求“青春靓丽时尚”的品牌形象，使之成为“最具活力的中国电视娱乐品牌之一”。受众锁定为青年人，体现在内容的编排上就是极力迎合这部分群体的口味，处于流行文化前沿的明星的出场依然是每期节目的必要元素，但是真正自始至终吸引年轻受众的是渗透其中的游戏精神。而这种让人陶醉的游戏精神对当下的成人也有麻醉的功效，因此，《快乐大本营》的受众往往不局限于青年群体。

第三节　受众行为的影响因素

当今社会，受众通过媒介来获得与自己的生活直接或间接相关的各种信息，以及时把握环境的变化，这便有了一个使用与满足的基本过程。

（1）人们接触媒介的目的是满足他们的特定需求。

（2）实际接触行为的发生需要两个条件：一是媒介接触的可能性，即身边必须有报纸或者电视等物质条件；二是媒介印象，即人们对媒介能否满足自己的现实需求的评价。

（3）根据媒介印象，人们选择特定的媒介或者内容开始具体的接触行为。

（4）接触行为的结果有两种，即需求得到满足和没有得到满足。

（5）无论满足与否，这一结果将影响到以后的媒介接触行为，人们会根据满足的结果来修正既有的媒介印象，在不同的程度上改变对媒介的期待。

受众的信息选择心理就实质而言，是一个具有外在联系和内在结构的有机整体。其外在联系主要表现为社会信息环境的影响和制约。“受众研究的社会关系论”认为，大众传播的受众既有自己的生活圈子，又属于各种团体，而且还和其他团体的成员打交道。受众的种种社会关系左右着他们对于媒体信息的选择。影响受众行为的因素是多种多样的，甚至可以说是十分复杂的，主要包括现实条件与受众的心理。

一般来说，受众对于大众传播媒介的选择通常受到文化传统、社会经济地位、群体影响、职业、教育程度、性别、年龄、兴趣爱好、个性、心理等因素的制约。受众是由满足心理需求的欲望驱动的，这种“需求”被定义为“已被感受到的缺乏”，分为实用主义的需求和享乐或经验的需求两类。受众的心理需求可以由其自身刺激造成，例如口渴、渴望拥有刺激新鲜的体验等；也可能由外界的刺激形成，例如广告宣传、好友的推荐等。经过对需求的认知和对解决问题方法的学习，包括积累经验，这些活动产生了直接决定受众行为的动机。

一、现实条件分析

（一）政治因素

政治因素是影响受众信息和媒体选择最主要的因素之一。因为任何媒介，尤其是新闻媒体都隶属于不同的政治集团，并维系着不同的社会制度和经济基础，受制于不同的阶级意志和道德规范。所以，媒体总是通过传播意识形态、价值观念、生活方式来影响受众，引导受众在选择信息和媒体时，尽可能地做出符合一定政体和统治集团意志的选择。

在我国，政治对受众信息选择的影响，是要求媒体尤其是新闻媒体坚持正确的舆论引导，宣传和贯彻党的路线、方针、政策，鼓舞群众，及时准确地反映群众的呼声和愿望，宣传党和国家的政治立场、政治主张和政治观点，弘扬主旋律。在此大前提下，受众根据不同的需求选择不同的媒体及媒体传播的信息。

（二）经济因素

此处所指的经济因素不仅指国家整体经济水平，同时也指受众的个人经济收入。国家的整体经济水平较高，处于良性发展状态时，受众可以选择的媒介方式便会完全打开，受众此时拥有较高的自由度，有接收各种信息的机会。而个人经济收入的高低对于受众媒介方式选择的影响也很大。

（三）文化因素

文化是一个社会的意识形态以及与之相适应的制度和组织，一般是指一个社会的知识、信念、艺术、法律、伦理、风俗习惯等内容的组合体。文化具有复杂性和多样性的特点。这种复杂性一方面表现在它包含的内容十分庞杂上，另一方面表现在亚文化的特征上，大至几个国家因为民族、语言、宗教等方面的原因拥有共同的习俗，小到一个乡村、一个团体长期形成的行为规范与行为标志。除了民族、语言、地域这样的亚文化外，亚文化还包括不同的社会阶层、不同的价值观等方面。

（四）宗教因素

宗教信仰是人们对世界的一种特殊看法。不同的宗教信仰表现出人们具有不同的观念以及相应的行为方式。宗教信仰会影响受众对于信息的选择。宗教因素深深根植于信仰者血液中，隐而不显，却又作用强大。

（五）学校、家庭因素

对于少儿（特别是低幼年龄段）受众来说，对于媒体所表达的信息，往往不能做到自主判断、自主选择。老师、父母以及各种在他们眼中看起来有威望的人会成为他们的“意见领袖”。“意见领袖”在受众选择信息（媒体）中发挥作用的形态是多种多样的，既可以表现为自己先进行选择，然后把选择结果公开告知少儿，也可以表现为“意见领袖”和少儿一起选择，在与少儿的协商中让少儿做出符合自己意愿的选择，还可以表现为对少儿信息（媒体）选择的干预，比如，限制少儿受众看电视、上网、玩手机的时间和内容等。

（六）地域因素

地域因素在一定程度上影响着受众的信息选择。不同地区的受众在信息选择上存在着差异。

例如，有研究发现，北京读者购买“历史地理”“法律政治”和“计算机网络”类书籍的积极性较高；沈阳读者则更喜欢购买“医学”“英语”和“休闲·生活”类书籍；上海读者对购买“传记”“纪实文学”和“财经管理”类图书的兴趣较大；武汉读者热衷于购买“工具”类图书和“艺术”类图书；处在开放前沿的广州读者，除了对“小说”和“散文”感兴趣外，在购买“哲学”“综合科技”和“少儿”类图书方面也比其他城市读者积极；在休闲氛围比较浓郁的成都，读者最喜欢购买的不是“小说”，也不是“英语”，而是“休闲·生活·旅游”类的图书。

除了上述六种因素影响之外，还有其他的现实因素会对受众行为造成影响，如媒体的自身因素。没有一种媒体会拥有所有的受众，也没有一种媒体会没有一位受众。

二、受众的心理分析

现代传播实践证明，受众是传播活动的出发点和归宿。传播效果不仅取决于传播理念、传播内容、传播手段，更重要的是取决于对受众心理的了解、把握和对受众接受传播信息心理规律的尊重。

把握受众心理的前提是研究受众心理。这里所说的受众心理并非广义的大众普通心理现象，而是与传播活动密切相关的受传心理。对于这一部分内容的研究和解读对于提高传播效率起着十分重要的作用。

（一）意识和潜意识

意识是受众心理活动中最基本、最普遍，也是非常重要的一种形式，它是受众其他心理活动的基础，也参与到其他心理活动中去，对受众的心理选择影响很大：第一，受众只有在一定的清醒意识状态下，才能进行正常的信息（媒体）心理选择活动；其二，受众的信息（媒体）选择心理活动开始的时候，意识起着维持该心理活动顺利进行的作用；第三，意识以清醒的方式调节和监督着受众的信息（媒体）选择心理活动，并激发注意、认知、情绪、意志等心理活动一起参与其中，促进该行为的实现。

潜意识是意识的一种状态，常指人们在不知不觉中意识到一些事物，或者在长期的行为中对于原来已经处于意识中的事物逐渐习惯化了，导致其不再处于清醒的意识当中。按照意识理论，被压抑的欲望、本能冲动，由于与社会和文化不兼容，被压制到意识阈之下而成为不被意识到的潜意识，但是它们并没有被消灭，仍在不自觉地积极活动着。潜意识对受众网络信息的选择影响很大。

（二）注意

注意是心理活动对于一定对象的指向和集中，受众选择信息（媒体）的活动都是从注意开始的，无论读书、看报、听广播、看电视或者上网，都需要注意的参与。通常情况下，既需要注意的引发，也需要注意的保持。事实上，受众在信息传播过程中，并不是被动地接受全部信息，而是对信息进行筛选提炼，经过选择性注意、选择性理解、选择性记忆三个递进层次，最后才是接受这些信息。在受传活动开始的时候，受众总是依赖注意，将纷繁复杂的信息通过“过滤”分为两部分：一部分是保留的部分，打算进一步“接纳”；另一部分则是舍弃的部分，从而保证受众花费较少的时间和精力，去获取尽可能多的有用信息。

（三）态度与期待

受众态度作为受众的内在心理结构，由三种因素构成：认知因素（对媒体以及传播信息的认识和评价）、情感因素（对特定媒体或信息的情感）以及意向因素（对媒体或传播信息的反应倾向）。一般来说，这三种因素相互关联，并且倾向于保持一致，共同影响受众对媒体以及信息的心理选择。

受众期待，即受众对传播信息（媒体）满足其需要的希望和要求。它包括三个方面的内容：期望目标，即期望从媒体上获得的满足自身的信息；期望水平，即期望从媒体上获得需要满足的程度；期望值，即受众根据经验判断某一传媒能满足自身需要的概率。

美国心理学家弗鲁姆在1964年出版的《工作与激励》一书中提出了期望理论，其公式为：

$$M=V\times E$$

式中，M表示调动一个人的积极性的程度，V指达到目标对满足个人需要的价值，E即期望值。此公式表明，激发水平的高低取决于效价与期望值的乘积。一个人把目标的价值看得越高，且估计实现的可能性越大，其个人动机的激发也就越强烈。我们也可以用这个公式来说明期望与受众选择（媒体）积极性的关系。可以说，受众对信息（媒体）的期望值制约着受众对于信息（媒体）的选择行为，受众对某一信息（媒体）的期望目标越大，期望水平越高，且估计实现期望的可能性越大，则受众选择、接近这个信息（媒体）的动力就越大。

（四）心理差异

受众的心理差异，既表现在需求、兴趣爱好上，也表现在性格、气质上。对受众群体来说，不同的需求、兴趣爱好、性格、气质会影响受众对传播信息（媒体）的心理选择。就受众个体来说，由其复杂而多变的心理需求引发的各种动机，在选择传播信息（媒体）过程中起着决定性作用。同时，由于每一个受众都承担着多重角色，有着各种不同的信息需要，他们往往会在不同的动机驱使下选择不同的媒体，一般情况下，每一个受众都会选择多种媒体，而并非一种媒体。

受众的行为取决于其中占主导地位的动机。根据美国著名心理学家、人本主义心理学开创者亚伯拉罕·马斯洛的看法，动机乃是人们在特定的时间内受到特定需求的驱使而产生的，这些需求从最紧迫的到最不紧迫的，是促进人走向成熟的重要因素。

马斯洛认为人有五种不同性质的“需求”，各种需求之间有先后顺序与高低层次之分——不同层次需求的满足将决定个体人格发展的境界或程度。这就是他的经典理论：人类需求层次理论。这五种需求分别是：生理需求、安全需求、社交需求、尊重需求以及自我实现需求。马斯洛将前四种需求描绘为“缺乏性需求”，人们只有确实地满足这四种需求后才会降低这些需求背后的驱动力量，此后，相应的精神能量便可以获得释放以满足其成长所需——自我价值的实现。

这五种不同层次的需求可以分为两大类：一类是沿生物谱系上升方向逐渐变弱的本能或冲动，称为低级需求；第二类是随生物进化而逐渐显现的潜能，称为高级需求。人都潜藏着这五种不同层次的需求，但是在不同的时期表现出来的各种需求的迫切程度是不同的。人的最迫切的需求才是激励人行动的主要原因和动力。

第四节　受众的媒介使用

一、按媒介使用方式对媒介的划分

媒介划分方法因划分标准不一而有许多种，在这里我们以最一般的划分方式，即人对媒介的使用方式为划分标准，将媒介划分为两大类：亲身媒介和技术媒介。

所谓“亲身媒介”，即人们以自身器官为传播媒介，可进行口耳相传、肢体语言传播等。

所谓“技术媒介”，即人们以特定的工具技术为媒介，进行各种信息传播活动。技术媒介又可以分为以下两种：个人媒介，指传播规模小，以个人为传播单位的媒介，如电话、电子邮件、手机短信等；大众媒介，指传播规模大，以职业化的传播机构为传播单位的媒介，如电视、广播、报纸等。

现代社会被称为“信息社会”，而各种信息正是通过不同的大众媒介进行传播的，因此，现代社会也被称为“大众传播社会”。从这个意义上看，大众媒介已成为信息时代不可或缺的重要信息来源。

人们接触媒介的目的是满足他们的特定要求，这些需求具有一定的社会和个人心理起源。实际接触行为的发生需要两个条件：一是媒介接触的可能性；二是媒介印象，根据媒介印象，人们选择特定的媒介或内容开始具体的接触行为。接触行为的结果有两种：一是得到满足；二是没得到满足。无论满足与否，这一结果都将影响到以后的媒介接触行为，人们会根据满足的结果来修正既有的媒介印象，在不同程度上改变对媒介的期待。

二、受众的媒介使用目的与行为

受众在传播过程中的心理活动犹如一个黑匣子，黑匣子的输出结果通常表现为：选择或不选择某一种媒介，接受、部分接受或不接受传播内容，对传播产生回应，等等。实际上黑匣子里的活动并非如此简单，受众接触、使用媒介的过程中，总是带有复杂微妙的目的和动机，其媒介使用行为，如在选择行为的发生过程中，也伴随着复杂的心理活动。此外，受众还会对传播活动做出种种反馈，来影响传播者。

（一）受众媒介使用的目的

人的行为总是带有一定的目的，受众的媒介使用自然也不例外。受众是复杂多样的，受众的媒介使用目的也各不相同。但是，在诸多的不同之中我们可以归纳出一些相似之处，许多学者都围绕这一问题进行了相关的研究。

丹尼斯·麦奎尔认为，受众的行为在很大程度上可由个人的需求和兴趣加以解释。施拉姆在论述其信息选择公式时曾说：“它的分子——报偿的程度主要同内容以及它满足当时感到的需要的可能性有关。”他还举例说：“一个人要是从阅读晨报中得到满足的话，那份报纸很快就会在每天的早餐桌上出现。”

那么，受众的需求和兴趣到底有哪些呢？对此，东西方学者都提出了自己的看法。

我国台湾学者郑贞铭主张受众接触媒介具有三个目的，即消除寂寞、好奇心及自我的目的。另一台湾学者余佳士则将新闻受众的需求层次概括为：要明了公共事务的消息和解释；寻找关于日常生活的指导；为了消遣；为了社会声望；为了“替代式”的社会接触；要维护安全感；由于阅读本身被认为是一件“好事情”；由于读报已经变成了一种欲罢不能的仪式。

胡正荣等人结合国外学者的研究和我国近年来受众调查的结果，认为受众使用大众媒介的动机主要有：获取信息，认识外部世界；娱乐消遣，满足精神、情感需要；获取知识。此外，还包括从传播内容中寻找生活的结合点、寻找刺激、转移感情以及通过传媒了解信息，从而增加人际交流中的共同语言以及从传播内容中寻找认同感等特殊的心理需求。

此外，日本学者和田洋一认为，受众接触媒介传播的目的主要是：得到报酬；寻找线索；符合倾向。

（二）媒介对受众使用行为的作用

受众使用媒介是受众进行的一种有意图、有根据的行为，因此可以利用某种相应的方式对受众使用媒介的行为进行预测或者修改。为此，韦伯斯特和弗伦提出了三种主要受众模型，这三种模型分别把受众定位为：“牺牲者”（victim，在效果模型中）、“消费者”（consumer，在市场模型中）以及“交换货币”（coin of exchange，在商品模型中）。在这些模型中，受众这个词被概念化了，更多表现为一种统计学上的抽象数字，而非活生生的人。

然而，人们的媒介使用习惯与其所处时代、地域以及各个社会和文化习俗相关。人们基于各种社会原因而成为受众，众多的受众行为发生于当地社会活动的复杂网络中。

许多媒介形式的开发是为了适应特定社会团体的日常生活以及适应潜在的受众的期望。如人们设计日报的内容和出版周期，以适应 19 世纪末期市民们的日常生活；设计家庭与妇女周刊方便在家庭中随时阅读；去电影院成为城市生活的一种休闲方式，这为需要经济实惠户外娱乐活动的夫妇与朋友聚会提供了方便。

（三）受众对媒介的选择

受众信息接收行为的选择性，首先表现为对传播媒介形式的选择性。根据研究，受众对媒介形式的选择主要取决于以下因素。

1. 媒介是否能满足自己的需要

在媒介选择因素当中，这是最重要的因素。受众对媒介的选择多从自己的实际情况出发，选择能满足自己需要的媒介形式。一般来说，追求娱乐的人，多选择电子传播媒介，如电视、网络等；喜欢深度思考问题的人，多选择报纸、杂志、书籍等；对新鲜事物感兴趣的人，多选择时效性较强的广播、电视、网络媒介等；需要大量收集信息的人，侧重选择杂志、书籍和网络；老年人由于视力下降，多利用广播媒介来获取信息。

2. 理解和使用的难易程度

大众传播媒介是面对大众的媒介，一般来说都有容易理解和使用方便的优点。不过，仍有许多受众对于使用某些媒介感到困难。广播和电视是最容易理解、最容易使用的媒介，它们的普及率最高；报纸、杂志、书籍对于文化程度低的受众来说没有直接的使用价值；互联网中的信息可谓无穷无尽，可是由于上网需要电脑、手机和一定的智能设备操作技能，这就使得许多不会操作智能设备的人难以企及。同时，受众在几种媒介形式都可以使用的情况下，会更多地选择较为方便的那一种。对北京市中学生的一项调查表明，看过电视剧《三国演义》《红楼梦》《西游记》的中学生远比看过同名小说的人数多，原因主要在于看电视剧比看小说好懂又方便；而绘图版、注音版古典名著，因为其适合中小学生实际的阅读能力，便于小学生理解和使用，也备受欢迎。

3. 成本的高低

接收大众传播需要一定的成本。收入较高的受众一般不太关心接收成本，但对于收入较低的受众来说，这是一个不可不考虑的问题。比如，经济的快速发展是互联网用户持续增长的基础，中国互联网络信息中心研究发现，互联网发展程度与地区的经济发展水平呈正相关，互联网的普及率可以作为地区经济发展水平的表征之一。

对于受众选择与媒介形式的关系，还可以做进一步的研究。比如，不同性别、年龄、职业、收入水平、文化水平、居住区域的人是怎样选择媒介的，他们每天接触媒介的时间段如何，长度为多少，等等。这样的研究有助于大众传播者加强传播的针对性，提高传播效果，也有利于指导工商企业的广告传播活动。

案例链接　爱默生沙龙的媒介巧用

玛特和亚历克斯决定在西雅图买下一个发廊并对其进行重新装修，他们将新店命名为爱默生沙龙（Emerson Salon），并将他们的业务渠道投放到互联网上。出乎意料的是，两年之后，发廊75%的业务来自他们的Facebook、Twitter和博客。原来他们已经在美发和美容行业开创了一种新的商业模式，在这里，社会化媒体是王。玛特意识到，在他们的发廊中，社会化媒体就像空气一样无处不在："来发廊的客人中很少没有看过我们的博客或者Twitter的。"

玛特和亚历克斯在建设在线社区方面投入了不少精力，以便跟上最近的趋势。从他们的网站中可以看到这一点。你很难想象这是一家发廊的网站，上面有发廊的Facebook和Twitter，方便用户在这些社会化媒体上关注爱默生沙龙。用户还可以在线预定，并且可以通过Facebook和Twitter来告诉好友。自从网站添加了这些社会化媒体元素以来，网站的流量增长了三倍，毫无疑问，爱默生沙龙相信链接的强大力量。

从网站内容上来看，爱默生沙龙也做得非常好，不像国内的企业网站，信息更新不及时不说，很多内容枯燥无味。

最后一点，爱默生沙龙还致力于本地社区的发展，客户可以谈论任何事情，而不仅限于爱默生沙龙的，这样的开放精神也是值得很多国内企业学习的。

参考书目

1. 童清艳．受众研究．上海交通大学出版社，2013.
2. 塔洛克．电视受众研究：文化理论与方法．北京：商务印书馆，2004.

关键词

【受众】

受众指的是传播信息的接受者，包括报刊和书籍的读者、广播的听众、电影电视的观众、网民。受众中心论自正式被新闻理论界提出以来，虽有争议，但仍然被大多数学者所认可，并与市场中的大众媒介互为指导。受众从宏观上来看是一个巨大的集合体，从微观上来看体现为具有丰富的社会多样性的人。

【受众态度】

作为受众的内在心理结构，受众态度由三种因素构成：认知因素（对媒体以及传播信息的认识和评价）、情感因素（对特定媒体或信息的情感）以及意向因素（对媒体或信息的反应倾向）。一般来说，这三种因素相互关联，并且倾向于保持一致，共同影响受众对媒体以及信息的心理选择。

思考题

1. 谈一谈生活中你最经常接触到的媒介有哪些。

2. 你如何看待传统媒介逐渐被新兴媒介取代的现状?

3. 新媒体时代，如何利用网络传播文化信息是一个非常重要的课题。请你举例说明，如何更好地利用互联网去传播信息。

第七章　文化传播调查研究

内容摘要

任何一门成熟的科学体系，都是由基本理论与研究方法两个部分组成的。文化传播调查研究方法作为文化传播学研究的重要工具和手段，推动了文化传播学的形成和发展，同时也对指导业界实践起到了积极的作用。本章总体概述了文化传播调查研究的过程与方法，并详细解读了传播学调查研究的三大基本方法：内容分析法、抽样调查法、控制实验法。通过本章的学习，读者能够对文化传播学研究方法的特征和意义有深入的了解。

学习重点

- 调查研究的基本过程
- 内容分析法

学习难点

- 抽样调查法
- 控制实验法

第一节　调查研究的基本过程

一、准备

首先，毋庸置疑，调查者需要确定调查研究主题，而调查研究主题的来源往往是日常生活中的文化现象与问题。这是调查者在日常生活中接触传播现象时产生的调查研究思路，如一部电视剧走红的原因、各类型真人秀节目为什么风靡一时等。我们可以使用一种科学的观察法以区别于日常生活中无意识、非系统的观察。科学的观察法往往有比较明确的目的或方向，另外预先有一定的理论准备和较系统的观察计划和方案。调查研究主题还可以来源于与媒介相关的期刊、书籍、档案或调查资料等，这些公开发表的研究成果往往可以给调查者以启发。另外，咨询专家也是确定调查研究主题的方法之一。如果调查者能虚心咨询传播学的专家或调查与主题相关的现场，进行初步的探索，通过亲身体验媒介事件或亲自面对调查研究对象来增加感性认识，就能进一步明确调查研究主题。

在确认调查主题后，在准备过程中还要确定调查研究目的和内容。确定调查目的就是要明确在调查中要解决哪些问题，通过调查要获取什么资料以及这些资料有什么用途等。确定调查研究目的是方案设计中首先要完成的任务，好比打枪先设靶，这一步再怎么强调也不过分。在确定调查研究目的的基础上，才能确定调查研究内容，即该研究要解答哪些问题、从哪些角度出发提出问题，并进一步根据现有的基本理论，列出研究假设，即对某一传播现象提出一个有待证实说明的命题。在明确调查研究目的之后，就要确定调查研究对象，即解决对谁做研究和由谁来具体提供资料的问题。调查对象可以是具体的人，也可以是媒介组织或者传播内容等。

在调查研究方案中需要详细说明研究所用的方法，说明该研究要做定性研究还是定量研究，采用哪些具体的研究方法。在研究中，采用何种方法不是固定不变的，而是取决于研究目的和研究对象。由于收集到的资料大多是零散、杂乱、不系统的，如何汇总这些资料，使之系统化、条理化，应在研究方案中给予说明。如对于用问卷调查收集到的资料，就需要列出统计分析计划，即准备采用何种统计分析方法和统计分析软件对资料进行分析等。

为了保证研究及时开展、按时完成，在方案中应明确整个研究工作的进度，包括各个阶段的起始和结束时间。时间进度的安排应体现效率原则，即在保证资料准确有效的同时，尽量缩短研究周期。研究经费的多少通常视研究的范围和难易程度等而定。不管使用何种研究方法，费用问题总是十分重要和不可回避的，因为它是一项研究得以顺利进行的保证。所以，对调查经费预算要做到细致、周全。

二、实施

实施阶段可以说是整个调查过程中最重要的阶段之一。在这一阶段，调查者将按照研究目的和内容，通过使用相应的研究方法接触研究对象，系统、客观、准确地获取资料。其中实施的关键在于过程中严格的组织管理和质量控制。常用的研究方法包括内容分析法、抽样调查法、控制实验法等，这些方法有各自的特点和要求，不同的方法也有不同的实施步骤，后面会对不同方法进行详细介绍。

三、分析

这一阶段是在前一阶段全面收集资料的基础上，对资料进行系统的整理、分类和统计分析，包括清点、检查、校订和分析资料，如果用定量研究方法还需要对资料进行编码、录入、统计分析等。随着科技的发展，现在整理和分析资料，已摆脱了手工方式而采用计算机并配置相应的分析软件来完成。

四、总结和应用

这个阶段的主要任务包括撰写研究报告，说明调查研究结果或研究结论，并对研究成果的价值做出客观评判，同时检查研究中的缺陷或不足。

第二节　内容分析法

内容分析法是大众传播学的一种研究方法，它从某个理论或现实问题出发，通过一定的规则将内容类化，以便发现和揭示内容变量之间的关系、模式或者特点，并在此基础上解释所分析内容同社会、政治、文化等外部环境的联系。

一、方法简介

（一）概念

内容分析法，简而言之，就是用系统的方法分析传播的信息内容。20 世纪 50 年代，美国学者贝雷尔森出版权威著作《内容分析：传播研究的一种工具》，从而确立了内容分析法在大众传播学中的地位。真正使内容分析方法系统化的则是奈斯比特，他运用内容分析法研究美国社会的动态变化和趋势并主持出版享誉全球的《大趋势》一书，促使越来越多的调查者开始接受并使用这一方法。内容分析法的研究范围非常广泛，适用于传播的一切信息内容，包括文本中的词句义、图画、象征符号、观念、主题等任何有交流价值的信息，都可以作为内容分析的对象。内容分析法通过考察人们所写的文章、书籍、日记、信件，所拍的电影、电视及照片，所创作的歌曲、图画等，来了解人们的行为、态度和特征，进而了解和说明社会结构及文化变迁。

对于内容分析法的定义，国内外的说法莫衷一是，其中贝雷尔森的观点影响最为广泛，他认为内容分析法是一种对传播内容进行客观、系统、定量描述的研究方法。

（二）特征

根据贝雷尔森等人对内容分析法的定义，我们可以从中总结出内容分析法的四个关键性特征。

1. 系统性

系统性就是遵循完整的、有序的、可验证的程序，最好是某个学科所共同遵守的学术规范，而不是片面的、随心所欲的。比如，科学的方法，对问题、假设的提出和验证等都有比较严格的规定。系统性要求全面性，要求对文本进行全面的分析，而不是片面的、为我所需的断章取义。内容分析法采取科学的抽样方法，按明确无误、前后一致的程序抽取，每个分析单位都有相同的机会被抽中；分析过程也用系统的、相同的方法处理，分析的内容按明确的课题设计和一致的规则来确定，资料的统计则按照预先设计的程序，通过计算机进行。

2. 客观性

客观性的本质意义是要避免过多的主观色彩，摒除个人的偏见和主观臆断。具体来说，就是要求所分析的内容均为现有文献资料，样本抽取、变量的定义和操作应该明确、全面，调查者按照特定的标准和程序进行研究，其主观态度和偏好不能影响研究结论。在具体设计、操作过程中，各个步骤都需要基于明确的界定，将个人的主观色彩降到最低。总而言之，就是不同的调查者使用同样的方法研究同样的内容，得出的结论应该相同。

3. 定量性

内容分析法的基本目的在于把一种用言语表示的文献转化为用数量表示的资料，即对内容按照既定类目与分析单元，赋予一定的数值来进行比较。数字化的好处是比较精确，对于误差有基本的把握，能对分析内容进行准确的数量描述，排除了调查者的主观判断，使调查研究结果更具有可信性，有助于向受众或社会解释、分析检验对象。

4. 可重复性

某项研究的可重复性由客观性和系统化的程度决定。不同的调查者采取同样的探索程序，采用同样的研究设计，通过同样的可操作化定义，研究同样的内容，应该得到相同的发现。需要注意的是，这里说的是发现，而不是结论。同样的结果，可能有不同的结论。从另外一个层面上讲，理论的提出和修正往往必须通过可重复性的验证。这是科学研究进步的必经之路。

二、研究步骤

内容分析法将非定量的文献材料转化为定量的数据，并依据这些数据对文献内容作出定量分析和关于实施的判断和推论。美国学者罗杰·维曼和约瑟夫·多米尼克将内容分析法分为十个步骤，这十个步骤是：提出问题或假设；确立研究的范围；选择适当的样本；确定分析单位；制定分析内容的类目；建立量化系统；训练编码员；对分析内容进行编码；分析资料；提出结论并给予解释。①

根据研究的实际情况，我们可以将以上步骤简化为：提出假设——确定调查研究主题；抽样——明确研究范围；分类——建立分析维度；统计分析——得出结论。

(一) 提出假设——确定调查研究主题

调查者对传播媒介进行研究的第一步是提出研究假设。调查者往往通过反复阅读媒介信息的内容形成研究的问题或假设。这种假设可以来自个人预感和常识，也可以从已有的理论、类似调查研究结果或实际问题中得出。但是，内容分析要避免为研究而研究的问题，不能因为资料现成便于列表显示等原因就进行所谓的研究。为此，确定研究的最终目标并加以清晰的表述是十分必要的。精心设计的调查研究主题或假设，能提高内容分析类目的准确性和灵敏性，也有助于产生更具价值的资料。②

(二) 抽样——明确研究范围

确定内容分析的调查研究主题后，接下来就要明确研究范围并对研究文献进行抽样。确定研究范围就是要详细说明所分析内容的边界，通常可以根据主题领域、时间段、媒介种类、传播的信息等指标来确定。例如，对 2005—2015 年舞蹈进入小学课堂的研究项目，其中研究的主题是舞蹈进入小学课堂，时间跨度是从 2005 年到 2015 年，调查者在抽样时就只能在这些指标限定的范围内抽取文章样本进行分析。

内容分析法中的抽样程序与一般的社会调查抽样程序大致相同，但如果供内容分析的资料非常有限，可以对相关资料做全面的总体分析；然而在通常情况下，对所有与调查研究主题相关的材料进行统计分析是不可能的，所以需要采用随机抽样方法，抽取其中一部分进行研究。

---

① 李本乾．描述传播内容特征　检验传播研究假设——内容分析法简介（下）．当代传播，2000 (1).

② 同①.

内容分析法中的抽样常常从杂志、报纸、电视节目、广告或其他类似文献的标题或期号中进行；还有一些则是在作者、书籍、章节、段落、句子、短语、词汇等层次上进行。抽样通常分为三个主要阶段：首先是名称抽样，如果要研究都市报的评论特色，就需要从全国所有都市报中抽取若干种报纸进行研究；其次是时间抽样，如按照报刊期号、栏目等进行抽样；最后是内容抽样，即调查者在以上已抽取的样本中选择要分析的内容。

在样本量上，要达到“足够大”或“相当大”。一般来说，样本量在合理的情况下，越大越好。如果样本选择太少，调查研究结果就可能不具有代表性；如果随机选择的样本量较大，虽然因此很少出现不具有代表性的结果，但会造成任务太重。那么，究竟样本量多大最为合适？一般而言，依照研究的目的和研究对象而定。研究对象发生的频率越低，则样本量应该越大。反之，样本量就可相对较小，但一般不宜小于30。

（三）分类——建立分析维度

抽样后，就开始进入内容分析设计的主要部分——分类。分类的目的是建立明确的类目系统即分析维度，形成特定的概念框架，并据此制定分类表，从而对分析单位进行归类。分类是内容分析法中最主要的部分，类目系统的构成是依研究的内容和主题不断变化的，贝雷尔森指出，特定的研究必须建立起明确的类目并使之适用于该项研究，因为它是保证内容分析“客观性”和“系统性”的主要手段。

1. 分类表

分类表是观察和测量传播内容的统一标准尺度。分类表形成与确立的方式有两种：一是根据研究理论或过去研究成果形成与确立；二是根据调查者的需要自行确立。

分类表中需要体现分析单位，分析单位是指描述或解释研究对象时所使用的最小、最基本的单位。伯格指出，如果要分析文本材料，那么分析单位可能是字词、题目、体裁、段落、项目（例如信件）、概念、语义或者是以上各项的合并。① 选择分析单位与具体的研究目标、研究总体密切相关，并以它们作为确定和选择的基础。如在对舞剧中双人舞桥段表达问题的研究中，可以将舞剧分解成若干场面，并按随机抽样原则抽取其中一部分进行研究，其中场面就是分析单位。

一般而言，分析单位越小，所收集的信息就越具体，统计结果亦越精确。更重要的是，小的分析单位可在事后合成大的分析单位；但反之则不成立。例如，如要研究传统媒介对中国舞蹈发展的报道情况，可先以句子为分析单位，统计有关文章中每一正面或负面提及中国舞蹈发展的句子，然后将其归总到以文章为分析单位。当然，采用小分析单位的研究需要的时间、人手、资金等往往会几倍、几十倍于采用大分析单位的研究。这时就需要在资料的精确程度与实际操作的可行性之间作出平衡。②

类目又称分析维度，制定类目系统，即确定分析单位的归类标准。对一般传播内容设计标准时，首先要给类别下明确的定义，在编码过程中不需要调查者揣测、解释或注明；其次，类目必须是在进行内容分析判断之前预先制定，不能一边分析，一边适应性地修改补充；再次，有效的类目系统应该完备周详，要保证所有分析单位都能被纳入其中某一个类目；又次，类目

---

① BERG B L. Qualitative research methods for the social sciences. 6th ed. Boston, MA: Allyn & Bacon, 2006.

② 柯惠新，祝建华，孙江华. 传播统计学. 北京广播学院出版社，2003.

之间应该是互斥和独立的，一个分析单位只能放在一个类目中，若出现包容或兼容的情况（如国内新闻包含地方新闻），分类中就要给予限定；最后，类目系统还应具有可信度，应能得到不同的编码员的一致认同。

类目的建构既不能单纯地来自理论，也不能完全来自先验的预想，它只能来自对文献的认真、仔细、深入的分析和研究，通过识别文献内容之间的相同与不同之处而确立。“唯有通过让类别从被分析的文献中显目的方法，相互排斥和穷尽无疑的目的才能达到。未经事先仔细检查文献，无疑会排除掉许多重要的类别，而包括许多多余的或不必要的类别。”①

2. 编码

编码即根据分类标准将原始资料转变成标准化的形式的过程，这样就可以利用机器来处理和分析这些资料。② 为了简化编码工作，一般需要使用标准化表格，即编码单（或称分类统计表）。编码单是对文献材料进行观察和记录的工具，在某种程度上与调查问卷的格式比较相似。

研究员进行编码时要为每一个观察单位准备一份编码单。例如如果要进行一项中国与美国网民对“中美武林大赛”的评价倾向差异的研究，我们需要分别抽取两个国家的若干网民评价进行内容分析，再为每一个有效评论内容记录一份编码单。使用编码单既能简化编码工作，又便于以后统计。同时，也可以借助计算机技术完成这项重复性工作，以提高工作效率。

（四）统计分析——得出结论

将研究内容按分类表的分类方式编码归类后，接下来就需要用数量来反映其基本趋势与内在结构。内容分析常用描述性统计方法，反映各种类别所占的比例、各种分析单元出现的频数等。例如，通过统计传播媒介中“新媒体舞蹈”这一词语出现的次数，并将它们换成褒（+）、贬（—）或中性（0）的符号，就可确定被调查的传播媒介对新媒体舞蹈问题的关注程度和倾向性。内容分析中常用的数量概念有绝对数、平均值、百分比三种。绝对数是某一特定类别中“事件”在样本中出现的次数，平均值是特定类别中“事件”出现的平均次数，百分比则是该事件出现次数同样本整体之比。

内容分析时也会用到推断的统计方法来揭示传播内容的特征，如方差分析、卡方检验等，具体的方法要依据变量的测量层次而定。

系统的内容分析往往可以解释受众未明显察觉的媒介叙述重点和趋势。③ 当调查者得出一组说明传播内容特征的数据后，需要对这组数据进行解释，即说明数据的意义。例如，一项关于舞蹈类节目的内容分析显示，30％的观看群体为青少年。那么这30％的数据究竟是大还是小？调查者需要进一步的比较，如把它与其他观看群体或与其他类型节目中青少年观众的比例进行比较。研究人员要对量化数据作出合理的解释和分析，并与文献的定性描述判断结合起来，提出自己的观点和结论。分析结果还要经过信度和效度的检验，这样才具有最终说服力。

---

① 贝利．现代社会研究方法．上海人民出版社，1986：428.

② 芭比．社会研究方法．10版．北京：华夏出版社，2005.

③ 胡正荣．传播学总论．北京广播学院出版社，1997.

三、应用

内容分析法的适用范围比较广泛。从研究材料的性质来看，它可适用于任何形态的材料，如文字记录形态类型的材料、非文字记录形态类型的材料等。

从研究材料的来源来看，它既可以对用于其他目的的许多现有材料进行分析，也可以为某一特定的研究目的而专门收集有关材料，然后再进行评判分析。

从分析的侧重点来看，它可用于不同时期的内容比较、同时期的横向比较、特定时期的内容分析、不同媒体的比较、内容与传播者的关系分析、内容对效果的影响分析、内容与受传者的关系分析以及内容与宏观社会结构之间的关系分析等，可以着重于材料的内容，也可以着重于材料的结构，或对两者都给予分析。

内容分析法的适用范围虽然较广，但适于它的内容一般应具有能重复操作、被人的感官体验、意义明显、可以直接理解等特征。通常对不具备这样特征的潜在、深层内容不适于采用内容分析法进行研究。

案例链接　2014 年引进版虚构类畅销书分析

我们利用内容分析法对 2014 年引进版虚构类图书中的畅销书进行分析，重点考察我国民众对于图书宣传关键点的喜好。我们将研究范围限定在 2014 年 1—6 月畅销书榜单中的引进版虚构类畅销书，为了达到这一研究目的，我们选择了 2014 年 6 月来源于北京开卷信息技术有限公司的排行榜进行分析。我们把上榜的引进版虚构类畅销书（见表 7－1）的宣传关键词进行如下编码：

- 爱情/亲情
- 人性/救赎
- 政治/社会
- 治愈/温暖
- 超能力/异能
- 其他

表 7－1　2014 年 6 月全国虚构类畅销书排行榜中的引进版图书

排名	书名	出版社	定价（元）	作者
1	百年孤独	南海出版公司	39.50	加西亚·马尔克斯
4	追风筝的人	上海人民出版社	29.00	卡勒德·胡赛尼
5	纸牌屋	百花洲文艺出版社	39.80	迈克尔·道布斯
8	偷影子的人	湖南文艺出版社	29.80	马克·李维
11	霍乱时期的爱情	南海出版公司	39.50	加西亚·马尔克斯
17	教父（全新完整译本）	江苏凤凰文艺出版社	45.00	马里奥·普佐
19	别相信任何人	中信出版股份有限公司	29.00	S.J. 沃森
26	亲爱的生活（精）	北京十月文艺出版社	39.50	艾丽丝·门罗
28	麦田里的守望者（纪念版）（精）	江苏译林出版社	25.00	杰罗姆·大卫·塞林格

在预研究中，我们针对所有要分析的引进版虚构类图书，就该图书宣传关键词进行归纳总结，其方式是用最能体现该书内容的3～5个形容词。其后，对所有的形容词按照其所出现的频率排序，并将意义相近的形容词合并，建构出一个初步类目。

编码员分别记录了2014年1—6月畅销书榜单中引进版虚构类图书的数量，以及每本图书的关键词。具体统计数据如表7-2所示。

表7-2　引进版虚构类图书中的畅销书关键词数量及比例

关键词	爱情/亲情	人性/救赎	政治/社会	治愈/温暖	异能/超能力	总计
数量	8	5	3	7	2	25
比例	32%	20%	12%	28%	8%	100%

调查研究结果显示，中国读者对于引进版图书中带有爱情/亲情、治愈/温暖标签的图书更有兴趣，关注度更高。

以上案例基本上涵盖了内容分析的各个步骤。随着现代社会的发展，信息传播工具将日益增加，信息内容也会进一步扩大。通过对各种媒介所承载的信息进行系统的分析以发现和预测社会和文化变化的趋势，将会逐渐成为社会科学研究的一个重要方面，内容分析法也将在社会科学研究中得到更加广泛的应用。

第三节　抽样调查法

抽样调查法又名实地调查法，属于社会学的一种研究方法，后来成为传播学研究的常用方法之一。传播学的研究对象通常是某一群体，而这一群体往往数量庞大，需要收集的数据类型和数据量也十分繁杂巨大。当调查对象多、区域广，而人力、物力、时间又不允许进行普查时，我们可以依照同等可能性原则，在所调研对象的全部单位中抽取一部分作为样本，根据调查分析结果来推论全体。例如，我们要研究北京市街边艺人生存现状，通常情况下，我们是无法做到对全体北京街边艺人进行问卷普查或者逐个访谈的，一是时间有限，二是研究经费及人员配置都很难达到如此高的标准。在这种情况下，调查者往往需要从研究对象群体中抽取一些样本进行研究。

抽样调查在社会学、政治学、经济学、传播学等领域，都得到了广泛的应用。一些国家的政府大量采用抽样调查来了解其就业与失业、收入与支出、住房状况、教育、营养等方面的情况，调研机构也利用基于抽样调查的民意测验来观测有关各种现实问题的公共舆论。

一、方法简介

（一）概念

抽样调查法是指从研究对象的全部单位中抽取一部分单位进行考察和分析，并用这部分单位的数量特征去推断总体的数量特征的一种调查方法。

其中，被研究对象的全部单位称为“总体”，总体是构成它的元素的集合，而元素则是构成总体的最基本的单位。总体是具有某种统计特征的一类事物或者人群的全部个体的总称，在调查中通常用符号 N 表示。

例如，要对《舞蹈剧场》杂志2017年刊登的学术论文作者进行研究，那么2017年《舞蹈剧场》杂志所刊登的所有学术论文作者就构成了研究的总体，而其中的每一个作者都是构成这个总体的元素。

从总体中抽取出来，实际进行调查研究的那部分对象所构成的群体称为“样本”，它也可以看作是总体的子集。在抽样调查中，样本量的确定是一个关键问题。比如，要从2017年《舞蹈剧场》杂志上所刊登文章的作者中抽取上半年刊登文章的作者作为研究对象，那么上半年内所刊登文章的所有作者就构成了研究样本，其中的每一个作者都是研究的一个样本点。

抽样调查的目的是“调查部分以了解总体”，其运作原理是根据样本的统计值特征来推论总体的参数值特征。参数值也叫作总体值，它是对总体某一变量的描述，或者是总体某种特征的综合数量表现。要得到总体的参数值，需要对总体中的每一个元素都进行测量或研究，但经费及人力的限制等客观条件常常使我们无法做到。因此，只能通过样本的统计值推断总体的参数值。

统计值也叫样本值，它是对整个调查样本中某一变量的综合描述，或者是调查样本的某种特征的综合数量表现。样本值是对样本的所有元素进行估算而得到的结果，是相应的总体值的估计值。例如，样本的平均年龄这一统计值，就是通过对所有样本点的年龄进行加总平均后计算得到的。

（二）原则

抽样调查是一种非全面调查，它是从全部调查对象中抽选一部分单位进行调查，并以此为根据对全部调查对象作出估计和推断的一种调查方法。为了确保抽样调查的数据能够用来代表和推算总体，研究人员往往要注意抽样调查法的使用原则。

1. 随机性原则

随机性原则即构成总体的每一个元素或单位被抽取的机会是均等的。抽样调查的样本是按照随机的原则，从总体中抽选出来进行调查并推断总体的。这一过程不受主观意图的影响，样本对总体的代表性很强，因此，可以用少的花费迅速获取相关信息，能够保证被抽中的单位在总体中的均匀分布，也不至于出现倾向性误差。

2. 科学性原则

根据研究对象的特点，要采用合适的抽样技术以获得具有代表性的样本。同时，样本的规模是根据调查误差的要求，经过科学的计算确定的。

3. 可控性原则

在调查前就根据调查样本的数量和总体中各单位的差异程度计算抽样调查的误差，并将其控制在允许范围以内。

（三）优点

抽样调查法与普遍调查法、重点调查法、典型调查法等方法相比，具有以下优点。

1. 精确度高

虽然从理论上说，普遍调查的精确性比抽样调查高，但实际调查中，常常会遇到总体数量庞大的普查任务，例如我国的人口普查，就需要成千上万的人员，而参与调查的人员水平参差不齐，调查数据的可信度与结果的精确性往往大打折扣。抽样调查由于工作量相对较少，可以使用素质较高的调查人员，并进行专门的充分培训，从而保证调查结果的精确性。抽样调查所依据的是概率论原理，即从总体中所抽取的个别单位虽然各有差异，但当抽取的样本单位足够多时，个别单位之间的差异会趋于相互抵消，因而“样本”的平均数接近总体的平均数，以部分可以说明总体。

2. 成本小，效率高

抽样调查减少了需要调查的对象，比整体调查节省时间、人力和物力，可以使调查人员素质得到保障，减少调查研究的工作量，从而提高调查和研究的质量。

3. 调查结果具有可推断性

抽样调查的一个基本特征就是可以依据样本的结果推断总体，依据概率理论，可以知道这种调查结果的可信度有多高。

(四) 分类

1. 简单随机抽样

简单随机抽样又称完全随机抽样、单纯随机抽样、纯随机抽样等，是指从总体 N 个单位中任意抽取 n 个单位作为样本，使每个单位被抽中的概率相等的一种抽样方式。

简单随机抽样的具体做法有直接抽选法、抽签法、随机数表法。

直接抽选法，即从总体中直接随机抽选样本。

抽签法，即先将总体中的所有个体编号（号码可以从 1 到 N），并把号码写在形状、大小相同的号签上，号签可以用小球、卡片、纸条等制作，然后将这些号签放在同一个箱子里，进行均匀搅拌。抽签时，每次从中抽出 1 个号签，直到数量达到所需的样本数量为止。抽签法简便易行，当总体的个体数不多时，适宜采用这种方法。

随机数表法，即利用随机数表作为工具进行抽样。其特点是，无论横行、竖行或隔行读取均无规律。因此，利用此表进行抽样，可保证遵循随机原则，并简化抽样工作。

2. 系统抽样

系统抽样也称为等距抽样、机械抽样等，它是首先将总体中各单位按一定顺序排列，根据样本容量要求确定抽选间隔，然后随机确定起点，每隔一定的间隔抽取一个单位的一种抽样方式。系统抽样是简单随机抽样的变种。

在系统抽样中，先将总体用 $1\sim N$ 相继编号，并计算抽样距离 $K=N/n$。式中，N 为总体单位数，n 为样本容量。然后在 $1\sim K$ 中抽一随机数 k_1，作为样本的第一个单位，接着抽 k_1+K，k_1+2K_1……，直至抽够 n 个单位为止。

系统抽样方式相对于简单随机抽样方式最主要的优势就是经济性。系统抽样方式比简单随机抽样更为简单，消耗时间更少，并且花费也少。使用系统抽样方式最大的缺陷在于总体单位的排列上，因为总体中的一些单位可能包含隐蔽的形态或者是“不合格的”，对此调查者可能疏忽，把它们抽选为样本单位。

3. 分层抽样

分层抽样又称分类抽样、类型抽样等，适用于总体量大、差异程度较大的情况。分层抽样是先将总体的单位按某种特征分为若干次级总体（层），然后再从每一层内进行单纯随机抽样，组成一个样本的方法。分层抽样有等比抽样和不等比抽样之分，当各类差别过大时，可采用不等比抽样。除了分层或分类之外，其组织方式与简单随机抽样和系统抽样相同。分层的原则为：层间差异大，层内差异小。

一般地，在抽样时，将总体分成互不交叉的层，然后按一定的比例，从各层次独立地抽取一定数量的个体，将它们合在一起作为样本。

分层抽样的特点是将科学分组法与抽样法结合在一起，分组减小了各抽样层变异性的影响，抽样保证了所抽取的样本具有足够的代表性。

4. 整群抽样

整群抽样又称聚类抽样，是将总体中各单位归并成若干个互不交叉、互不重复的集合（称之为群），然后以群为抽样单位抽取样本的一种抽样方式。

应用整群抽样时，要求各群有较好的代表性，即群内各单位的差异要大，群间差异要小。

5. 多阶段抽样

多阶段抽样将抽样过程分阶段进行，每个阶段使用的抽样方法往往不同，即将各种抽样方法结合使用，常被用在大型流行病学调查中。其实施过程为：先从总体中抽取范围较大的单元，称为一级抽样单元，再从每个抽得的一级单元中抽取范围更小的二级单元，依此类推，最后抽取其中范围最小的单元作为调查单位。

二、研究步骤

（一）界定调查总体

界定总体就是根据研究的需要，确定调查对象的范围，从而确定抽取样本的对象和依据样本作出推断的范围。研究总体界定不当，即使采用严格的抽样方法，也会导致抽取的样本缺乏代表性。

要进行成功的抽样调查，必须了解和掌握总体的结构及各个方面的情况，样本必须取自明确界定后的总体，而依据该样本得到的调查结果也只能相应地推广到这一最初界定的总体范围中。

有效的总体界定方法是先按照调查目的的要求定义一个理想总体，即目标总体，再根据实际情况对这种理想总体加以修正，形成调查总体。这样就能够明确地识别被排除的部分，使研究者能够对推断的局限性作出估计。

（二）编制抽样框

抽样框是对可以选择作为样本的总体单位列出名称或排序编号，以确定总体的抽样范围和结构。一般来说，样本是从抽样框中抽取出来的。要得到一个良好的抽样框也是不容易的。抽样框通常是不完全的，或者一部分是模糊不清、难以辨认的，或者含有未知的重复部分。比如对某一城市 60 岁以上的老年人进行抽样调查时，就需要该市全部 60 岁以上的老年人的名单，并进行统一编号，建立抽样框。当最新名单难以得到时，应对现有名单进行检查和整理，才能使用。如果抽样分多个阶段、在几个不同区域的抽样层次上进行，就需要建立多个相应的抽样框。在这个例子中，如果对 60 岁以上的老年人进行多阶段抽样，需要从全市的各个区中抽取几个区，再从每个区中抽取几个社区，最后从每个社区中抽取一定数量的老人。这样，就需要分别收集全市所有区的名称、每个区中所有社区的名称，以及每个社区中所有 60 岁以上的老人的名单，形成三个不同层次的抽样框。

（三）设计和抽取样本

样本大小不仅影响其自身的代表性，还直接影响到调查的费用和人力成本。所以要提前设计样本大小，确定样本数。

确定样本数，一般应该考虑三个因素：调查总体的规模、总体内部的差异程度和对调查结果的精确度的要求。一般来说，调查总体的规模越大，所需要的样本量就越大；总体内各单位的差异程度较大的，样本量应该尽量大一些，反之，就可以小一些；对调查结果的可信度和精确度要求越高，则样本量应该越大。

抽取样本时应该严格按照所选定的抽样方法，从抽样框中抽取一个个抽样单位，构成样本。由于抽样框建立的先后和抽样方法的不同，有的抽样可以在事实调查之前就完成，但很多的抽样是在调查的过程中同时进行的。

比如要在一个学校的高一年级中抽取100名男生进行调查，由于学校高一年级学生的人数可以明确，而且名单统计较为齐全，调查者可以事先从总体中抽取100名高一男生的名单。等其他准备工作做好了以后，按照事先抽取好的名单进行调查即可。但若针对某区的高一男生进行调查，且调查的人数为2 000人，由于人员名单数量庞大，实际抽样也较为麻烦，此时就需要采用多阶段抽样的方法来进行。

（四）问卷设计

问卷调查是定量调查里面一种很重要的调查形式，问卷设计的科学与否直接影响到信息收集和调查结果的有效性。

问卷是指一组用于从调查对象处获取信息的格式化问题，任何问卷调查都有三个特殊的目标：首先，必须将所需要的信息转化成一组调查对象能够并且愿意回答的特殊问题；其次，必须促使和鼓励调查对象在访谈中投入、合作并完成访谈；最后应该将回答误差减到最小。

问卷按照结构可以分为无结构性问卷和结构性问卷，按回答问题的形式可以分为开放式问卷和封闭式问卷。无结构性问卷中所提的问题在组织结构上没有加以严密的设计安排，只是围绕调查研究的目的来提一些问题，因此它从形式上说一般都是开放式问卷，其中没有规定答案的选择范围，被调查者可以按照自己的意愿自由发挥。

我们以对大学生音乐爱好的调查为例，这是一个结构性调查问卷（见图7－1）。

不论何种类型的问卷调查，都应遵循以下原则。

1. 目的性

问卷调查是通过向被调查者询问问题来进行的，所以问题必须与调查主题密切相关。这就要求在调查问卷设计时突出重点，避免可有可无的问题。

2. 可接受性

设计的问卷要比较容易让被调查者接受，被调查者对是否参加调查有着绝对的自由。应在问卷说明中，将调查目的明确告诉被调查者，让对方知道调查的意义和自身回答对整体调查结果的重要性。同时设计的问卷要使调查结果便于进行检查、数据处理和分析，所提问题都应该事先考虑到能对问题结果作适当分类和解释，使所得资料便于做交叉分析。

大学生音乐爱好调查问卷

亲爱的同学：

您好！

感谢您接受我们的问卷调查。抱歉花费您几分钟的时间回答下面的题目，希望可以了解您平时的音乐爱好和习惯。可以选填，尽量写出您的想法。

1. 您的性别：

A. 男　　B. 女

2. 您的年级：

A. 大一　B. 大二　C. 大三　D. 大四　E. 其他

3. 您的专业：

A. 理科　B. 工科　C. 人文　D. 社科　E. 医药　F. 外语　G. 其他

4. 您现在喜欢的音乐类型：（可多选）

A. 古典　B. 摇滚　C. 流行　D. 爵士　E. 说唱　F. 乡村　G. 布鲁斯　H. 其他

从前：（可多选）

A. 古典　B. 摇滚　C. 流行　D. 爵士　E. 说唱　F. 乡村　G. 布鲁斯　H. 其他

5. 您喜欢的乐器：（可多选）

A. 钢琴　B. 吉他　C. 架子鼓　D. 大提琴　E. 琵琶　F. 口琴　E. 小提琴

G. 二胡　H. 其他________

6. 现在最喜欢的几首歌或你最难忘的一首歌或令你动情的一首歌？____________

从前：____________

7. 您喜欢的歌手：____________

8. 您经常在什么时候听歌：（比如说清晨、课间、睡觉前、一个人时、干活时、高兴时、失落时等等）____________

9. 您通常用什么方式来欣赏：

A. 耳机　　B. 自带扬声器　　C. 音响　　D. 其他________

10. 您听歌的频繁程度是：

A. 几乎每天　　B. 经常　　C. 偶尔　　D. 很少

11. 您通常每天听多久：

A. 一两首歌的时间　B. 少于1小时　　C. 1小时到3小时　D. 3小时以上

12. 您去KTV的频繁程度：A. 经常　B. 偶尔　C. 几乎不

13. 您是否买音乐类的CD、DVD等音像制品：A. 买　B. 几乎不买　C. 从不买

14. 您是否会去看演唱会：A. 会　B. 不会　C. 再说吧

15. 您对选秀节目的看法：A. 支持　B. 不喜欢　C. 无所谓

16. 您对“网络歌手”的看法：

17. 您对音乐有什么追求？（如张扬个性、自我独立、治愈心灵、陶冶情操）

____

18. 您认为长期听音乐会对一个人会产生什么影响？

____

辛苦了，感谢您的参与、合作！

图7-1　大学生音乐爱好调查问卷

3. 顺序性

在设计问卷时，要讲究问题的排列顺序，使问卷条理清晰、顺理成章，以提高回答问题的效果。一般可按照下列原则排列问题：容易回答的问题放在前面；封闭式问题放在开放式问题前面；注意问题的逻辑顺序，如可按时间顺序、类别顺序等合理排列。

4. 简明性

调查内容要简明易懂，没有价值、无关紧要的问题不要列入，同时避免重复。调查时间要简短，问题和问卷都不宜过长。

(五) 样本代表性的评估

抽样的目的是用样本来推断和评估总体的某些特征，所以样本的统计值能否很好地代表总体的参数值，是抽样调查的核心问题。样本代表性评估，就是对样本的质量进行初步的检验和衡量，其目的在于防止因样本的偏差过大导致的失误。衡量样本质量的主要依据是系统偏差与抽样误差。

样本评估的基本方法是将可能得到的反映总体中某些重要特征及其分布的资料与样本中的同类指标的资料进行对比。若二者之间的差别很小，则可认为样本的质量较高，代表性较强；否则，样本的质量和代表性就不够。例如，我们要在某大学做一次抽样调查，假设该校有10 000 名学生，我们需要从中选取 200 人的样本。可以从该校获得一些数据，比如各年级学生的比例、男女学生的比例等，然后看这 200 人中各相关比例是多少，如果与总体的比例接近，则说明样本的代表性较好，反之则说明代表性不够。

案例链接　北京市居民业余文化生活内容抽样调查方案

调查总体为北京市所有 18 岁以上的居民（包括外来人口，但不包括因年龄太大等生理原因不能接受调查者）。在北京市每个区内选取 300 位居民，即 16 个区共抽取 4 800 位居民进行调查。调查的分析单位为个人。

本次调查采取多阶段随机抽样的方法进行：首先，先从每个区抽取 10 个社区进行调查。其次，从每个被抽取的社区中抽取 30 户居民家庭。最后，从这 30 户家庭中每户抽取一个 18 岁以上的居民进行调查。

第四节　控制实验法

控制实验法起源于自然科学，后被引入社会科学研究领域，20 世纪初在心理学研究中得到成功应用。目前，控制实验法被广泛运用于心理学、社会学、传播学、教育学等学科，与抽样调查法和内容分析法一并组成社会科学调查研究的重要方法。

一、方法简介

(一) 概念

控制实验法又称实验法，是由勒温和霍夫兰这两位传播学先驱从实验心理学中引入传播研究领域。在杨治良的《实验心理学》一书中，对实验法做出了如下解释："实验法不等于自然观察法。在使用自然观察法时，调查者只能被动地仔细观察和记录研究对象在自然状态下所发生的情况，而不能有任何干预。虽然长期的、系统的观察也可以发现事物之间的规律，但这种观察只能等待所要观察的事物出现时才能进行，受到了自然条件的限制。而实验则是人为地去干预，控制所研究的对象。实验者可以创造条件，引发所需要的事件来观察其变化；为了验证，可以创造同样的条件进行重复观察。与自然观察法相比较，实验法是探寻事物之间的规律的一种更加有效的办法。"①

社会学意义上的实验法亦相类似。《中国大百科全书·社会学》中对实验的定义为：调查者对一个变量的操纵和对结果的有控制的观察和测量所构成的任何研究。风笑天在《社会学研究方法》中则进一步将实验定义为"一种经过精心的设计，并在高度控制的条件下，通过操纵某些变量，来研究变量之间因果关系的方法"②。

传播学意义上的控制实验法主要从以上两个学科借鉴而来。美国学者约翰·C. 雷纳德认为，实验是"指在控制其他所有影响因素的情形下，调查者探究其操控变量的效应，目的是建立因果关系"③。国内有学者认为："实验研究是根据一定的研究假设，系统地操纵一个或多个变量，并观察这种操纵对其他变量的影响，从而发现因果关系的一种方法。"④

由此可见，控制实验法的目的就是，在精心设计的情境中，观察并发现两个变量之间是否具有因果关系。实验进行时必须人为地控制某些变量以观察特殊变量与传播效果之间的因果关系。

在传播学中，控制实验法的主要用途有五种：第一是测试信源可信性与传播效果之间的关系；第二是测试不同的信息内容是否会导致不同的认知和行为反应；第三是测试不同的说服手段（如内容提示法、说理法和诉求法等）各自具有什么样的说服效果；第四是测试受传者的各种社会属性、群体归属关系、群体规范等对他们接收信息的影响；第五是测试个人的信息处理方式和习惯、自信心的强弱等个性特征对他们的信息处理过程及其结果的影响等。

（二）特点

简单来说，控制实验法的基本原理就是假设变量 A 和变量 B 之间存在因果关系，进而通过操纵变量 A 来分析并证明它是造成变量 B 变化的原因。实验开始时，在没有受到 A 影响之前，先观察 B 的情况，并对它进行测量（前测）；然后，引入自变量 A，再对引入 A 后 B 的变化情况进行测量（后测）；最后比较前后两次测量的结果。如果前后两次的情况发生变化，则可初步认为 A 是导致 B 变化的原因，即 A 和 B 之间的因果关系成立。总的来说，控制实验法有以下特点。

1. 人为设定实验研究情境

主试和被试是控制实验法中的基本要素。主试，即实验人员，设计并控制实验过程，从中收集资料，建立理论关系。被试，即实验对象，在主试设计的实验中对刺激做出反应。控制实验逻辑程序严密，研究者可以对实验因素加以控制，从而突出某些变量的作用。但同时，这样

---

① 杨治良．实验心理学．杭州：浙江教育出版社，1998.

② 风笑天．社会学研究方法．2 版．北京：中国人民大学出版社，2005：188.

③ 雷纳德．传播研究方法导论．3 版．北京：中国人民大学出版社，2008：256.

④ 李红艳．传播学研究方法．北京：中国传媒大学出版社，2008：147.

的人为操控，会导致“现实性”较弱、实验情境比较单一，不能保证外部效度。此外，实验人员的主观因素也可能会对实验结果产生一定的影响。

2. 严格操纵和控制变量

变量是指性质或数量上可以变化的事物的属性，其两个基本特点是变化性和可观测性。控制实验中的变量主要涉及自变量、因变量和额外变量。控制实验的目的就是研究自变量对因变量的影响。

自变量，也被称为实验刺激、刺激变量或原因变量，是由主试确定并控制的、假定可以引起其他变量变化的变量。通常情况下，传播学实验中的自变量都是二分变量，只有两个取值——有或无，即给予刺激或不给予刺激。

因变量，也被称为反应变量或结果变量，是由被试反应，由主试观察并测量、假定会随自变量的变化而变化的变量，是自变量造成的结果。因变量的测量需要有信度和效度。

额外变量，指实验中可能对因变量产生影响但主试不打算研究的变量。由于其必须加以控制，也被称作控制变量。常用的额外变量控制方法有三种：恒定法、匹配法和随机法。

3. 实验目标是建立和揭示变量之间的因果关系

可以确立因果关系是控制实验法的一大优点，即具有很强的可重复性的同时，还可确保实验结果可复制。其研究过程科学严谨，控制力较强，内部效度高。

二、研究步骤

（一）实验步骤

1. 确定假设命题

控制实验法同其他传播学研究方法一样，也是从确定选题和假设开始，具体为从一个有因果关系的简单明白的假设开始，根据实际条件决定一种合适的实验设计用来检验假设，并决定如何引入实验刺激或如何创造一种引入自变量的背景，然后确认实验课题，最后经过实验来验证假设或是发现问题的答案。确定假设命题实际上是一个观察和调查思考的过程，这个过程对于整个控制实验是否有意义具有决定性作用。

2. 确定变量

确定变量就是在有关大众传播诸多因素中依实验目的并参照有关理论或定论，选择一对与研究目的相符的因果关系因素来作为实验变量，然后确定自变量和因变量并对它们进行操作定义，制定一种有效的和可信的因变量测量方式。其中，自变量指在实验中实验者所控制的，对实验对象的反应产生影响的变量；因变量指由控制自变量而引起的实验对象的某种特定反应。例如在“舞蹈治疗”实验中，研究目的为揭示舞蹈对身心健康恢复的影响，由此确定的自变量为是否进行舞蹈治疗，因变量为心理健康状况。

3. 控制与实验

将选择出的研究对象分为两个组——“实验组”和“控制组”，尽量保持两组成员人数、年龄、性别、教育程度等匹配以排除这些额外变量在实验中可能产生的影响。实验过程中，这两个组的唯一区别在于接受的自变量水平不同，从而计算因变量是否会产生相应的变化。

4. 统计分析

对实验所得的大量数据进行整理、分析，从中推出某些发现、结论，同时对实验的假设进行验证。

（二）设计步骤

1. 设计中的基本符号

实验设计是实施实验的证据，它决定了一项实验的具体内容。无论哪种类型的实验，其设计一般都依实验的组织方式而定。

实验设计往往使用一套符号、方法及标准。研究者为了标清在实验中做了什么，逐步发展出一套符号系统，其中最为著名的是坎贝尔和斯坦利提出的符号系统。[①] 这套系统中主要有 3 个字母符号：O 表示实验处理；X 表示实验人员对因变量的一次观察；R 表示随机分配样本（R_1 为实验组，R_2 为控制组），用以控制系统偏差。

2. 设计中的基本组合

常用的实验设计组合有以下几种。

（1）单组前后测设计。该设计由实验组、自变量、因变量构成实验要素，并依据随机指派的原则选择被试，在给予其实验刺激前进行测量，然后给予实验刺激，之后再对被试进行测量，最后比较前测和后测的结果，从而得出结论。通常采用两个相关样本平均数差异的显著性检验，以检验前后两次测验平均数的差异显著性。相同的被试接受前测和后测，“差异的选择”和“被试的流失”可被有效地控制。但同时实验结果可能受到“历史”“被试差异”“工具”等因素的干扰，导致内部效度降低。

（2）双组前后测设计。该设计由实验组、控制组、前测、后测、自变量（实验刺激）、因变量构成实验要素，并实行随机指派。相比单组前后测设计，这种设计加入了控制组，从而更容易观察并说明在实验组的全部影响中，究竟有多少是自变量造成的，又有多少是其他外部因素造成的。由于没有给予实验刺激，所以控制组差分代表的就是这种外在因素的影响。这样，用实验组差分减去控制组差分，实际上就是从总的影响中减去外部因素的影响，剩下的便是实验刺激（自变量）的影响力。若实验组差分（的绝对值）比控制组差分（的绝对值）大，则说明自变量对因变量有影响；如若实验组差分（的绝对值）与控制组差分（的绝对值）相等，则自变量影响为零，即对因变量不起任何作用；若实验组差分（的绝对值）比控制组差分（的绝对值）小，则说明自变量对因变量的影响是负向的。

例如，我们要验证一个假设——观看舞蹈真人秀节目将使大学生增加对舞蹈的兴趣。首先，从选定的学校中随机抽取出若干名大学生，按照姓氏首字母排序，然后采取随机化的方法，将其中序号为奇数的一半被试分到实验组，序号为偶数的另一半被试分到控制组。然后，在保证无特殊重大事件可能会影响到这两组学生的两周时间中进行实验。先用“对舞蹈的兴趣程度表”对两组学生同时进行一次测量，即前测，分别得到实验组和控制组的前测兴趣得分；一周后，对实验组的学生播放选定的舞蹈真人秀节目片段及评论，但不让控制组的学生看这些视频。再一周后，对两组被试进行第二次相同的兴趣测量，即后测。最后将前后测的结果进行比较，相减即可得到兴趣度改变分数。

（3）所罗门三组设计。双组前后测设计可以帮助我们排除包含在实验组总差分中的前测的影响。然而，除了前测本身的影响，前测和实验刺激还会产生一种“交互作用效应”，即两者

---

① 芭比．社会研究方法．10 版．北京：华夏出版社，2005.

的交互作用所产生的另一种外部施加的影响。例如，大学生们回答前测的兴趣程度表中的问题时，看到一些关于舞蹈真人秀节目的问题后，他们很有可能将此与舞蹈联系起来，意识到实验的目的和舞蹈兴趣度相关，因而在进行后测时，他们可能会作出某种违心的回答。因此，我们必须排除这一种干扰，以得出实验刺激的真正效果。所以所罗门三组设计就是在双组前后测实验设计的基础上，又增加了一组控制组，它接受实验刺激却没有前测，因此这个组中因变量的任何变化都只能归因于实验刺激，这样我们就能计算出前测与实验刺激交互作用所造成的影响。

(4) 所罗门四组设计。虽然所罗门三组设计已经考虑了多种因素的影响，但仍然存在缺陷。因为，除了前测和自变量的交互作用以外，还存在着实验外部因素的影响。三组设计中的两个控制组测量结果中，都可能包括我们还不知道的外部因素的影响。为了进一步从实验组的总差分中排除这种可能存在的外部因素的影响，可以采用更为复杂的所罗门四组实验设计，即在三组实验设计基础上，再增加一个控制组，对此控制组既不给予前测，也不给予实验刺激，只有一个后测，这样在该组中所发生的任何变化都是实验外部因素影响的结果。实验人员可以检测前测的可能效果，同时也比较容易排除前测可能带来的外部因素影响。但同时，这个相对较理想的设计依旧存在缺少足够的保持不变的实验场所和实验设备的缺点，并且时间和经费消耗大，寻找同质被试也较难。

（三）研究效度

控制实验的效度是指实验所能揭示事物的本质规律的有效程度。控制实验研究就是为了揭示事物或现象之间的因果关系，但由于各方面一些因素的限制，不同实验所揭示的这种因果关系的可靠性程度是不一样的，也就是说，实验的效度不同。

1966 年，坎贝尔和斯坦利提出了研究的内部效度和外部效度的概念。这一对概念提出后获得了广泛的认可。一个好的控制实验最好能同时具备较高的内部效度和外部效度。但实际上，研究者往往更关注内部效度，因为如果研究不具有内部效度，其研究假设建立的因果关系就不能成立，也就更谈不上调查研究结果的可推广性或普适性了。

1. 内部效度

所谓内部效度是指实验中自变量的有效性能被准确估计的程度，或者说自变量和因变量之间因果关系的明确程度。如果对实验中的额外变量控制不充分，那么这些额外因素的效应可能与自变量发生混淆，得出因果关系的结论不能完全有把握。此时，就说这个实验内部效度较低。其原因一般包括以下几种情况。

在实验过程中，会有一些历史或特定事件与实验刺激同时发生，对实验结果产生影响。同样，随着时间的延续，被试生理和心理可能逐渐成熟，这也会降低实验的内部效度。

如果在实验过程中没有采取随机化的方法来选择和分配被试，实验处理前后就会出现不对等的情况。例如，在前测及后测中，由于被试做过前测有了经验，故后测的成绩较前测好；实验过程中，由于种种原因实验组或者控制组中有较多被试流失，从而使结果的可信度降低。

还有一个较易被忽视的原因是，如果实验处理前选择了在某一特征方面具有极端分数的被试，那么实验处理后的测验分数就会存在回归平均数的趋向。此外，不同的观察时间，实验测量工具、仪器可能发生变形，或实验人员身心发生改变，这些也会影响最终结果。

以上提到的因素都会威胁实验研究的内部效度。有鉴于此，研究者发展出了一些技术以处理这些问题。例如，前面讨论的几种实验设计就可以不同程度地规避某些内部效度问题。如果能够做到完全双盲和随机化，并采用所罗门四组设计，那么几乎可以控制上述大部分内部效度的问题。

2. 外部效度

所谓外部效度是指实验研究的结果能被推广到实验条件以外类似情境的程度。任何一个实验研究者都想将其结果推广，希望自己的研究结果能对同类现象做出解释、预测和控制。这就需要提高实验研究的外部效度。

要达到比较好的外部效度，首先应该增加被试的代表性。为此，选取被试时一定注意随机化或增加取样的层次，这样才会使被试样本的代表性增大。

其次，要克服实验的过分人工情境化。一般的实验室实验都是在严密控制条件下进行的，这样的结果用来解释日常生活中的问题，可能不太切合实际。

最后，需要考虑变量操作定义的片面性。

案例链接 大学生欣赏传统戏曲作品有助于减少对老年人的偏见

假设：大学生欣赏传统戏曲作品将减少对老年人的偏见。

首先，我们从学校中随机抽选出若干名大学生，按照姓氏笔画将他们排序；然后采用随机化的方法，将其中序号为奇数的一半学生分到实验组，序号为偶数的另一半学生分到控制组；接着，我们在保证无特殊事件会影响到这两组学生的两周中实施这一实验。分别得到实验组和控制组的前测态度得分（记为 BE 和 BC）。一周后，我们给实验组的学生播放传统戏曲表演视频，但控制组的学生不观看此类视频。又过了一周，再次对这两组学生进行第二次量表测验，分别得到实验组和控制组的后测态度得分（记为 AE 和 AC）。量表偏见得分越高表明对老年人的偏见越大。两次测量得到下列结果（两个组前测的实际得分可能会由于随机误差而略有差别，这里为方便起见，假定两者相同，都为 84 分）：

BE＝84 分，AE＝60 分；

BC＝84 分，AC＝82 分。

则 AE－BE＝(60－84) 分＝－24 分，AC－BC＝(82－84) 分＝－2 分。

那么，观看传统戏曲作品所产生的影响＝(AE－BE)－(AC－BC)

＝[－24－(－2)]分＝－22 分

即大学生欣赏传统戏曲作品可以减少对老年人的偏见。

参考书目

1. 柯惠新，沈浩．调查研究中的统计分析法．2 版．北京：中国传媒大学出版社，2005.
2. 李沛良．社会研究的统计应用．北京：社会科学文献出版社，2001.
3. 柯惠新，黄京华，沈浩．调查研究中的统计分析法．北京广播学院出版社，1992.

关键词

【内容分析法】

对文献内容进行系统、客观定量分析的科学研究方法，适用范围比较广泛，其目的是弄清文献本质性的事实或趋势，揭示文献特有的隐形情报内容，进而对事物发展进行预测。

【抽样调查法】

依照同等可能性原则，在所调研对象的全部单位中抽取一部分作为样本，根据调查分析结果来推论全体，重点在于把握抽样技术的内容。

【控制实验法】

根据一定的研究目的，选择一组研究对象，人为地改变和控制某些因素，然后观察其结果的一种科学研究方法。在传播学中，主要用于测试特定的信息刺激或环境条件与人的特定心理或行为反应类型之间的因果关系。

思考题

1. 文化传播学研究方法的特征和意义是什么?
2. 什么是抽样调查法? 随机抽样技术包括哪几种基本形式?
3. 与内容分析法、抽样调查法相比，控制实验法具有什么优势?
4. 选择一个你感兴趣的新闻话题并搜索相关报道，用内容分析法进行分析。
5. 问卷设计的基本原则有哪些? 选择一个你感兴趣的文化传播学研究课题，设计一份调查问卷。
6. 选择一个你感兴趣的文化传播学现象，用控制实验法设计一个实验。

第八章　跨文化传播

内容摘要

跨文化传播是当今时代的文化主题之一，指不同文化背景下的人、组织和社会在相互交流过程中所产生的文化现象，包括不同文化背景间文化交流的方式、过程中的问题和解决方法。跨文化传播学具有极强的实际意义，利用这一学科知识能够传播自己国家、地区、民族文化并与其他文化有效地进行对话。

学习重点

- 跨文化传播的定义
- 跨文化传播策略

学习难点

- 跨文化传播学的发展
- 新语境下的跨文化传播

第一节　跨文化传播概述

一、跨文化传播的定义与起源

跨文化传播作为传播学的分支关注不同文化间的传播行为，指不同文化背景下的人、组织和社会在相互交流过程中所产生的文化现象，包括不同文化背景间文化交流的方式、过程中的问题和解决方法。

跨文化传播的形式早在原始社会就已产生，生活在不同区域的部落群体因生活需要在扩大生存领地的过程中会因部落文化的不同产生语言交流和战争攻击，原始文化就是在部落群体间的战争和迁徙中得到传播发展的。中国历史上的周穆王西征、徐福东渡、张骞出使西域、甘英出使大秦等等，都是跨文化传播活动的具体表现。繁荣一时的丝绸之路，川流不息的遣隋使、遣唐使，更堪称人类历史中跨文化传播的典型范例。哥伦布发现新大陆开启地理大发现的时代，伴随而来的海外贸易与殖民活动促进了世界范围的交往，同时将人类的跨文化传播行为向前推进了一大步。20 世纪 50 年代，美国文化人类学家爱德华·霍尔第一次提出“跨文化传播”概念，在《无声的语言》中，他从文化的分析入手，首次将 interculture 和 communication 并提，从思想上开创了 intercultural communication（跨文化传播）研究领域。而在英语语境下，中文表述的跨文化传播包含了“两类四种”，分别是 intra-cultural communication、cross-cultural communication、inter-cultural communication、trans-cultural communication，因而中文的“跨文化传播”与英文中的跨文化传播是有相当大差异的。20 世纪 70 年代以后，跨文化传播开始成为一个专门的研究领域。

二、跨文化传播学的发展

跨文化传播研究包含了文化人类学、心理学、语言学、社会学等不同学科的学者专家的探索研究。这些学科对跨文化传播研究做出了卓越的贡献，是跨文化传播学最为直接的理论来源。

文化人类学家爱德华·霍尔在 1959 年出版的《无声的语言》中具体勾勒了跨文化传播研究的若干原则，其中包括：跨文化传播培训的参与和体验；从单一文化社会层面的研究转向跨文化人际交往的研究；重视非语言传播；强调文化无意识；坚持非评判性的族群相对主义；关注传播与文化的关系。[①] 爱德华·霍尔在自身研究的学科基础上吸收了语言学、生物学及弗洛伊德精神分析理论的成果，将其整合推向传播领域。他的主要理论概念有：高语境文化与低语境文化、潜意识文化、人际交往中的四种距离。

霍尔将文化语境分为高语境与低语境，高语境文化中的语言本身的所指并不能代表其全部意义，而是需要到语境中，即这个文化群体的习惯、思维、潜意识中去寻找背景，解释意义。因此处于高语境文化中的语言意义是相对模糊的。而在低语境文化中，语言本身能够指明其意义，这个意义与文化群体的整体思维、习惯、潜意识保持一定的距离，语言意义相对明确。

“潜意识文化”理论的提出直到今天仍是跨文化传播领域最具价值的理论贡献之一。正如霍尔在《无声的语言》中提到写作该书的目的在于“揭示文化如何广泛地控制人们的生活”，这种控制不仅发生在遭遇跨文化传播障碍之时，也发生在日常的文化模式中，即处于一种“隐藏的潜意识”状态。相比于对“他者文化”意义的追寻，对“我者文化”意义的认识往往更难，只有在“我者”与“他者”发生碰撞时，处于潜意识状态的文化才能够启动并抵抗外来文化的进入。潜意识文化理论对当前跨文化传播的意义主要在于弱势文化的自觉和自我保护，这种自觉与以政府为主导的文化保护政策一起共同促进了世界多元文化的形成。

霍尔提出人际交往中存在着四种距离：亲密距离、个人距离、社交距离和公众距离。谈话双方之间距离的不同，一方面是双方文化背景、社会地位、身份关系、情感关系等微观因素的体现，另一方面也是民族、国家、文化语境等宏观因素的体现。霍尔还在此基础上提出跨文化传播中的空间和时间差异。不同文化中的人有的对空间敏感，拥有空间的大小可以代表地位的高低；有的对时间敏感，关注一段时间内的特定任务与目标。而对空间和时间不敏感也是长期

---

① 孙英春．跨文化传播学导论．北京大学出版社，2008.

受特定文化影响的结果。

20世纪60年代，跨文化传播研究逐渐从文化人类学中分离出来，开始成为传播学研究中的一个重要组成部分，主旨是对造成文化差异的各种要素进行探讨，尤其是聚焦于人际层面的跨文化传播，以及增进有效传播的相关技巧。20世纪70年代，交通和通信技术迅速发展，世界各国之间的往来日渐密切，这进一步促进了文化人类学、社会心理学、语言学、传播学等学科对跨文化传播现象的关注和理论汇集，跨文化传播学逐渐发展成为传播研究领域的一门独立学科。20世纪80年代，跨文化传播学迎来了快速发展的时期，这一学科在学术研究和应用领域的重要性得到了西方学界的普遍认可。在这一时期，鉴于跨文化传播学的实用性，其研究成果进一步被应用到外交、国际贸易和经济管理等领域。此外，由于跨文化传播学自身的发展，跨文化话语分析学、跨文化语用学、跨文化心理学等分支学科也应运而生，研究领域日益宽广，服务领域也在不断拓展。进入20世纪90年代以来，人类各种文化之间的交融和冲突日益频繁，呈现出不同层次的摩擦、矛盾和冲突，跨文化传播愈加成为社会科学研究特别关注的对象。

三、跨文化传播的影响因素

从文化传播的角度看，跨文化传播是加速全球化进程的关键性要素之一。但是，由于人类文化形态是以民族为主体形成的民族文化的集合，跨文化传播的急剧加速和迅猛增长，使跨文化传播本身凸显为时代的焦点问题。正确认识民族间的文化差异，是解决好跨文化传播负面影响、提高跨文化传播效果的前提。

造成文化差异的原因不外乎两个：一是文化不同的生态环境，二是文化隔离。因此，文化差异也可以分为两种性质：一是时代差异，二是非时代差异。[①] 这种“文化不同的生态环境”，首先是指人们生存、生活于其中的自然地理生态环境，包括地表地貌、地质构造、大气系统、物产分布等；其次是指人们生存、生活于其中的人文生态系统，包括风俗习惯、兴趣爱好、历史传统、信仰观念等，以及记载、保存和再现风俗习惯、兴趣爱好、历史传统、信仰观念等的载体。文化的所谓时代差异，就是指由于各地域或民族发展的不平衡而产生的处于不同发展水平上的差异，是发展程度上的差异，或者说是先进和落后的差异。文化的所谓非时代差异，则是指不以时代的变化为转移的、超越时代性的差异。[②] 民族传统文化给每一个受该文化影响的个体灌输了无数的认知标签，虽然通过标签可以更快地认知事物，但通过标签认知的事物带有前人的主观性，并不是最客观的认知状态。相反，不带标签地认知事物虽然会延长认知过程(在跨文化传播中理解为停留在“文化间性”的时间延长)，但正是因为最客观的认知，甚至是进入另一种文化之中，才有可能更好地理解他者文化，从而减缓文化冲突。但在客观地认知他者文化的过程中，作为文化边缘人，则一定会先受到主流、非主流文化的共同影响，再生出新的文化认识。因此“怪象”在于见识少，才把没有见过的事物当作怪异的对象对待，一开始就处于隔离状态。

跨文化传播作为加速全球化进程的关键性要素，迅速改变着大众媒介文化在社会文化构成和社会阶层划分中的角色，人们正是通过它来建构自己，确定自己在文化中的地位。跨文化传

① 高金萍．跨文化传播：中美新闻文化概要．上海：复旦大学出版社，2006.
② 陈筠泉，刘奔．哲学与文化．北京：中国社会科学出版社，1996.

播越来越多地直接通过媒介本身扩散开来，速度越来越快，数量越来越多，影响越来越大。

以下几个因素是跨文化传播过程中经常被提到的：

（1）文化亲和力。它指的是不同的民族文化在长期的历史交往和交流过程中，所产生的深层次文化认同，表现为一种非强制的文化产品接受和意义赞同。

（2）时空接近性。它指的是在时间上和空间（也就是地理位置）上越接近的不同民族文化之间，越容易发生跨文化传播和交流。从空间接近性来讲，地理位置越接近的不同民族文化之间发生跨文化传播和交流越简单易行，传播和交流的成本越低。从时间接近性来讲，时间越接近的不同文化之间越容易发生跨文化传播和交流，时间的接近可以大大降低人们对外来文化的理解难度。

（3）国际贸易。马克思在论述资本主义工业大发展的后果及其影响时指出，随着剩余产品的增加，国际贸易的产品范围和数量必然扩大，其他国家、地区和民族被裹挟进来，进而导致资本主义生产关系在世界范围内的扩散和推广。这说明国际贸易必然与文化的传播和交流相伴而生，必然导致跨文化传播。

（4）国际关系。国际关系对跨文化传播的重要影响，主要通过国际关系是紧张还是宽松，组成国际关系的国家、地区和民族在国际交往中是否平等和开放体现出来。一般情况下，国际关系越是宽松，跨文化传播越有可能开展并确保成功，战争时期与和平时期的跨文化传播表现就大相径庭。在国际交往中，参与交往的国家、地区和民族，越是感受到平等，就越有可能采取开明开放的对外交往政策，从而也促进了跨文化传播的开展。

案例链接　韩剧风靡亚洲

从1993年国内播出的韩剧《嫉妒》到2001年央视配音引进80多集的《澡堂老板家的男人们》，从纯爱的《冬季恋歌》到历史剧《大长今》，从“长腿欧巴”李敏镐的《继承者们》到“现象级神剧”《来自星星的你》再到“国民老公”宋仲基的《太阳的后裔》，韩剧进入中国已有20余年。韩剧不仅风靡中国，《人鱼小姐》在日本播出时，为了给《人鱼小姐》配音，三家配音公司还展开了竞争。《冬季恋歌》在日本播出后曾一度引发热潮，就连日本前首相小泉纯一郎也加入裴勇俊的追星一族行列中。与此同时，《明成皇后》在韩国播出后，迅速受到包括中国在内的多个亚洲国家的青睐。究其原因，韩国家庭生活与亚洲各国极为相似，亲情伦理观念相同。特别是，韩国文化和中国文化历史上有着许多的相同之处。亚洲许多国家有着儒家的文化传统，历来生活习惯、社会风俗、价值判断、行为方式等互相交流融合，所以韩国文化相比西方欧美文化更容易被亚洲观众接受。

四、跨文化传播中的不平衡

没有交流的文化系统是没有生命力的静态系统，断绝与外来文化信息交流的民族不可能是朝气蓬勃的民族。虽然在不同的历史发展阶段，文化交流的内容、形式和规模都不一样，但是人类进行交流和交往的需要、愿望是相同的。为了保障自身民族文化的发展，每个国家、地区和民族都适时地、连续不断地吸收来自其他国家、地区和民族的优秀文化养料，同时进行积极的探索和努力。在人类历史上，不同国家、地区和民族之间的文化交流和交往也从未停止过。那些发展条件较好、发展速度相对较快的国家、地区和民族，在文化交流、交往和文化传播方面走在了时代的前列。但是自然条件和人文社会条件的差异，决定了各个国家、地区和民族无论是在自身内部，还是与其他国家、地区和民族相比较，都做不到均衡发展。

就这样，跨文化传播过程既产生认同，也有差异的结果逐步显现。同国际交往中政治、经济领域存在的“不对称”现象一样，跨文化传播中也存在“不对称”现象，一般是指文化强国（地区、民族）与文化弱国（地区、民族）之间在文化交流中的不平衡状况，即文化引进的程度远超于文化输出的程度，致使外来文化对本国、地区、民族的影响过大的现象。跨文化传播活动的目标是有效传播自身优秀文化，因此，跨文化传播活动的创造者的个体能力是最终活动是否能够达到该目标的核心与关键。活动由不同的个体组成的团队创造，从某一角度而言，该团队也可以作为一个“个体”，其代表的是一群人的某个共识。换言之，当个体的创造能力、文化传播能力都不能更好地发挥作用时，跨文化交流的效果一定是不理想的。这就形成了跨文化传播活动目标实现与内容供给不平衡的困境。

跨文化传播中的不平衡会对发展中国家、地区和民族的发展造成许多问题，其中包括对文化传播主权和文化传播资源构成威胁，而文化主权和文化资源对任何国家、地区和民族都是十分宝贵的。同时，跨文化传播中的不平衡也会对发展中国家、地区和民族造成“文化紧张”，发展中国家、地区和民族由于整体发展水平落后，在跨文化传播中被迫接受了大量外来文化信息，既超出了它们的实际需要，也超出了它们的处理能力。跨文化传播中的不平衡还会给发展中国家、地区和民族带来价值观的冲突，造成价值体系的混乱，并使自身的弱势文化被同化。总之，在传播全球化体系中，存在着严重的跨文化传播不平衡状况，对此，发展中国家、地区和民族需要引起重视并通过提高自身整体实力的办法树立和增强自身文化在跨文化传播市场的地位。

案例链接 中国动漫产业的现状

《2017年中国动漫产业市场现状及发展趋势分析报告》显示，中国动漫产业在文化产业中的占比仍然较低，动漫产值同美国、日本相比仍然存有较大差距。全球范围内动漫产业最发达的国家为美国和日本。美国是世界动漫产业的第一大国，2004年的动漫产值超过2 500亿美元。而据日本数字内容协会2012年发布的《数字内容白皮书》，2010年日本的动漫产值达到1 200亿美元。相比而言，中国2012年动漫产值约折合120亿美元，甚至不到迪士尼公司动漫产值的1/3。

从动漫内容消费市场构成上来看，中国本土动漫产品占比仍然较低。中国的动漫内容消费市场仍然被日本和欧美的动漫所占据，本土原创动漫在我国动漫内容消费市场的占比仅为11%，而日本则占据了约60%的份额。长期以来，制作精良的美国迪士尼动画和人物刻画细腻的日本动画占据中国市场，优秀的国产动画难觅踪影。国内市场慢慢地被侵蚀，国外市场中更是找不到国产动画的安身之地。在国产动画中少有“大制作”，每年生产出来的动画也大都由于画面、技术等各种原因，难以打入国际市场。

第二节　跨文化传播的策略

一、跨文化传播的实践策略

任何跨文化传播活动的进行都应当以其自身的职能定位为基准，定位决定了跨文化传播活动的实施与最终达到的实际效果。围绕着跨文化传播活动的职能定位，活动需要明晰自身运营的目的，也就是说明为什么要策划实施该活动，才有可能最终达到设想的目的。对于跨文化传播活动而言，其最基本的职能定位应当是传播不同文化，在文化交流过程中减缓文化冲突，更加有效地为不同文化的沟通传播搭建平台。因而任何跨文化传播活动的目的永远不会是寻求文化艺术的大一统，而是“和而不同”的文化繁荣状态。

确定职能定位后，跨文化传播活动需要进一步明晰的是其策划与实施的动机与目标，跨文化传播活动的策划动机应是有效地与其他国家、民族的文化“平等对话”与“互生共赢”，而通过该活动的实施生效则是项目最终的目标。跨文化传播活动进行有效传播的方式是，根据活动本身的内容与传受双方各自的特征在其中寻求“好奇”与“共鸣”之间的平衡。既能够引发受众的新奇感，又能让其在彼此共同的语汇中明白项目的内涵与价值，这样才能真正有效地通过跨文化传播活动传递本国、本民族的文化。当前的跨文化行为本就是由大范围传播支撑的、以混杂性为特征的、超越两元对立的多元文化实践，这些实践在原有文化的缝隙、边缘之处开拓出崭新的文化空间。处于信息化时代之中，新媒体作为一种新兴而不可忽视的文化传播渠道既为跨文化传播带来了全新的机遇，也造成了不可言说的现实困境。数字新技术的发展、应用和制度化建构重构了人类社会实践的方式，成为催生复杂多变的跨文化传播模式及理论创新的内生动力。

谈到不同民族、文化之间的共鸣，则会谈到“共享价值观”。价值观决定着不同民族对客观世界的认知，同样也包含着对他者文化的认知与态度。关世杰先生认为，跨文化交流中的共享价值观即在当今两种或多种文化中都追求或接受的价值观。① 而共享价值观又可细分为共享性共同价值观、共享性外来价值观和共享性本土价值观，比如一些中华价值观在中外都具有共享性。可见，共享价值观足以作为跨文化项目中引发不同文化背景接受者共鸣的有效基础。通过不同项目对共享价值观的不同演绎或不同表现，能够有效减缓文化差异中的冲突，从而帮助文化项目有效地传播其中的理念与内涵，实现不同文化之间的平等对话。

知识链接　文化冲突

文化冲突是指两种或两种以上的文化在交流与交往过程中表现出来的矛盾状态和现象。文化冲突的主体是不同的文化，文化主体知识不同是文化冲突产生的根本前提。交流与交往是文化冲突发生的条件。单一的文化形态内部不可能出现文化冲突，甚至虽然是不同文化，但由于差别表现形式不明显，差别量级不够大，也不太可能发生文化冲突。文化冲突的本质是一种矛盾的现象和状态：当用文化冲突来描述单个、具体的事件或个案等等时，它是现象；当用文化冲突来描述整体、概括的同类事件或发展过程及规律等等时，它更多的是指状态。

---

① 高金萍．跨文化传播：中美新闻文化概要．上海：复旦大学出版社，2006．

二、跨文化传播中的内容和文化策略

（一）跨文化传播中的内容策略

在跨文化传播中内容的因素是非常重要的，它决定了受众对于传播过程最终的认可度和传播效果。内容是定位、目标的投射，在跨文化传播中，必须要了解、尊重文化差异。要更好地进行跨文化交流，首先应该考虑从宏观层面调整跨文化发展策略，同时还要有针对性地调整跨文化策略，改进跨文化传播技巧。

1. 文化适应

跨文化传播活动中必须要进行文化对接，在不同文化背景的不同国家、地区、民族调整不同的传播方式，以适应异质文化，让传播在文化认同中更有效。

2. 文化转换

在文化传播的过程中，不仅需要保留原文化本身的文化特征，同时还要兼顾其他文化的特质。

3. 文化融合

跨文化传播的根本原因是存在着文化差异，要有效传递出本国文化的特色，最重要的是要找到不同文化间的差异，以及融合差异的结合点，在尊重差异的基础上进行文化融合。

（二）跨文化传播中的文化策略

跨文化传播的目标应该是各民族多元文化的共同繁荣，而不是用一种文化去消灭或者取代其他文化。自觉利用跨文化传播来促进多元文化的生成，有利于民族文化的创新与发展。

1. 自觉做到民族利益与全球化进程的良性互动

全球化背景下，文化的民族性与世界性相互渗透、相互关联、难分难舍。二者的矛盾，是全球化进程中的客观现象。一方面，发展中国家、地区和民族要站在民族利益立场上，以宽广的视野关注和参与全球化进程，吸取人类文明，包括西方发达国家创造的现代文明在内的一切优秀文化成果。另一方面，要站在现时代和全球化的高度，与时俱进制定自己的民族文化发展战略，立足并发扬传统，使建设的民族文化既具有民族性和自主性，又具有世界性和时代性。

2. 在批判继承的基础上实现综合创新

批判继承基础上的文化综合创新策略，是将本土与世界、传统与现代、科学与人文有机结合或统一，以适应当代世界文化发展的主流，它开辟了在文化问题上正确处理传统与现代、本土文化与外来文化关系的新思路和新局面。全球化的影响，使文化发展的多样化成为世界性的主导趋势。而全球化所导致的文化冲突的加剧，使创新意识和创新能力日益成为一个国家、地区和民族在竞争中掌握主动权的关键性因素。衡量一个民族的文化发展程度，也主要看其创新能力的高低。因此，实现批判继承，做到综合创新意义重大。

3. 坚持民族文化自主性，对外来文化进行重构融合

全球化进程既不是不同民族文化价值观念的创造过程，也不是不同民族文化按照自己的理解对外来文化进行重构的过程。应该倡导“以我为主，为我所用”原则，做到博采众长和创新综合，在差异中寻求整合，在整合中求创新。

4. 建立促进民族文化发展的安全保护机制

民族文化保护一方面是对外来的价值观念和文化产品要有质的规定，只要符合民族文化利益和有利于民族文化发展，就坚决支持，否则就坚决拒绝；另一方面对引进外来文化应有量的规定，如果在文化话语、文化产品方面任其泛滥，客观上也会对民族文化造成冲击。

案例链接 “艺术中国汇”的项目定位

2015年由原文化部同相关部委创立的对外文化交流项目“欢乐春节·艺术中国汇”作为“欢乐春节”子品牌项目亮相，“艺术中国汇”的项目定位明确，致力于打造展示我国当代艺术与文化，推动中美文化交流的国际高端文化艺术平台。活动邀请了众多当代艺术家与国内外优秀团队合作参与，将中国传统春节文化与当代艺术完美融合，呈现了一场视听盛宴。该项目由三个部分组成，分别为“和美中华”主题焰火晚会、“华彩中国”主题灯光装置以及公共艺术展览与创意集市。此外，在“欢乐春节·艺术中国汇”系列活动开展的同时，主办方还与纽约历史博物馆合作，举办“华人在美国”的展览，这个展览在春节期间对公众开放，收获了海内外主流媒体的一致好评，在纽约当地引发了高度关注。

在本次项目开展期间，哈德逊河的上空燃放出具有中国代表性颜色以及元素的焰火，让纽约人民感受过春节的传统方式，在形式上将传统文化与当代高科技结合，向纽约及全世界人民展现了一个传统与创新并重的中国文化精神。通过在帝国大厦、林肯中心等纽约地标建筑和著名的文化设施进行展示，将传统的中国新年推进美国主流社会，也向来自世界各地的游客展示了中国文化。该项目大力推动了春节庆祝活动进入美国主流社会，吸引了更多的美国主流社会人群和来自世界各地的游客关注并参与中国春节活动，大力传播推广了中国文化。“欢乐春节·艺术中国汇”项目的开展向世界展示了一个全新的中国形象，即不仅拥有上下五千年的丰富文化内涵，同样还有当代艺术及创意设计的新兴人才，将传统文化进行了当代的转译，让更多在纽约的民众认识到中国的当代文化与传统文化，以吸引更多人前往中国，对中国文化进行深度了解。

第三节 “一带一路”倡议下跨文化艺术项目实践传播策略

一、“一带一路”倡议与跨文化艺术项目

（一）“一带一路”倡议与人类命运共同体的时代意义

在19世纪90年代左右，“global”一词从原有“球体”的释义开始转化为“全世界的”①；到20世纪中期，“全球化”一词用“global”释义第一次出现在词典之中。因此，全球化既是

① 刘东．再造传统：带着警觉加入全球．上海人民出版社，2014.

一种社会发展的现象，也是社会发展正在进行中的一个过程，而通常意义上的全球化可概述为“全球联系不断增强，人类生活在全球规模的基础上发展及全球意识的崛起；国与国之间在政治、经济贸易上互相依存”的一种社会现象。因而，无论现下学界中存在多少种肯定或否定“全球化”的学说，各国各民族之间的联系不断增强的事实是不可否定的，且不论这样增强的结果是否有利于人类文明的发展，就当下而言，不断加强的联系早已渗透进人类生活的方方面面。

当“一带一路”倡议以经济先行搭起新时代与他国沟通的桥梁时，文化交流貌似很容易被忽略，因为文化交流相较经济、商业贸易行为而言，其成果没有后两者所带来的经济效益显著、快捷。但事实上，受到忽略的文化恰好是“一带一路”倡议实现的根基。若是不同文化有着巨大的差异，无法平等沟通，其他方式的跨文化传播会更加无力，甚至会由于方法不对产生相反效应，加深文化隔阂，甚至导致巨大的文化冲突。在“一带一路”倡议逐渐推进的国际格局下，可以将上述内容理解为虽然政治、经济领域由其引发的变化会更显而易见，但人类社会所包含的意识形态、生活习俗等真正关乎每个人衣食住行的行为变化，会在潜移默化中逐渐渗透进每个人的思维意识，虽然对于大多数人而言受到的是一种“无意识”的文化影响，但正是这种“无意识”，才会在悄无声息之中迅速扩散到每一个文化的角落，影响着人类社会中的每一个人，这就形成了实现“民心相通”的基础条件及必备条件。2013 年 9 月和 10 月，我国先后提出共建“丝绸之路经济带”和“21 世纪海上丝绸之路”的重大倡议，得到国际社会高度关注，两者合称“一带一路”倡议。它充分依靠中国与有关国家既有的双多边机制，借助既有的、行之有效的区域合作平台，旨在借用古代丝绸之路的历史符号，高举和平发展的旗帜，积极发展与沿线国家的经济合作伙伴关系，共同打造政治互信、经济融合、文化包容的利益共同体、命运共同体和责任共同体。之后在 2015 年 3 月，国家发展改革委、外交部、商务部联合发布了《推动共建丝绸之路经济带和 21 世纪海上丝绸之路的愿景与行动》。

众所周知，“一带一路”倡议的提出，旨在加强我国对外文化交流，而增强对外交流力度实际上也是适应全球化的重要行动。在疏通对外交流渠道的同时，增强我国对外输出内容，即加强自身的文化自觉与文化自信，则是我国面对全球化做出内外环境“双管齐下”的重要决定。

除了“一带一路”，我国也注重对“文化基因”等固本强基文化引导政策的设计与推动。2017 年，面对全球化加速推进的趋势，在结合社会现状的基础上，我国政府出台了一系列关于保护传统文化以及引导传统文化发展的相关政策性文件，其中《关于实施中华优秀传统文化传承发展工程的意见》清晰地指明了我国传统文化目前面临的形势及应当调整的发展趋势。由改革开放带来的一系列经济社会变革形成了日益扩大的对外开放格局，而由人类科技的不断进步带来的互联网技术和新媒体的快速发展使得各种思想文化能在公开的互联网平台更加自由地交流。面对这一切的现状与挑战，则更加迫切需要深化社会大众对中华优秀传统文化重要性的认识，增强社会大众的文化自觉和文化自信；同时也需要深入挖掘中华优秀传统文化的价值内涵，激发优秀传统文化中大量的文化基因，让传统文化在崭新的时代中焕发出全新的生机与活力。故而，优秀的传统文化对于当下的中国而言，绝不仅是作为一种象征性的“文化符号”存在，而是每个个体都拥有的强大的文化基因，这样的文化基因不会因为其他文化的到来而被轻易舍弃，它根深蒂固地存在于每个具有这样文化基因的个体之中。有机的个体是促进传统文化更新的最佳载体，优秀的传统文化也将通过有机的个体重新展现出其内在的价值与意义，而由此带来的充分的文化自觉与文化自信则是面对经济全球化挑战的首要出发点，也是跨文化艺术项目最终能够有效传播我国优秀文化的基点。

需要注意的是，在促进我国传统文化发展的过程中，首先要加深大众对我国传统文化内涵的深层理解，而不是停留在“符号”层面；其次要将传统文化的延续深入教育内容之中，通过教育过程将传统文化的内涵融入大众之中；最后，传统文化的发展应在适度的保护之中鼓励对其内容的创新，并通过与当下大众的现实生活相结合的方式，在汲取国内外各优秀文化的过程中，使传统文化衍生出更具活力的创造性内容。这既保存了我国传统文化最核心的价值精神，同时又赋予了传统文化最“时尚”的发展路径，使传统文化最终进入大众的生活之中，这才是足以推动传统文化持续发展的有效模式。传统文化的持续创新与发展则是“一带一路”倡议不断向前实现的动力与源泉，优秀的传统文化是我国足以与世界其他文化对话交流的精神文明财富，也是跨文化艺术项目实践的基本内容。

知识链接 《关于实施中华优秀传统文化传承发展工程的意见》

2017年1月，中共中央办公厅、国务院办公厅印发了《关于实施中华优秀传统文化传承发展工程的意见》，并发出通知，要求各地区各部门结合实际认真贯彻落实。其中首先指出优秀的传统文化始终是历史悠久的中华民族精神追求，优秀的传统文化也代表着中华民族独特的精神标识，在当代中国发展所面临的国际局势中更是我国突出的精神文明优势，优秀的中国传统文化对传承和发展中华文明、促进人类文明进步都发挥着重要作用。同时，《关于实施中华优秀传统文化传承发展工程的意见》进一步指出为促进我国传统文化发展需要具体实施的重要方法，包括“深入阐发文化精髓”“贯穿国民教育始终”“保护传承文化遗产”“滋养文艺创作”“融入生产生活”“推动中外文化交流互鉴”“充分调动全社会积极性创造性”等具体方法。

(二)“丝绸之路”的多元文化与贸易共赢

丝绸之路作为人文社会的交往平台，多民族、多种族、多宗教、多文化在此交汇融合，在长期交往过程中“各个国家团结互信、平等互利、包容互鉴、合作共赢，不同种族、不同信仰、不同文化背景的国家可以共享和平，共同发展”。然而，丝绸之路并不只是各种文明沟通交流的一个简单通道，其实可以说它是某一种“文明”的生产方式。千差万别的各种文化在这里相遇，然后以杂糅、嫁接等方式产生出全新的文明。这一文明并不一定就在这里生根发芽，也许它形成时只是一颗种子，但会随着风飘到其他地方，最终会落地生根，并在另一种文明的沃土上生长出全新的枝丫，这就是当下全球瞩目的敦煌文化的形成过程。历史上中原文化对于外来西域文化并没有强烈的抵制，尤其是在敦煌地区，它作为文化交融的前沿地带，中原文化与西域文化在这里产生的影响几乎等同。正是因为各种文化在敦煌的平等交流，最终形成了敦煌文化独具特色又缤纷璀璨的特点。对于中原腹地而言，在不考虑政权更替的前提下，中原文化对西域外来文化仍然持开放、包容的态度，中原地区在西域文化的逐渐影响之下，放开自己对文化的界限，接受并融合外来文化带来的新兴事物，并将新事物融合进自己的文化特征之中，最终形成全新的文化，而现如今这样的文化也是中国传统文化的一部分。也就是说，历史的推进必然诞生新兴文化，历史最悠久的传统文化就像一颗球的中心，若它能够不断吸收诞生的新文化，则会不断增加自己传统文化的半径，使文化的内容越来越多，结构越来越稳固，影响也就越来越大。

对比当下“一带一路”倡议可知，对外交流是这一重大倡议的实际目的，而对外交流的一个重要组成部分是对外输出我们的文化。目前，由政府层面形成的两大硬输出渠道是“汉办孔子学院”与“华人海外中心”。但在文化硬输出的情况下，他者是否可以有效地接受还有待思考。当管道不能通畅有效地输出内容时，一方面我们要考虑内容本身是否应该被改造，以更加适合被输出；而另一方面，我们也要考虑对管道本身的改造，即这样的管道是否合理。如果将“丝绸之路”作为一种具有生产力的管道，那从历史的角度来看，这样的管道对于文化交流来说则是合理且有效的。当然，作为文化输出的管道，首先应该关注的是通过这条管道我们希望文化交流达到怎样的一个效果，以及我们需要达到的目标。因此，在改造管道的实际操作中，我们要考虑的是跨文化艺术项目的改良规划以及项目执行需要的人才配备。平等的文化往来才会促进信息的交换，信息交换的终端则是个体的自由表达，当每个个体可以平等而自由地表达时，真正的对话与交流就会形成。这样的交流不在于一定要让他者赞同自己表达的某种文化，彼此之间只是在表达自我。而当每一个“我”想要分享更好的“我”给他者时，如何塑造一个更好的“我”则可以被比为关于“我”的事件营销，以及宣传模式。而每一个“我”的输出就是形成民间自主对外输出渠道的重要组成部分。

丝绸之路上的文化传播始终离不开频繁的商贸活动。文化与贸易并不是对立的，相反它们应该是相互应和、相互作用的两种对外交流方式。反观当下，为何在现在提出“一带一路”倡议？是否可以考虑是因为丝绸之路的贸易模式与当今的商业社会更加契合，可以从实际操作层面更好地解决跨文化传播的问题？同时，“比较优势”理论认为，国际贸易中各国应遵循自己的比较优势来进行交换和生产，从而增加社会的总财富，实现双赢。这一理论看似针对的是商品贸易活动，但实则同样可以应用于文化的传播，对商品赋予恰当的文化属性，也正是当下文化创意产业实际的出发点。商品的流动替代了要素的跨国流动，进而对要素价格产生影响。相对丰裕的要素因为出口的增加而变得稀缺，稀缺要素因为进口的增加而变得丰裕，所以最终两种产品的价格会趋于一致，双方实现共赢，而“共赢”就是“一带一路”倡议的根本目标。

同理，敦煌文化是不同文化在交流与碰撞之后，通过全新的文化形式与内涵，从贸易、艺术等多种渠道再反向促进各种文化的繁荣再发展的。各种具有深厚基础的传统文化不断吸收外来文化的优势，再形成更加强大的文化基因，裂变出无数的文化产物。而丰富的文化产物不仅使各民族的“软实力”得以提升，由“文化贸易”带来的物质“硬实力”也同样得以增强。这样的变化绝不只对中国产生了影响，对任何一个参与到文化交流与融合的国家、民族而言，其收获的成果都是无法估算的。而这即是敦煌文化至今仍在发光发热的重要原因，它并不是一件显示中国传统文化强大的历史证物，而是给予当下世界各民族、各文化在交流与融合中互生互长的理想模型。

二、“一带一路”倡议下跨文化艺术项目实践倾向

优秀的跨文化艺术项目的有效进行必然会推动个体价值的实现，而个体价值的不断实现也会成为跨文化艺术项目得以不断创新发挥其效用的营养沃土。

某一类群体间一定存在共性，而集聚的共同点会放大某群体与其他群体之间的差别，且扩

大的共性认知也会更大地影响个体对所有事物的客观判断。因此，群体间的共性会增加跨文化项目传播的难度。如果这个群体是以国家为单位，虽然传播的力度会大大加强，但效果却并非一定与力度成正比，因此跨文化艺术项目可能反而会在巨大差异中艰难进行。若跨文化艺术项目是以个体作为发力点，群体意识的作用则会相应减弱，同时现代社会对个体价值的肯定会逐渐扩大，个人主义崇拜对个性的无限追求导致每个个体都包含着多种多样的文化内容且效力巨大，因此每个个体与他者之间存在的文化冲突靠政策、外交等手段是无法解决的。所以，让跨文化艺术项目回归个体是时代迫切的需求。进一步来说，世界格局变化的宽泛影响导致了文化边界的改变，而文化边界的改变又会使有着共同认知的群体得以改变。也就是说，在全球的主旋律影响下，跨文化传播的主体已经发生了改变，而跨文化传播的客体也随着主体的改变而改变，或者说，跨文化传播当下“跨”的到底是什么，已经产生了改变。而如此模糊的文化状态非但没有减缓文化冲突，反而加剧了文化冲突，甚至发展为战争、恐怖主义袭击等现象。为有效地解决文化冲突，就需要将解决的根本落在个体身上，无论是通过对丝绸之路的解读，还是通过对文艺复兴的阐述，对跨文化传播的肯定都在于有效地解决文化冲突，而文化冲突得以改善最终在于每个个体的真正完善，这既是与整个世界关系的完善，也是个体自己的完善。在这样的发展进程中，当文化足以容纳每个个体能力与价值的实现时，跨文化传播才能够在最原始纯粹的渠道中得以有效地实现。

(一) 跨文化艺术项目的持续与再生

当下，处于全球交流圈中的世界各国都面临着巨大的文化冲击，尤其是以西方话语为主导的国际格局所带来的文化变革不仅对东方国家产生了根本性的影响，对西方国家自身同样也带来了强大的挑战。国与国之间的文化影响愈发显著，世界各国的民族文化由互相冲突到逐渐适应再到逐渐融合，这对于全球文化而言，就是文化的多样性在不断减少。由“多样性悖论”得知，“在一个特定社会不断增加选择菜单，反而有可能限制整个世界的选择菜单；如果众多社会拒绝统一性，作为整体的世界也许会变得更为多样化”。具体而言，我国传统文化在适应文化变革的过程中，必将面临不断引进并增加的来自其他国家的文化产物，若将传统文化无条件地与外来文化融合，最终会逐渐失去本国的文化特色，而对于整个世界文化资源而言，则减少了世界文化的多样性；相反，在融合过程中，若各国、地区及民族始终保持自己的传统文化特色，对于世界文化而言则是保持或增加了文化多样性。在这样的情形之下，各类国际组织及各国政府加大了对于“文化例外”和“文化多样性”的强调，例如近年来愈加热闹的“非物质文化遗产”申请，或是各国传统节假日相关政策的频繁出台等都是各国面对全球化冲击而做出的对本民族传统文化的保护措施。

当今世界的多元文化共同发展的现状与我国悠久历史中的部分历程极其吻合，中国传统文化延续上千年，自其核心内容产生以来，同样在其发展的过程中面临过大量外来文化的挑战。反观历史，在这上千年的发展过程中，中国传统文化始终承受住了人类文化不断更迭、不断融合、不断重新塑造带来的巨大挑战。文物是文化的产物，但文物却不是文化的全部。文化由人所创造，也在人的生存与生活环境中延续发展，它随着地理环境、自然条件、社会环境等变化而变化，因此没有一种文化是永远固定静止还继续拥有强劲生命力的。假如，某一种文化模式被试图固化在过去历史的某一时间段，那它则会成为现在博物馆里的文物。文物可以在一定程度上证明历史上某一种文化的强大，但并不能够证明它至今仍然生命力旺盛。只有真正存在于当下生活中鲜活的文化，才有可能在面对新世界的碰撞与挑战时迸发出新的火花，从而引领传统文化走出当前的困境。这也就意味着，若传统文化只是作为一种陈列展览的文物，既不能摸也不能用，只能用来显示它曾经的辉煌，那它于当下而言则不会产生更大的效应。

文物的价值固然很高，维护文物则需要更多资金、人力以及技术的支持。但文化不同，文化的延续并不是有大量资金、人力、技术的投入就一定可以持续的。当下，许多人开始刻意重视传统文化的价值，“国学”“汉服”等打着传统文化旗号的活动层出不穷，但这些活动究竟是在传承文化本身，还是在将传统文化包装为一种文物，通过这些依附于传统文化之上可以产生巨大经济价值的内容来提升个人的经济所得或社会地位，这还需要更深入的思考。尽管这样的活动在一定程度上使传统文化的某些直观内容作为一种新文化概念而再次进入大众的视野，但急速变化着的社会可能很快便会将人们的这份新鲜感消磨殆尽，若传统文化只能停留在这一形式表面，那信息时代的迅速更替状态仍然无法为这样的传统文化保留一席之地。

仍然以敦煌文化为例，它曾经的繁华绝不仅仅只存在于人们熟知的“壁画”“佛像”之中，尽管壁画艺术是敦煌文化最典型、最直接的表现形式之一，但透过壁画内容可以看到，真正的敦煌文化曾经渗透于人们的服饰、习俗、教育、宗教、农耕等方方面面。也正因为如此，当人们面临外来文化的不断挑战时，才会对自己本来的传统文化更加自信，同时又能够从新文化中提取出更优质的核心内容为我所用，而不仅仅当作一种新颖的文化风格来装饰传统文化。这即是说，传统文化要突破现有困境，只让大家“看”是没有实际作用的，它只有真正融入现代社会的一点一滴，才能在社会的持续运转中伴随着每一个文化个体继续往前发展。敦煌文化的形成与发展从未停留在历史中的某一个节点，每一次中原传统文化与外来文化的碰撞都促成了敦煌文化一次新的改变。它正是不断地改变、创新，吸收各种文化的独特之处而又为我所用，生出的新文化又再与外来文化不断糅合，最终才形成了如此千变万化、丰富庞大的敦煌文化。

而由敦煌文化的最终形成可以看出，中国传统文化仍然需要在这种“吸收—融合—再吸收”的螺旋式上升循环中才能不断延续，不断发展。而历史证明，中国传统文化在数千年的时间里总是不断地与其他文化进行互动，正是这种不断互动的行为，使得中国传统文化逐渐成为一片可以吸收容纳各种文化的肥沃土壤，在不断演进的历史进程中，延绵不断地承载着其中共同的文化。即使到今天，中国传统文化仍然可以与世界各种文化对话，尤其是在文化全球化与改革开放同时发力的时代，内外相呼应的现状则是打通对话渠道的又一强力催化剂。

当各文化之间的地域空间限制随着科学技术的更新而逐渐消失时，中国传统文化当下面临的就只有来自“时间”的挑战。当科学技术已经融入现代人的生活之中，成为现代社会的一种文化时，传统文化此时考虑的不应只是如何与“其他文化”对话，而是在与“其他文化”对话的同时，如何与“现代文化”以及“未来文化”对话。传统文化不是“过去文化”，虽然它形成于过去，但文化基因的延续必然带动传统文化的延续，这就好比生命的传承，只要基因存在，携带这一基因的物种便会永远存在。因此，传统文化与“现代文化”甚至“未来文化”都不是互相对立的。相反，对于作为携带同一种文化基因的不同时间段的文化形态，找寻它们之间的共性与平衡才是解决传统文化当前困境的有效途径。或许当下真正需要思考的是文化与人之间的关系，无论是传统文化还是现代文化，它们所依附的都是人类这一群体，能够与之产生呼应的也只有人类这一群体。如果能找到文化与人之间最本质的关系以及文化与人之间最根本的反应模式，那任何文化的任何形态就都能用最核心的方式与人产生呼应，传统文化与现代文化便将在这样的共性中对话融合并持续发展。

（二）跨文化艺术项目内容的热点效应

艺术项目内容的选取直接关系到项目的形成，而艺术项目的内容并不仅是在众多已知内容中做出简单选择即可。任何艺术项目形成的起始阶段都是从内容策划出发，也可以说大部分艺术项目是由艺术家个人先产生一定数量的内容，再根据已经形成的内容策划项目。由此可见，艺术项目的内容可以算是项目中的“血肉部分”，只有内容充盈丰满，整个艺术项目才会充满活力。

然而，如此重要的内容却成为众多项目相关工作人员投机取巧的部分。内容是定位、目标的投射，但有很多艺术项目没有定位，也没有目标，或者说其自身的实际目标与最终形成的目标是不符合的。在“一带一路”倡议提出后，全社会可谓掀起了一股“敦煌”“丝绸之路”的热潮，其广度几乎覆盖了整个艺术行业。近年来，各类文艺演出、展览、艺术活动等很多都与“敦煌”或者“丝绸之路”相关。音乐、舞蹈、戏剧、美术种种艺术门类中都有上述题材的大量作品诞生。不可否认，这样的热潮的确对敦煌文化甚至是我国传统文化的传承起到了广泛的铺垫作用，但这其中也存在一些浑水摸鱼的项目。为什么说是浑水摸鱼？因为这样的项目只是选取了同样的内容素材，找到了一个最符合当下政策执行的外壳。放眼望去，具有我国新疆、甘肃敦煌地区和亚洲中东地区民族特色的服装铺天盖地，关于玄奘、张骞、郑和、马可·波罗等的事迹也是千篇一律地上演，似乎但凡与“西域”“异国特色”等沾边的音乐、设计元素都可以作为“一带一路”倡议的落实。如此广泛的铺设最终的效果体现出的依旧是演出市场不稳定，社会大众对相关文化的接受依然很局限，更不用谈通过这样的渠道与他国文化进行有效对话并起到互相促进的作用。这类艺术项目能够展现的仅仅是相关文化中的冰山一角，为了更好地获得政府资源、吸引社会大众，艺术项目的策划者、实施者会花费更多的精力在营销与政策研究工作中，甚至将更加有效地获得利益、更加快速地取得政府的资助当成工作重点，而很少有人能够从艺术项目内容本身选取出发。因此，艺术作品再多，社会大众眼中的敦煌与丝绸之路与以前的也并没有什么区别，而对于跨文化交流而言，其作用也是可想而知。

（三）“民心相通”在跨文化艺术项目中的实现

《关于加强和改进中外人文交流工作的若干意见》指出，加强和改进中外人文交流工作要以服务国家改革发展和对外战略为根本，以促进中外民心相通和文明互鉴为宗旨，创新高级别人文交流机制，改革各领域人文交流内容、形式、工作机制，将人文交流与合作理念融入对外交往各个领域。其中特别强调“民心相通”是“一带一路”倡议的社会根基。在世界各国人民的“民心相通”中传承和弘扬丝绸之路的友好合作精神，是“一带一路”倡议在实践的过程中广泛开展文化交流、学术往来、人才交流合作、媒体合作、志愿者服务等，为深化双多边合作奠定下的坚实的民意基础。而这便是我们在前文中一直强调的“个体”在跨文化交流中的有机作用的体现。民心相通的跨文化交流是平等对话的交流，是自由无压力目的的交流，也是覆盖最广、接受程度最高的交流。互联网的全球覆盖已经打破了世界各地人与人之间的距离，每个个体在日常与人交流中无时无刻不在向他人传播着自身所携带的文化基因的内涵，正是这种漫无目的的“虚拟网络”时空中的任意交谈才最容易使“新奇”得到理解与接受，因为这样的交流平等，没有统治意义，给予接受者最大的自由。越是不强迫接受者接受的跨文化传播，才是越有效的跨文化传播，而这就是“民心相通”的基本要义。

当下，中国传统文化中的价值观已经逐渐影响到世界各国人民，传统儒家思想中的重要价值观也逐渐成为世界各民族、文化的共享价值观。孔子的“仁”提倡个体与个体之间、个体与社会阶层之间冲突的缓解，也就是说最终仍然要回归到个体的塑造上，这也是一种跨文化交流中的理想状态。不同文化之间的交流即使再平等也依然存在不同，而这样的不同就是产生分歧的起点，这样的分歧可能会在包容中缓解，但也有可能在对立中加剧。此时，“仁”中的精神要义无疑能使分歧与冲突双方选择同时舍弃部分自我坚定的立场而寻求不同之间最有可能的“和”，同时保留双方不同的闪光点，故“和而不同”是跨文化交流中世界各文化最好的共存形态。中国传统文化中的“善”则可以理解为一种自己与自己、与他人之间的相处模式，即肯定、接纳每一个与自己、与当下环境不同的个体、群体的存在价值，不会简单因为与自己的不同而否定他者，甚至也包容自身在不断变化中的全新感受，这样的“善”越来越成为世界文化的共享价值观。共享价值观可以帮助不同文化下的不同价值观能够更好地交流与融合，当世界各国人民都接受包容这样的价值观时，跨文化艺术项目中所包含的文化内涵才能在“民心相通”的氛围中传播给每一个接受者。

参考书目

1. 孙英春．跨文化传播学导论．北京大学出版社，2008.
2. 安然，等．跨文化传播与适应研究．北京：中国社会科学出版社，2011.
3. 吴为善，严慧仙．跨文化交际概论．北京：商务印书馆，2009.

关键词

【跨文化传播】

既是处于不同文化背景的社会成员之间的人际交往与信息传播活动，也涉及各种文化要素在全球社会中迁移、扩散、变动的过程，及其对不同群体、文化、国家乃至人类共同体的影响。主要关系到两个层面的传播：第一，日常生活层面的跨文化传播，主要指来自不同文化背景的社会成员在日常交往互动中的融合、矛盾、冲突及其解决方式等；第二，人类文化交往层面的跨文化传播，主要指基于文化系统的差异，不同文化之间进行交往与互动的过程与影响，以及由跨越文化的传播过程所决定的文化融合、发展与变迁。

思考题

1. 跨文化传播的途径和影响因素有哪些?
2. 请举例说明并分析跨文化传播中的文化差异。
3. 我国应该在跨文化传播活动中实行怎样的策略?

图书在版编目（CIP）数据

文化传播学 / 张朝霞，黄昭文编著．—北京：中国人民大学出版社，2019.5
21 世纪文化产业管理系列教材
ISBN 978-7-300-26900-9

Ⅰ.①文…　Ⅱ.①张…　②黄…　Ⅲ.①文化传播-高等学校-教材　Ⅳ.①G206

中国版本图书馆 CIP 数据核字（2019）第 070918 号

21 世纪文化产业管理系列教材
总主编　向　勇
文化传播学
张朝霞　黄昭文　编著
Wenhua Chuanboxue

出版发行	中国人民大学出版社		
社　　址	北京中关村大街 31 号	**邮政编码**	100080
电　　话	010－62511242（总编室）		010－62511770（质管部）
	010－82501766（邮购部）		010－62514148（门市部）
	010－62515195（发行公司）		010－62515275（盗版举报）
网　　址	http://www.crup.com.cn		
经　　销	新华书店		
印　　刷	北京宏伟双华印刷有限公司		
开　　本	787 mm×1092 mm　1/16	**版　　次**	2019 年 5 月第 1 版
印　　张	10.25	**印　　次**	2025 年 4 月第 7 次印刷
字　　数	247 000	**定　　价**	28.00 元

关联课程教材推荐

ISBN	书名	作者	单价（元）
978-7-300-22580-7	文化产业管理学	何群	30.00
978-7-300-22243-1	文化经济学	昝胜锋	38.00
978-7-300-25359-6	文化市场营销学	李康化	39.80
978-7-300-22950-8	文化产业（第三版）	［英］大卫·赫斯蒙德夫	75.00
978-7-300-16829-6	文化理论与现代性问题	［英］阿兰·斯威伍德	38.00
978-7-300-20707-0	文学欣赏	金元浦	39.00
978-7-300-22242-4	西方文化概论	曹顺庆	35.00
978-7-300-24494-5	应用文写作教程（第三版）	高玲　段轩如	39.00
978-7-300-23253-9	应用写作教程（第四版）	孙秀秋 吴锡山	45.00
978-7-300-22115-1	中国传统文化概要（第三版）	冯希哲	35.00
978-7-300-27997-8	中国文化概论（第四版）	金元浦	49.80
978-7-300-20878-7	中文学科论文写作（第二版）	卢卓群　普丽华	39.00

配套教学资源支持

尊敬的老师：

衷心感谢您选择人大版教材！相关的配套教学资源，请到中国人民大学出版社官网（www. crup. com. cn）下载。部分教学资源需要验证您的教师身份后，才可以下载，请您登录出版社官网后，点击右上角“注册”，填写“会员中心”的“我的教师认证”项目，等待后台审核。我们将尽快为您开通下载权限。

如您急需教学资源或教材样书，也可以直接与我们的编辑联系。

联系人：龚洪训　　电话：010-62515637　　电子邮箱：6130616@qq. com

欢迎任课老师扫码加入全国文管专业教师群，群号：235191020

俯仰天地　心系人文

www. crup. com. cn

中国人民大学出版社

欢迎登录浏览，了解图书信息，下载教学资源